Britta Grothues · Detlef Kuhn · Jürgen Kuhn

Wir kommen zu dir

Eröffnungen,
Kyrie-Rufe und Fürbitten
für die Sonntagsgottesdienste
der Lesejahre A · B · C

Schwabenverlag

VERLAGSGRUPPE PATMOS

PATMOS
ESCHBACH
GRÜNEWALD
THORBECKE
SCHWABEN
VER SACRUM

Die Verlagsgruppe
mit Sinn für das Leben

Die Verlagsgruppe Patmos ist sich ihrer Verantwortung gegenüber unserer Umwelt bewusst. Wir folgen dem Prinzip der Nachhaltigkeit und streben den Einklang von wirtschaftlicher Entwicklung, sozialer Sicherheit und Erhaltung unserer natürlichen Lebensgrundlagen an. Näheres zur Nachhaltigkeitsstrategie der Verlagsgruppe Patmos auf unserer Website www.verlagsgruppe-patmos.de/nachhaltig-gut-leben

Idee und Konzeption: Maria Thomauske, Britta Grothues

Alle Rechte vorbehalten
© 2022 Schwabenverlag
Verlagsgruppe Patmos in der Schwabenverlag AG, Ostfildern
www.schwabenverlag-online.de

Umschlaggestaltung: Finken & Bumiller
Umschlagabbildung: Thomas Kinto / unsplash
Satz: SatzWeise, Bad Wünnenberg
Druck: finidr s.r.o., Český Těšín
Hergestellt in Tschechien
ISBN 978-3-7966-1830-7

Inhalt

Vorgedanken — 4

Lesejahr A

Die weihnachtliche Zeit — 5
Die österliche Zeit — 25
Die Zeit im Jahreskreis — 54
Dreifaltigkeitssonntag — 120
Fronleichnam — 122
Allerheiligen — 124

Lesejahr B

Die weihnachtliche Zeit — 127
Die österliche Zeit — 148
Die Zeit im Jahreskreis — 179
Dreifaltigkeitssonntag — 242
Fronleichnam — 244
Allerheiligen — 246

Lesejahr C

Die weihnachtliche Zeit — 249
Die österliche Zeit — 269
Die Zeit im Jahreskreis — 298
Dreifaltigkeitssonntag — 363
Fronleichnam — 365
Allerheiligen — 366

Vorgedanken

Im Blick auf den nationalen und den globalen „Synodalen Weg" markieren verschiedene Gottesdienstformen den Nachhall dieses Gesprächsformates in der Liturgie. Mit den folgenden Anregungen zu den Elementen Begrüßung, Einleitung, Kyrie und Fürbitten bieten sich Gestaltungsräume für die Teilnahme am Geschehen an. Aus diesem Grund sind die Kürzel P und L sinnmäßig erweitert: P bezeichnet die Protagonistin oder den Protagonisten in der Aufgabe des Priesters, des Diakons, der Gottesdienstleiterin und des Gottesdienstleiters. L steht nicht nur für den Lektor oder die Lektorin, sondern auch für den Liturgen und die Liturgin in der übernommenen Aufgabe im Gottesdienst für die Gemeinde. Damit wird der hierarchisch-funktionale Radius erweitert und lässt behutsam Entwicklungen und Veränderungen zu. Gleichzeitig sollen aktuelle Möglichkeiten in der liturgischen Rollenverteilung thematisiert und realisiert werden.

Entlang des Kirchenjahres orientieren sich die Vorschläge an der jeweiligen Schrift-Vorgabe und lassen Ergänzungen und Aktualisierungen zu. Dabei soll die Verteilung auf verschiedene Sprecherinnen und Sprecher die liturgische Teilhabe am sakralen Geschehen intensivieren und den Ablauf verlebendigen.

Die liturgische Versammlung an den Sonntagen und Festen ist ein Anliegen der Ortsgemeinden. Zeichen, Symbole, Riten und Worte stehen dabei im Dienst der Verkündigung. In diesem Zusammenhang kommt der Beteiligung der Gemeinde in zeitgemäßen Ausdrucksformen der Sprache und der Liturgie große und aktuelle Bedeutung zu.

Die nachfolgenden Texte sind über die Jahre in der Gemeindepraxis entstanden. Die Spiritualität und die Kreativität der Gemeindeglieder haben Formen und Formulierungen hervorgebracht.

Britta Grothues · Detlef Kuhn · Jürgen Kuhn

Hinweis des Verlags

Dieses Buch bietet Einleitungen, Kyrie-Rufe und Fürbitten für alle Sonntage der drei Lesejahre. Darüber hinaus bietet es die genannten Texte für all jene katholischen Feste, die zumindest in den meisten Gegenden Deutschlands zugleich staatliche Feiertage sind, also von den Gläubigen wie ein Sonntag begangen werden können. Davon ausgenommen ist lediglich der Karfreitag mit seinem ganz eigenen Gepräge. Die mehrtägigen Feiern Weihnachten, Ostern und Pfingsten sind jeweils mit einem Tag vertreten.

LESEJAHR A

Die weihnachtliche Zeit

1. Adventssonntag

Jes 2,1–5 || Röm 13,11–14a || Mt 24,37–44

Begrüßung und Einleitung

L Ein uralter, großer Gedanke eröffnet die Adventszeit. Jesaja schreibt: Dann werden sie ihre Schwerter zu Pflugscharen umschmieden und ihre Lanzen zu Winzermessern.
P Im Klang dieser Worte beginnen wir diese Zeit: Im Namen des Vaters und des Sohnes und des Heiligen Geistes.
A Amen.
P Unser Herr Jesus Christus und sein Ruf zur Wachsamkeit seien mit euch.
A Und mit deinem Geiste.
P An die Römer schreibt Paulus:
L Lasst uns ehrenhaft leben wie am Tag! Vielmehr zieht den Herrn Jesus Christus an.
P Die volle Zeit des Advents steht nun bevor: Nun liegt es daran, diese Zeit mit dem Geist der Hoffnung und des Friedens zu erfüllen, damit sie zur Fülle der Freundschaft mit Gott gelangt:

Kyrie

L Es ist die Ankunftszeit für Gerechtigkeit und Frieden.
P Herr, erbarme dich unser.
A Herr, erbarme dich unser. →

Lesejahr A

L Es ist die Endzeit für Missgunst und Streit.
P Christus, erbarme dich unser.
A Christus, erbarme dich unser.

L Es ist die Aufbruchszeit für Erneuerung und Versöhnung.
P Herr, erbarme dich unser.
A Herr, erbarme dich unser.

P Der allmächtige Gott segne diesen Advent. Er schenke uns die Fülle seiner Gnade und schenke uns ein waches Hören, Sehen und Verstehen durch Christus, unseren Herrn.
A Amen.

Fürbitten

P Unverbraucht und neu öffnet sich die Adventszeit. Alte Träume und Hoffnungen halten Einzug in die Gegenwart und warten darauf, in der Kraft Gottes Wirklichkeit zu werden:

L Wir bitten Gott um den Frieden für alle Menschen und für die tiefe Versöhnung aller Völker dieser Erde. – Herr, erhöre uns.
A Herr, erhöre uns.

L Wir bitten Gott um die Einheit in der Kirche und in der gesamten Christenheit und um ein aufmerksames Aufeinander-Hören. – Herr, erhöre uns.
A Herr, erhöre uns.

L Wir bitten Gott um ein neues Miteinander aller Religionen und um ein wachsames Besinnen auf den Kern ihrer Botschaften. – Herr, erhöre uns.
A Herr, erhöre uns.

L Wir bitten Gott um die Gaben der Erkenntnis und der Vernunft und um ein Ende aller Ungerechtigkeit und aller Ausbeutung. – Herr, erhöre uns.
A Herr, erhöre uns.

L Wir bitten Gott um Schutz und Beistand für alle Leidenden und für alle Schwestern und Brüder auf der Flucht um ihr Leben. – Herr, erhöre uns.
A Herr, erhöre uns.
P Herr, du weißt alles; du weißt auch um unsere stillen Gebete; wir danken dir für deine Liebe zu allen Menschen durch Christus, unseren Herrn.
A Amen.

2. Adventssonntag

Jes 11,1–10 ‖ Röm 15,4–9 ‖ Mt 3,1–12

Begrüßung und Einleitung

L Jesaja hat Worte der Verheißung und der Hoffnung gefunden: An jenem Tag wird es der Spross aus der Wurzel Isais sein, der dasteht als Feldzeichen für die Völker; die Nationen werden nach ihm fragen und seine Ruhe wird herrlich sein.
P In den Tagen des Advents erreichen die Prophetenworte wieder die Herzen der Menschen und wir leben: Im Namen des Vaters und des Sohnes und des Heiligen Geistes.
A Amen.
P Unser Herr Jesus Christus, der uns mit dem Heiligen Geist getauft hat, sei mit euch.
A Und mit deinem Geiste.
P An die Römer schreibt Paulus:
L Der Gott der Geduld und des Trostes schenke euch, eines Sinnes untereinander zu sein, Christus Jesus gemäß.
P In Christus erfüllen sich alle Erwartungen und werden zur Vollendung gebracht:

Lesejahr A

Kyrie

L Denn auf ihm ruht der Geist der Weisheit und der Einsicht.
P Herr, erbarme dich unser.
A Herr, erbarme dich unser.

L Auf ihm ruht der Geist des Rates und der Stärke.
P Christus, erbarme dich unser.
A Christus, erbarme dich unser.

L In ihm wirkt der Geist der Erkenntnis und der Gottesfurcht.
P Herr, erbarme dich unser.
A Herr, erbarme dich unser.

P Der allmächtige Gott wecke in uns die Sehnsucht nach der Wahrheit und der Gerechtigkeit, nach dem Frieden und der Versöhnung durch Christus, unseren Herrn.
A Amen.

Fürbitten

P Die Weissagung des Propheten Jesaja beschreibt einen Frieden der Schöpfung und der Abbilder Gottes. In der Kraft des Geistes ist jedem Menschen der Friede möglich:

L Kriegführende Völker können die Waffen niederlegen und jede Gewalt beenden. Dann wohnt der Wolf beim Lamm. – Jesus, erhöre uns.
A Jesus, erhöre uns.

L Zerstrittene Familien sind in der Lage, alte Zerwürfnisse zu beenden und einander die Hände zu reichen. Dann liegt der Panther beim Böcklein. – Jesus, erhöre uns.
A Jesus, erhöre uns.

L In Schulen, Fabriken und Betrieben kann jedes Mobbing zu einem guten Ende gebracht werden und Gerechtigkeit Einzug halten. Dann weiden Kalb und Löwe gemeinsam. – Jesus, erhöre uns.
A Jesus, erhöre uns.

L In jeder belasteten Nachbarschaft kann im Geist Hass und Ablehnung schwinden und Respekt und gegenseitige Achtung aufblühen. Dann befreunden sich Kuh und Bärin. – Jesus, erhöre uns.
A Jesus, erhöre uns.

L In jedem Herzen kann das Licht des Guten aufleuchten und den Weg für ein friedliches Miteinander aller Menschen und überall bereiten. Dann spielt der Säugling am Schlupfloch der Natter. – Jesus, erhöre uns.
A Jesus, erhöre uns.

P Wunder können geschehen, weil die Menschen Gott ähnlich sind und in der grenzenlosen Möglichkeit seiner Liebe leben durch Christus, unseren Herrn.
A Amen.

3. Adventssonntag (Gaudete)

Jes 35,1–6a.10 || Jak 5,7–10 || Mt 11,2–11

Begrüßung und Einleitung

L Der Prophet Jesaja hat die Freiheit und die Inspiration des Geistes. Er ruft die Freude der Verheißung in die Wüste und in die Öde: Jubeln werden die Wüste und das trockene Land, jauchzen wird die Steppe und blühen wie die Lilie.
P In dieser Freude haben wir uns zum Gebet versammelt und beginnen wir diese Feier: Im Namen des Vaters und des Sohnes und des Heiligen Geistes.
A Amen.
P Unser Herr Jesus Christus, der Hoffnung und Freude in die Welt getragen hat, sei mit euch.
A Und mit deinem Geiste.
P In die Dunkelheit des Lebens und der Welt verkündet Jesaja:

→

L Sagt den Verzagten: Seid stark, fürchtet euch nicht! Seht, euer Gott! Er selbst kommt und wird euch retten. Sie werden die Herrlichkeit des HERRN sehen, die Pracht unseres Gottes.

P Aus dieser Hoffnung dürfen wir unser Leben gestalten. Wir dürfen die Freude über die Erlösung mit allen Menschen teilen und ihnen die Hand der Geschwisterlichkeit reichen.

Kyrie

L Unsere Liebe erweckt die Ausgeschlossenen zu neuem Leben.
P Herr, erbarme dich unser.
A Herr, erbarme dich unser.

L Unsere Solidarität ermutigt die Armen.
P Christus, erbarme dich unser.
A Christus, erbarme dich unser.

L Unser Friede gibt der Welt, in der wir leben, ein Zeichen.
P Herr, erbarme dich unser.
A Herr, erbarme dich unser.

P Der allmächtige Gott schenke uns die Stärke seines Geistes, damit wir in seinem Namen Heilung und Segen bringen durch Christus, unseren Herrn.
A Amen.

Fürbitten

P Die Hoffnungsworte des Propheten gelten über die Zeiten bis in die Gegenwart. Darum beten wir:

L Für alle, die durch Verachtung und Entmutigung wie gelähmt durch ihr Leben gehen und jedes Vertrauen verloren haben. – Christus, höre uns.
A Christus, erhöre uns.

L Für alle, deren Ohren taub geworden sind und denen das Wort der Freude ungehört verlorengeht. – Christus, höre uns.
A Christus, erhöre uns.

L Für alle, deren Herzen und Gedanken blind sind für das Schöne und denen es schwerfällt, die Wahrheit zu erkennen. – Christus, höre uns.
A Christus, erhöre uns.
L Für alle, denen Hass und Streit die Sprache verschlagen haben und die neue Kraft brauchen, um Worte der Liebe und der Versöhnung zu finden. – Christus, höre uns.
A Christus, erhöre uns.
L Für alle, die in der Dunkelheit dunkler Erfahrungen das Licht der Frohen Botschaft wahrnehmen und ihm entgegengehen. – Christus, höre uns.
A Christus, erhöre uns.
P Du Herr, bist der, der in unsere Welt kommt, um sie zu erlösen und zu versöhnen in Ewigkeit.
A Amen.

4. Adventssonntag

Jes 7,10–14 || Röm 1,1–7 || Mt 1,18–24

Begrüßung und Einleitung

L Jesaja weissagt die Geburt eines Kindes und verkündet mit seinem Namen den Grund ewiger Hoffnung. Der Name dieses Kindes lautet: Immanuel.
P Diese Hoffnung hat uns heute zu dieser Feier zusammengeführt und ermutigt uns zu den Worten: Im Namen des Vaters und des Sohnes und des Heiligen Geistes.
A Amen.
P Unser Herr Jesus Christus, dessen Geburt der Engel verkündet hat, sei mit euch.
A Und mit deinem Geiste.
P Um der Welt das Licht der Versöhnung und der Erlösung zu bringen, hat Gott die Allianz mit den Menschen geschaffen:

L Darum wird der Herr selbst euch ein Zeichen geben: Siehe, die Jungfrau hat empfangen, sie gebiert einen Sohn und wird ihm den Namen Immanuel geben.
P Durch die Geburt unseres Erlösers sind alle Menschen als Schwestern und Brüder weltweit miteinander verbunden. Es liegt in den Händen und in den Herzen dieser Menschen, diese Wirklichkeit im Geist Gottes wahr werden zu lassen.

Kyrie

L Die Welt braucht Frieden und keinen Krieg.
P Herr, erbarme dich unser.
A Herr, erbarme dich unser.

L Jede Familie braucht Versöhnung und keinen Streit.
P Christus, erbarme dich unser.
A Christus, erbarme dich unser.

L Jeder Mensch braucht Liebe und keinen Hass.
P Herr, erbarme dich unser.
A Herr, erbarme dich unser.

P Der rettende Gott erfülle die Welt mit seinem Geist. Er befreie sie vom Dunkel der Sünde und beschenke sie mit dem Licht seiner Erlösung durch Christus, unseren Herrn.
A Amen.

Fürbitten

P Am Ende der Adventszeit verdichten sich die Vorbereitungen auf das Weihnachtsfest. Darum beten wir:

L Für alle Familien, die noch einen Weg der Vergebung und Versöhnung suchen. – Herr, erhöre uns.
A Herr, erhöre uns.

L Für alle Einsamen, die ihre Einsamkeit gerade an den Festtagen wahrnehmen und empfinden. – Herr, erhöre uns.
A Herr, erhöre uns.

L Für alle Heimatlosen, die auf die Hilfe und auf die Unterstützung von Menschen angewiesen sind. – Herr, erhöre uns.
A Herr, erhöre uns.

L Für alle Schwestern und Brüder, denen der Glaube an die Geburt des Erlösers schwerfällt. – Herr, erhöre uns.
A Herr, erhöre uns.

L Für alle Orte unserer Erde, an denen Menschen unterdrückt werden und großes Leid ertragen müssen. – Herr, erhöre uns.
A Herr, erhöre uns.

P Immanuel bedeutet: Gott ist mit uns. Darin liegt unsere Hoffnung und unsere Freude durch Christus, unseren Herrn.
A Amen.

Geburt des Herrn (Weihnachten)

Jes 52,7–10 || Hebr 1,1–6 || Joh 1,1–18

Begrüßung und Einleitung

L Jesaja beschreibt den Schritt des Freudenboten, der den Frieden verkündet, und gerät in einen weltumspannenden Jubel: Und alle Enden der Erde werden das Heil unseres Gottes sehen. Dem dürfen wir uns anschließen, und so beginnen wir diese Feier:
P Im Namen des Vaters und des Sohnes und des Heiligen Geistes.
A Amen.
P Das Licht, das heute der ganzen Welt erschienen ist, sei auch mit euch.
A Und mit deinem Geiste.
L Das wahre Licht, das jeden Menschen erleuchtet, kam in die Welt. Der Sohn Gottes hat unseren Boden und unsere Zeit betreten. →

P Und das Licht scheint in der Finsternis. So leben wir in der Hoffnung, dass die Sonne der Gerechtigkeit für jeden Menschen erstrahlt und ihm Gnade über Gnade bereitet.
L Weil dieses Licht allen Schwestern und Brüdern aller Länder und aller Zeiten erschienen ist, erbitten wir Gottes Erbarmen.

Kyrie

L Das Licht in der Finsternis bringt das Wort der Versöhnung.
P Herr, erbarme dich unser.
A Herr, erbarme dich unser.

L Das Licht in der Dunkelheit bringt das Wort der Vergebung.
P Christus, erbarme dich unser.
A Christus, erbarme dich unser.

L Das Licht in der Nacht bringt das Wort des Lebens und des Friedens.
P Herr, erbarme dich unser.
A Herr, erbarme dich unser.

P Nachlass, Vergebung und Verzeihung unserer Sünden gewähre uns der allmächtige und barmherzige Gott.
A Amen.

Fürbitten

P Wir feiern die Geburt unseres Erlösers in unserer Welt. Ihn, den König des Friedens und den Herrn des Lebens, bitten wir:

L Um das Licht des Friedens in den Herzen aller, denen wir in dieser Welt Schwestern und Brüder sind. – Christus, du Licht des Friedens:
A Wir bitten dich, erhöre uns.

L Um das Wort der Versöhnung in dem Wortschatz aller, deren Möglichkeiten noch verschlossen sind. – Christus, du Wort der Versöhnung:
A Wir bitten dich, erhöre uns.

L Um das Licht der Freude in den Augen aller, die in der Botschaft dieses Tages neue Hoffnung finden. – Christus, du Licht der Freude:
A Wir bitten dich, erhöre uns.

L Um das richtige Wort für alle Menschen in dem Augenblick, auf den es ankommt. – Christus, du Wort der Wahrheit:
A Wir bitten dich, erhöre uns.

L Um das Licht der Liebe im Leben aller Menschen dieser Erde auf dem Weg in eine gesegnete Zukunft. – Christus, du Licht der Liebe:
A Wir bitten dich, erhöre uns.

P Ehre sei dem Vater und dem Sohn und dem Heiligen Geist.
A Wie im Anfang, so auch jetzt und allezeit und in Ewigkeit. Amen.

Fest der Heiligen Familie

Sir 3,2–6.12–14 ‖ Kol 3,12–21 ‖ Mt 2,13–15.19–23

Begrüßung und Einleitung

P Im Namen des Vaters und des Sohnes und des Heiligen Geistes.
A Amen.
P Die Freude unseres Herrn Jesus Christus, der in einer menschlichen Familie gelebt hat, sei mit euch.
A Und mit deinem Geiste.
P Das Fest der Heiligen Familie ist weit mehr als die Darstellung einer Idealform menschlichen Zusammenlebens.
L Es beschreibt die heilsame und Segen bringende Gemeinschaft von Gott und Mensch.
P Die Beschreibung einer Idealform erstarrt zur Theorie. Hier aber geht es um die Lebensgestaltung im Einklang mit dem Schöpfer.

Kyrie

L Inmitten einer Welt aus Macht und Machtmissbrauch erreicht die Botschaft Gottes das Herz der Menschen.
P Herr, erbarme dich unser.
A Herr, erbarme dich unser.

L Inmitten einer Welt in der Normalität des Alltags wird der Sohn Gottes Mensch und zum Erlöser der Welt.
P Christus, erbarme dich unser.
A Christus, erbarme dich unser.

L Inmitten einer Welt in den Höhen und Tiefen menschlichen Verhaltens werden die Spuren des Vertrauens und der Liebe gelegt.
P Herr, erbarme dich unser.
A Herr, erbarme dich unser.

P Nachlass, Vergebung und Verzeihung unserer Sünden gewähre uns der allmächtige und barmherzige Gott.
A Amen.

Fürbitten

P Im Vertrauen auf die Liebe Gottes und im Glauben an seine Gegenwart lasst uns beten:

L Für alle Familien auf dem Weg der gegenseitigen Liebe, des Vertrauens und der Einheit. – Jesus, erhöre uns.
A Jesus, erhöre uns.

L Für alle Familien auf dem Weg der gegenseitigen Versöhnung, der Achtsamkeit und der Solidarität. – Jesus, erhöre uns.
A Jesus, erhöre uns.

L Für alle Familien auf dem Weg der gemeinsamen Ziele, der Treue und der Geborgenheit. – Jesus, erhöre uns.
A Jesus, erhöre uns.

L Für alle Familien auf dem Weg der Flucht, auf der Suche nach einer neuen Heimat, in der Sehnsucht nach Frieden. – Jesus, erhöre uns.
A Jesus, erhöre uns.

L Für alle Familien auf dem Weg des gesegneten Miteinanders, des Sich-immer-neu-Entdeckens, des Sich-immer-neu-Erkennens. – Jesus, erhöre uns.
A Jesus, erhöre uns.

P Ehre sei dem Vater und dem Sohn und dem Heiligen Geist.
A Wie im Anfang, so auch jetzt und allezeit und in Ewigkeit. Amen.

Hochfest der Gottesmutter Maria (Neujahr)

Num 6,22–27 || Gal 4,4–7 || Lk 2,16–21

Begrüßung und Einleitung

P Im Namen des Vaters und des Sohnes und des Heiligen Geistes.
A Amen.
L Am ersten Tag des neuen Jahres blicken wir auf Maria aus Nazaret. Sie hat den Sohn Gottes zur Welt gebracht.
P Sein Schutz, sein Licht und sein Segen seien mit euch.
A Und mit deinem Geiste.
P Möge dieses neue Jahr auf die Fürsprache der Gottesmutter für alle Menschen dieser Erde und für die gesamte Schöpfung unter dem Schutz und unter dem Segen Gottes stehen.
L Möge unser Denken, unser Entscheiden, unser Handeln erfüllt sein vom Heiligen Geist.
P Möge unser Beitrag zum Gelingen dieser neuen Zeit geprägt sein von Achtsamkeit, Demut und Liebe.

Kyrie

L Aus der Vergangenheit bedenken wir die Begegnung mit den Menschen um uns herum.
P Herr, erbarme dich unser.
A Herr, erbarme dich unser.

L Aus der Erfahrung planen wir die anstehenden und kommenden Fragen und Antworten.
P Christus, erbarme dich unser.
A Christus, erbarme dich unser.

L Aus ganzem Herzen öffnen wir unser Leben der Gegenwart Gottes.
P Herr, erbarme dich unser.
A Herr, erbarme dich unser.

P Nachlass, Vergebung und Verzeihung unserer Sünden gewähre uns der allmächtige und barmherzige Gott.
A Amen.

Fürbitten

P Im Vertrauen auf die Fürsprache Mariens und auf die Liebe Gottes zu allen Menschen beginnen wir dieses neue Jahr und tragen unsere Anliegen vor den Altar unserer Hoffnung:

L Wir beten für den Frieden auf unserer Erde, damit alle Schwestern und Brüder frei von Angst und Gewalt leben dürfen. – Christus, Herr der Zeiten und der Ewigkeit.
A Wir bitten dich, erhöre uns.

L Wir beten für das Wohl aller Menschen in unserer Welt, damit sie frei von Hunger und Not und glücklich sein dürfen. – Christus, Herr der Zeiten und der Ewigkeit.
A Wir bitten dich, erhöre uns.

L Wir beten für unsere Gemeinde, damit sie im Glauben gestärkt in die gemeinsame Zukunft gehen darf. – Christus, Herr der Zeiten und der Ewigkeit.

A Wir bitten dich, erhöre uns.

L Wir beten für unsere Familien, damit sie in starker Gemeinschaft und in gegenseitiger Liebe dieses neue Jahr erleben dürfen. – Christus, Herr der Zeiten und der Ewigkeit.
A Wir bitten dich, erhöre uns.

L Wir beten für alle Kranken und Leidenden, damit sie auf die Fürsprache der Gottesmutter Maria Linderung und Heilung erfahren. – Christus, Herr der Zeiten und der Ewigkeit.
A Wir bitten dich, erhöre uns.

P Ehre sei dem Vater und dem Sohn und dem Heiligen Geist.
A Wie im Anfang, so auch jetzt und allezeit und in Ewigkeit. Amen.

2. Sonntag nach Weihnachten

Sir 24,1–2.8–12 ‖ Eph 1,3–6.15–18 ‖ Joh 1,1–5.9–14

Begrüßung und Einleitung

P Im Namen des Vaters und des Sohnes und des Heiligen Geistes.
A Amen.
P Die Weisheit unseres Herrn Jesus Christus sei mit euch.
A Und mit deinem Geiste.
P Das Alte Testament beschreibt die Weisheit als Dienerin Gottes, die auf seinen Befehl hin handelt.
L Vor der Ewigkeit, von Anfang an, hat er mich erschaffen und bis in Ewigkeit vergehe ich nicht.
P Die Aufgabe der Gegenwart besteht darin, die Schöpfungserzählungen des Alten Testamentes mit den Erkenntnissen der modernen Forschung in eine Allianz der Aussagen zu bringen.

Kyrie

L Du, ewiger Gott, bist der Ursprung aller Dinge.
P Herr, erbarme dich unser.
A Herr, erbarme dich unser. →

L Alle Möglichkeiten sind in dir grundgelegt.
P Christus, erbarme dich unser.
A Christus, erbarme dich unser.

L In deiner Weisheit zeigt uns der Heilige Geist Wege der Wahrheit und der Gerechtigkeit.
P Herr, erbarme dich unser.
A Herr, erbarme dich unser.

P Der allmächtige Gott erfülle uns mit der Gabe der Weisheit, damit wir ohne Sünde und Schuld in seiner Schöpfung leben und die Zeit, die er uns anvertraut, gestalten durch Christus, unseren Herrn.
A Amen.

Fürbitten

P Ewiger Vater, Schöpfer des Himmels und der Erde, in deinem Geist erkennen wir die Wunder deiner Weisheit. Darum bitten wir dich:

L Um eine gerechte Verteilung der allgemeinen Güte dieser Erde. – Herr, erhöre uns.
A Herr, erhöre uns.

L Für die Regierungen der Welt in ihren Entscheidungen und ihrer Verantwortung. – Herr, erhöre uns.
A Herr, erhöre uns.

L Um den Respekt vor dem Leben und um Schutz für alle Wehrlosen unserer Zeit. – Herr, erhöre uns.
A Herr, erhöre uns.

L Für die Schwestern und Brüder in der Theologie und allen anderen Wissenschaften auf ihrem Weg zu einem fruchtbaren Miteinander. – Herr, erhöre uns.
A Herr, erhöre uns.

L Um das Ende jeder Gewalt und jeder Aufrüstung rund um den Erdball. – Herr, erhöre uns.
A Herr, erhöre uns.
P Deine Weisheit öffnet uns Wege zum Frieden und zur Versöhnung mit allen Völkern und mit der gesamten Schöpfung in Christus, unseren Herrn.
A Amen.

Erscheinung des Herrn (Hl. drei Könige)

Jes 60,1–6 || Eph 3,2–3a.5–6 || Mt 2,1–12

Begrüßung und Einleitung

P Im Namen des Vaters und des Sohnes und des Heiligen Geistes.
A Amen.
P Unser Herr Jesus Christus, der heute der Welt erschienen ist, sei mit euch.
A Und mit deinem Geiste.
P Ein Strahl göttlicher Gnade berührt die Erde und erfüllt die Herzen der Menschen. Ein Licht ist erschienen, das die Welt erleuchtet. Ein Kind ist geboren. Der Erlöser hat unsere Welt betreten. In ihm werden alle Menschen und alle Völker zur Menschheitsfamilie, deren Vater Gott selber ist. Christus, der Gesalbte, wird offenbar und öffnet der ganzen Schöpfung das Tor zur Wahrheit und zum Frieden.

Kyrie

L Seit dem Ereignis von Betlehem ist die Gerechtigkeit weltweit erkannt als große Menschenmöglichkeit.
P Herr, erbarme dich unser.
A Herr, erbarme dich unser.
L Seit der Geburt im Stall ist der Friede weltweit erkannt als göttliches Geschenk für alle.

P Christus, erbarme dich unser.
A Christus, erbarme dich unser.

L Seit dem Besuch der Weisen aus den Dimensionen unserer Erde ist die Geschwisterlichkeit aller Menschen weltweit erkannt als Gnadengut des Himmels.
P Herr, erbarme dich unser.
A Herr, erbarme dich unser.

P Nachlass, Vergebung und Verzeihung unserer Sünden gewähre uns der allmächtige und barmherzige Gott.
A Amen.

Fürbitten

P In der Erinnerung daran, dass du, Herr, der Welt zur Erlösung und zum Segen erschienen bist, kommen wir im Vertrauen auf dein Wort zu dir und bitten dich:

L Für alle, die in Fremdenfeindlichkeit und Rassismus, in Fanatismus und in Vorurteilen gefangen sind. – Herr, erhöre uns.
A Herr, erhöre uns.

L Für alle, die in ihrer Konfession, ihrer Religion und ihrem Lebensentwurf Irrwege gehen und den Sinn verfehlen. – Herr, erhöre uns.
A Herr, erhöre uns.

L Für alle, die zur Verständigung der Menschen beitragen und im Dienst der Versöhnung und des Friedens stehen. – Herr, erhöre uns.
A Herr, erhöre uns.

L Für alle, denen das Weihnachtsfest zum Neubeginn der Liebe und der Versöhnung geworden ist. – Herr, erhöre uns.
A Herr, erhöre uns.

L Für alle, die dem Ruf des Evangeliums folgen und nach seinem Rat leben. – Herr, erhöre uns.
A Herr, erhöre uns.

P Ehre sei dem Vater und dem Sohn und dem Heiligen Geist.
L Wie im Anfang, so auch jetzt und allezeit und in Ewigkeit. Amen.

Taufe des Herrn

Jes 42,5a.1–4.6–7 || Apg 10,34–38 || Mt 3,13–17

Begrüßung und Einleitung

P Im Namen des Vaters und des Sohnes und des Heiligen Geistes.
A Amen.
P Christus, der Sohn des ewigen Vaters, sei mit euch.
A Und mit deinem Geiste.
L Vor Tausenden von Jahren beschreibt der Prophet Jesaja in einer Vision die dem Menschen innewohnende Hoffnung:
P Siehe, das ist mein Knecht, den ich stütze; das ist mein Erwählter, an ihm finde ich Gefallen. Ich habe meinen Geist auf ihn gelegt, er bringt den Nationen das Recht.
L Das geknickte Rohr zerbricht er nicht und den glimmenden Docht löscht er nicht aus; ja, er bringt wirklich das Recht.
P Der Inhalt des von Gott geschenkten Glaubens ist das Argument unserer Hoffnung auf Gottes Schutz und auf Gottes Erbarmen:

Kyrie

L In dir, Herr, haben sich alle Verheißungen erfüllt.
P Herr, erbarme dich unser.
A Herr, erbarme dich unser.

L Mit dir, Herr, hat das Reich Gottes begonnen.
P Christus, erbarme dich unser.
A Christus, erbarme dich unser.

L Durch dich, Herr, finden wir die Vergebung unserer Sünden.
P Herr, erbarme dich unser.
A Herr, erbarme dich unser.

P Der allmächtige Gott erbarme sich unser. Er lasse uns die Sünden nach und führe uns zum ewigen Leben.
A Amen.

Fürbitten

P Christus ist der Sohn des lebendigen Gottes. Er ist in die Welt gekommen, um alle mit dem Vater zu versöhnen. Ihn bitten wir:

L Für unseren Papst N.N., dass es ihm im Heiligen Geist und in der Einheit der Bischöfe gelingt, das Gesicht der Kirche menschenfreundlich und in Versöhnung zu gestalten. – Christus, höre uns.
A Christus, erhöre uns.

L Für unsere Regierung, dass sie berührt wird von den Worten des Jesaja und in geistiger Freiheit und Offenheit dem Land in Gerechtigkeit und Weisheit dient. – Christus, höre uns.
A Christus, erhöre uns.

L Für alle Getauften und für ihre Familien, dass sie aus der Kraft des Glaubens leben und daraus den Entwurf ihres Miteinanders ableiten. – Christus, höre uns.
A Christus, erhöre uns.

L Für alle, die nicht an Gott glauben wollen und nicht glauben können, dass sie in sich die Kraft der Liebe und der Gerechtigkeit entdecken und so den Spuren Gottes folgen. – Christus, höre uns.
A Christus, erhöre uns.

L Für unsere Verstorbenen, dass sie Anteil erhalten an der Freude des Himmels und Gott schauen dürfen, wie er wirklich ist. – Christus, höre uns.
A Christus, erhöre uns.

P Du, Herr, bist der Segen und das Heil der Welt. In dir sind wir zur Hoffnung und zum Leben befreit in Ewigkeit.
A Amen.

Die österliche Zeit

1. Fastensonntag

Gen 2,7–9; 3,1–7 || Röm 5,12–19 || Mt 4,1–11

Begrüßung und Einleitung

P Im Namen des Vaters und des Sohnes und des Heiligen Geistes.
A Amen.
L Christus hat in seiner Menschlichkeit den Versuchungen des alltäglichen Lebens widerstanden.
P Seine Kraft sei mit euch.
A Und mit deinem Geiste.
L Die Botschaft der ersten Menschen aus dem Paradies ist die Erfahrung: Sobald ihr davon esst, gehen euch die Augen auf; ihr werdet wie Gott und erkennt Gut und Böse.
P Hier beginnt das Misstrauen gegenüber Gott: Alle Macht den Menschen! Koste es, was es wolle.

Kyrie

L Wie Gott zu sein, bedeutet, so zu leben wie er.
P Herr, erbarme dich unser.
A Herr, erbarme dich unser.

L Wie Gott zu sein, bedeutet, so zu entscheiden wie er.
P Christus, erbarme dich unser.
A Christus, erbarme dich unser.

L Wie Gott zu sein, bedeutet, so zu lieben wie er.
P Herr, erbarme dich unser.
A Herr, erbarme dich unser.

→

P Der allmächtige Gott bewahre uns vor der Versuchung aus Überheblichkeit und Stolz. Er schenke uns die Einheit im Glauben und die Erkenntnis seines Geistes durch Christus, unseren Herrn.
A Amen.

Fürbitten

P Zu Christus, der die Versuchung durchschaut und die Wahrheit erkannt hat, lasst uns beten:

L Für die Schwestern und Brüder in der Kirche, die der Versuchung von Macht und Anerkennung unterliegen. – Gott, unser Herr:
A Wir bitten dich, erhöre uns.

L Für die Schwestern und Brüder, die nicht zwischen Gut und Böse unterscheiden können oder wollen. – Gott, unser Herr:
A Wir bitten dich, erhöre uns.

L Für die Schwestern und Brüder, die der Versuchung von Überheblichkeit und Unwahrheit ausgesetzt sind. – Gott, unser Herr:
A Wir bitten dich, erhöre uns.

L Für die Schwestern und Brüder, die über die Mittel und die Möglichkeiten von Frieden und Gerechtigkeit verfügen. – Gott, unser Herr:
A Wir bitten dich, erhöre uns.

L Für die Schwestern und Brüder, die Willkür und Intrigen ausgeliefert sind. – Gott, unser Herr:
A Wir bitten dich, erhöre uns.

P Denn wir sind Gott ähnlich und können in unserem Denken und Handeln seine Liebe bezeugen durch Christus, unseren Herrn.
A Amen.

2. Fastensonntag

Gen 12,1–4a || 2 Tim 1,8b–10 || Mt 17,1–9

Begrüßung und Einleitung

P Im Namen des Vaters und des Sohnes und des Heiligen Geistes.
A Amen.
L Christus ist der Sohn Gottes, der in die Welt gekommen ist, um als ewiger Priester des Neuen Bundes die Menschen zu Gott zu führen.
P Sein Licht und sein Segen seien mit euch.
A Und mit deinem Geiste.
L Im Glaubensgehorsam brach Abraham auf und zog los, ohne zu wissen, wohin es ging.
P Christus lädt die Menschen ein zu einem Gottvertrauen für die Wege des Lebens. So sollen sie alle gesegnet sein und selbst zum Segen werden.

Kyrie

L Abraham ging den Weg, zu dem Gott ihn berufen hatte.
P Herr, erbarme dich unser.
A Herr, erbarme dich unser.

L Abraham vertraute der Verheißung Gottes und brach auf.
P Christus, erbarme dich unser.
A Christus, erbarme dich unser.

L Abraham gibt bis heute für die christlichen, jüdischen und muslimischen Schwestern und Brüder ein gültiges Beispiel.
P Herr, erbarme dich unser.
A Herr, erbarme dich unser.

P Der allmächtige Gott, der Abraham gesegnet hat, segne auch uns: für uns zur Versöhnung und zur Einheit mit allen Schwestern und Brüdern durch Christus, unseren Herrn.
A Amen.

Fürbitten

P Zu Christus, der sich den Aposteln als der ewige Priester und der Sohn Gottes offenbart hat, lasst uns beten:

L Dass die Bemühungen unseres Papstes gesegnet sind und für die Gemeinschaft der Kirche segensreich werden. – Gott, unser Vater:

A Wir bitten dich, erhöre uns.

L Dass die Familien in ihrem Miteinander füreinander zum Segen werden und in ihrem Leben gesegnet sind. – Gott, unser Vater:

A Wir bitten dich, erhöre uns.

L Dass die Gemeinden und Pfarreien in dieser Zeit des Umbruchs und des Aufbruchs ihren Weg finden und im Segen des Heiligen Geistes neu werden. – Gott, unser Vater:

A Wir bitten dich, erhöre uns.

L Dass die Glaubenden im Beispiel des Abraham ihr Vertrauen auf die Verheißungen der Frohen Botschaft stärken und den Frieden und die Liebe in ihrem Leben bezeugen. – Gott, unser Vater:

A Wir bitten dich, erhöre uns.

L Dass die ganze Schöpfung zur Hoffnung erwacht und erkennt, wie reich sie gesegnet ist. – Gott, unser Vater:

A Wir bitten dich, erhöre uns.

P In deinem Segen gehen wir in unser Leben und vertrauen darauf, dass wir durch dich für die Welt selber zum Segen werden durch Christus, unseren Herrn.

A Amen.

3. Fastensonntag

Ex 17,3–7 || Röm 5,1–2.5–8 || Joh 4,5–42

Begrüßung und Einleitung

P Im Namen des Vaters und des Sohnes und des Heiligen Geistes.
A Amen.
L Christus ist für die Kirche und für alle Menschen aller Zeiten die Quelle des ewigen Lebens.
P Seine Wahrheit sei mit euch.
A Und mit deinem Geiste.
L In den Prüfungsfragen des Wüstenweges stellte das Volk Israel in den verschiedenen Situationen die Vertrauensfrage gegenüber Gott.
P Das gilt für jedes Leben: Wo ist Gott? Warum lässt Gott das zu? Warum schreitet Gott nicht ein?

Kyrie

L Das Wort Gottes ist die Quelle des Friedens.
P Herr, erbarme dich unser.
A Herr, erbarme dich unser.

L Die Botschaft Gottes ist die Quelle der Freude.
P Christus, erbarme dich unser.
A Christus, erbarme dich unser.

L Die Verheißung Gottes ist die Quelle des ewigen Lebens.
P Herr, erbarme dich unser.
A Herr, erbarme dich unser.

P Der allmächtige Gott führe uns zur Quelle des Lebens. Er öffne unsere Augen für die Wahrheit und führe uns den Weg der Gerechtigkeit durch Christus, unseren Herrn.
A Amen.

Lesejahr A

Fürbitten

P Christus bringt der Welt das Wasser des Lebens und wird zur Quelle der Hoffnung. Zu ihm lasst uns beten:

L Für die Menschen, denen sauberes Wasser und medizinische Versorgung fehlen. – Gott, unser Schöpfer:
A Wir bitten dich, erhöre uns.

L Für die Zukunft unserer Erde, die unter dem Klimawandel und der damit verbundenen Erwärmung leidet. – Gott, unser Schöpfer:
A Wir bitten dich, erhöre uns.

L Für die Verantwortlichen, die sich aus Sorge um ihre Macht der Wirklichkeit und der Wahrheit entziehen. – Gott, unser Schöpfer:
A Wir bitten dich, erhöre uns.

L Für die Jugendlichen unserer Zeit, die aufstehen und in ihrer Art auf die anstehenden Probleme hinweisen. – Gott, unser Schöpfer:
A Wir bitten dich, erhöre uns.

L Für die Christenheit, der die Berufung zum Frieden, zur Einheit und zur Versöhnung gegeben ist. – Gott, unser Schöpfer:
A Wir bitten dich, erhöre uns.

P Denn du, Herr, bist in unserer Mitte. Deine Gegenwart gibt uns Halt und Mut. Dir vertrauen wir in Christus, unserem Herrn.
A Amen.

4. Fastensonntag (Laetare)

1 Sam 16,1b.6–7.10–13b ‖ Eph 5,8–14 ‖ Joh 9,1–41

Begrüßung und Einleitung

P Im Namen des Vaters und des Sohnes und des Heiligen Geistes.
A Amen.
L Gottes Auge sieht anders als der Mensch. Der Mensch sieht das Gesicht, der Herr aber sieht das Herz.
P Seine Gerechtigkeit und seine Freude seien mit euch.
A Und mit deinem Geiste.
L Die Begegnung mit Jesus heilt. Seine Berührung macht gesund. Seine Botschaft erfüllt mit Freude.
P Vor Gott gilt jeder Mensch. Seine Liebe überwindet Sünde und Schuld. Seine Barmherzigkeit richtet auf und bringt Hoffnung.

Kyrie

L Gott weiß um den Wert jedes Menschen.
P Herr, erbarme dich unser.
A Herr, erbarme dich unser.

L Gottes Liebe bringt Erlösung und Freiheit.
P Christus, erbarme dich unser.
A Christus, erbarme dich unser.

L Gottes Wege führen zum ewigen Leben.
P Herr, erbarme dich unser.
A Herr, erbarme dich unser.

P Der allmächtige Gott, der auf das Herz der Menschen sieht, erfülle uns mit seinem Licht und bilde unser Herz nach dem Herzen seines Sohnes durch ihn, Christus, unseren Herrn.
A Amen.

Fürbitten

P Zu Christus, der um die Wahrheit und um die Einzigartigkeit jedes Menschen weiß, lasst uns beten:

L Für alle, deren Wert unerkannt ist und deren Persönlichkeit nicht respektiert und geachtet wird. – Gott, unsere Hoffnung:
A Wir bitten dich, erhöre uns.

L Für alle, die an ihren Lebensorten unter Mobbing zu leiden haben und deren Würde immer neu verletzt wird. – Gott, unsere Hoffnung:
A Wir bitten dich, erhöre uns.

L Für alle, die sich über andere erheben und deren Hand nicht zur Vergebung und zur Versöhnung bereit ist. – Gott, unsere Hoffnung:
A Wir bitten dich, erhöre uns.

L Für alle, die Licht und Freude in ihre Umwelt tragen und so zu einem leuchtenden Segen für andere werden. – Gott, unsere Hoffnung:
A Wir bitten dich, erhöre uns.

L Für alle, die durch ihr Leben überfordert sind und für die menschliche Nähe und menschlicher Beistand Hilfe in der Not bedeuten. – Gott, unsere Hoffnung:
A Wir bitten dich, erhöre uns.

P Herr, du öffnest unsere Sinne, damit dein Licht und deine Freude unsere Herzen erreichen. Dir diene unser Denken und Handeln durch Christus, unseren Herrn.
A Amen.

5. Fastensonntag

Ez 37,12b –14 || Röm 8,8–11 || Joh 11,1–45

Begrüßung und Einleitung

P Im Namen des Vaters und des Sohnes und des Heiligen Geistes.
A Amen.
L Ezechiel schreibt: So spricht Gott, der Herr: Ich gebe meinen Geist in euch, dann werdet ihr lebendig.
P Das Leben unseres Herrn Jesus Christus sei mit euch.
A Und mit deinem Geiste.
L Gott erweckt sein Volk zu einem Leben in seinem Geist. Es ist ein Erwachen aus dem Todesschlaf der Gottferne und der Oberflächlichkeit.
P Das Leben in Gott ist erfüllt von Frieden und Versöhnung, von Mitmenschlichkeit und Nächstenliebe, von Wahrheit und Gerechtigkeit.

Kyrie

L Diese Botschaft an die Menschen gilt allen Völkern.
P Herr, erbarme dich unser.
A Herr, erbarme dich unser.

L Diese Beschreibung menschenwürdiger Existenz richtet sich an alle Kulturen.
P Herr, erbarme dich unser.
A Herr, erbarme dich unser.

L Dieses Miteinander bereitet der Welt ein befreites Aufatmen.
P Herr, erbarme dich unser.
A Herr, erbarme dich unser.

P Der allmächtige Gott schenke uns und allen Menschen die Kraft für das Gute, den Mut zum Neubeginn und die Freude seiner Töchter und Söhne in Ewigkeit.
A Amen.

Fürbitten

P Zu Christus, der den Tod besiegt hat und seiner Kirche neues Leben schenkt, lasst uns beten:

L Für alle, die an der Krankheit aus Hass und Lüge leiden. – Gott unseres Lebens:
A Wir bitten dich, erhöre uns.

L Für alle, die abgelehnt und verachtet werden. – Gott unseres Lebens:
A Wir bitten dich, erhöre uns.

L Für alle, die gegenüber anderen roh und rücksichtslos sind. – Gott unseres Lebens:
A Wir bitten dich, erhöre uns.

L Für alle, die als gute Menschen das Gute vertreten und Hoffnungsbilder für unsere Zeit sind. – Gott unseres Lebens:
A Wir bitten dich, erhöre uns.

L Für alle, die sich zu diesem Gottesdienst versammelt haben, und für die, die ihnen am Herzen liegen. – Gott unseres Lebens:
A Wir bitten dich, erhöre uns.

P Herr, in deinem Geist werden wir zu dem Leben erweckt, welches uns zur Ewigkeit in deinem Licht und in deiner Liebe führt.
A Amen.

Palmsonntag

Jes 50,4–7 || Phil 2,6–11 || Mt 26,14 – 27,66

Begrüßung und Einleitung

P Im Namen des Vaters und des Sohnes und des Heiligen Geistes.
A Amen.
P Christus, der König der Versöhnung, sei mit euch.
A Und mit deinem Geiste.

L Das Leben in Versöhnung ist der Weg aller Christinnen und Christen. Die Erfahrung göttlicher Barmherzigkeit und Vergebung ist die Quelle für diese Haltung in der Begegnung mit sich selber, mit den Menschen und mit der gesamten Schöpfung. Am Ende der Fastenzeit und zu Beginn der Karwoche sind alle Glaubenden eingeladen, sich Christus zuzuwenden.

P Sein Gruß und sein Segen seien mit euch.

A Und mit deinem Geiste.

L Mit dem Palmsonntag beginnt die Heilige Woche. Wir betrachten den Weg Jesu vom Einzug in Jerusalem bis zum Ereignis der Auferstehung am Ostermorgen. Die Palmzweige dieser Feier sind die bleibende Erinnerung zu der Berufung für ein Leben in Versöhnung.

Segnung der Palmzweige

P Gott im Himmel, segne diese Zweige. In ihrem Bild erinnerst du uns an deine Barmherzigkeit und an unser Leben in Versöhnung. Segne alle, die sich zu dieser Feier versammelt haben, und lass diese Zweige zu einem Zeichen werden, das in uns die Liebe und den Frieden wachhält. Das schenke uns der dreifaltige Gott: der Vater und der Sohn und der Heilige Geist.

A Amen.

Die Palmzweige werden schweigend mit Weihwasser gesegnet. Danach erfolgt die Verkündigung des Evangeliums vom Einzug in Jerusalem (Mt 21,1–11), evtl. gefolgt von einer Homilie; danach die Prozession, um Jesus nach Jerusalem zu begleiten. Beim feierlichen Einzug in die Kirche werden die Palmzweige in den Händen der Gläubigen gesegnet.

Fürbitten

P Christus ist als Bote des Friedens und als König der Versöhnung in Jerusalem eingezogen. Zu ihm lasst uns beten:

L Für diejenigen, die einfach nur mitlaufen und ihre Meinung gemäß der jeweiligen Mode ändern. – Gott in unserer Mitte:

A Wir bitten dich, erhöre uns.   →

Lesejahr A

L Für diejenigen, die sich vom Verhalten der Masse leiten lassen und die Verantwortung anderen übergeben. – Gott in unserer Mitte:
A Wir bitten dich, erhöre uns.

L Für diejenigen, die in Schule und Beruf von Stärkeren an den Rand gedrängt und unterdrückt werden. – Gott in unserer Mitte:
A Wir bitten dich, erhöre uns.

L Für diejenigen, die aufgrund ihrer Bildung und ihres sozialen Standes über viele Möglichkeiten des Friedens und der Gerechtigkeit verfügen. – Gott in unserer Mitte:
A Wir bitten dich, erhöre uns.

L Für diejenigen, die auf ihrer Flucht in Lebensgefahr geraten und in den wohlhabenden Ländern keine Aufnahme finden. – Gott in unserer Mitte:
A Wir bitten dich, erhöre uns.

P Ehre sei dem Vater und dem Sohn und dem Heiligen Geist.
A Wie im Anfang, so auch jetzt und allezeit und in Ewigkeit. Amen.

Auferstehung des Herrn (Ostersonntag)

Apg 10,34a.37–43 || Kol 3,1–4 oder 1 Kor 5,6b–8 || Joh 20,1–9

Begrüßung und Einleitung

P Im Namen des Vaters und des Sohnes und des Heiligen Geistes.
A Amen.
L Christus ist von den Toten auferstanden. Er hat die Welt mit neuem Leben beschenkt.
P Seine Freude und seine Gnade seien mit euch.
A Und mit deinem Geiste.
P Mit Maria von Magdala und mit den Aposteln bekennt die Gemeinschaft der Kirche den Glauben an die Auferstehung.

L Jesus ist wahrhaft auferstanden. Er hat zum Heil der Welt Sünde und Tod überwunden.
P Das Osterfest ist die Einladung aller Völker dieser Erde zu einem Leben in gegenseitiger Achtung, in liebevollem Miteinander und in einem weltumspannenden Frieden.

Kyrie

L Gott hat Jesus aus Nazaret gesalbt mit Heiligem Geist und mit Kraft.
P Herr, erbarme dich unser.
A Herr, erbarme dich unser.

L So zog er umher, tat Gutes und brachte den Verlorenen Heilung.
P Christus, erbarme dich unser.
A Christus, erbarme dich unser.

L Er wurde gekreuzigt. Gott aber hat ihn auferweckt am dritten Tag.
P Herr, erbarme dich unser.
A Herr, erbarme dich unser.

P Nachlass, Vergebung und Verzeihung unserer Sünden gewähre uns der allmächtige und barmherzige Gott.
A Amen.

Fürbitten

P Zu Christus, der durch seinen Sieg über Sünde und Tod die Welt mit Gott versöhnt hat, lasst uns beten:
L Für unseren Papst und die Gemeinschaft der Bischöfe, die die Botschaft von der Auferstehung und vom Leben in die Welt tragen. – Jesus, du Hoffnung der Welt:
A Wir bitten dich, erhöre uns. →

L Für alle, die im Ehrenamt und im Dienst der Caritas das Leben der Gemeinden stützen und tragen. – Jesus, du Hoffnung der Welt:
A Wir bitten dich, erhöre uns.

L Für die, die die Hoffnung und die Freude der Auferstehung und des ewigen Lebens nicht teilen können. – Jesus, du Hoffnung der Welt:
A Wir bitten dich, erhöre uns.

L Für die Christinnen und Christen aller Konfessionen, die ihren Glauben in unterschiedlichen Auslegungen leben. – Jesus, du Hoffnung der Welt:
A Wir bitten dich, erhöre uns.

L Für alle Kranken und Leidenden, die darauf vertrauen, dass sie in Gott geborgen und gesegnet sind. – Jesus, du Hoffnung der Welt:
A Wir bitten dich, erhöre uns.

L Ehre sei dem Vater und dem Sohn und dem Heiligen Geist.
A Wie im Anfang, so auch jetzt und allezeit und in Ewigkeit. Amen.

2. Sonntag der Osterzeit
(Sonntag der Barmherzigkeit / Weißer Sonntag)

Apg 2,42–47 || 1 Petr 1,3–9 || Joh 20,19–31

Begrüßung und Einleitung

P Im Namen des Vaters und des Sohnes und des Heiligen Geistes.
A Amen.
P Die Gnade der göttlichen Barmherzigkeit sei mit euch.
A Und mit deinem Geiste.
P Die Gedanken der Gerechtigkeit, der Heiligkeit und der Barmherzigkeit bestimmen die Hoffnung der Glaubenden.

L Die Werke der Barmherzigkeit bringen das Leben im Geist des Evangeliums zum Ausdruck.
P Das Wirken des Heiligen Geistes eröffnet den Menschen den Weg der Gerechtigkeit und der Heiligkeit.

Kyrie

L Gottes Gerechtigkeit ist größer als das menschliche Herz und weiter als die menschliche Erkenntnis.
P Herr, erbarme dich unser.
A Herr, erbarme dich unser.

L Gottes Heiligkeit durchdringt die Schöpfung und erfüllt sie mit Liebe und Versöhnung.
P Christus, erbarme dich unser.
A Christus, erbarme dich unser.

L Gottes Barmherzigkeit schenkt die Vergebung der Sünden und richtet den Geist auf zur Hoffnung und zur Freiheit.
P Herr, erbarme dich unser.
A Herr, erbarme dich unser.

P Nachlass, Vergebung und Verzeihung unserer Sünden gewähre uns der allmächtige und barmherzige Gott.
A Amen.

Fürbitten

P Zu Gott, der uns in Christus heilig, gerecht und barmherzig begegnet, beten wir:

L Um heilige Gedanken für alle, die Verantwortung tragen: im persönlichen und im öffentlichen Leben. – Barmherziger Gott, erhöre uns.
A Barmherziger Gott, erhöre uns.

L Um heilige Gedanken für alle Christinnen und Christen: in ihrem Sonntag und in ihrem Alltag. – Barmherziger Gott, erhöre uns.
A Barmherziger Gott, erhöre uns.

→

L Um gerechte Gedanken für alle, die über Einfluss und Macht verfügen: in der Begegnung mit den Menschen und mit der Schöpfung. – Barmherziger Gott, erhöre uns.
A Barmherziger Gott, erhöre uns.

L Um barmherzige Gedanken für die Starken und Reichen: in ihrem Blick auf die Schwachen und auf die Armen. – Barmherziger Gott, erhöre uns.
A Barmherziger Gott, erhöre uns.

L Um barmherzige Gedanken für die Schwestern und Brüder in Krieg und Streit: auf dem Weg zur Vergebung und zur Versöhnung. – Barmherziger Gott, erhöre uns.
A Barmherziger Gott, erhöre uns.

P Ehre sei dem Vater und dem Sohn und dem Heiligen Geist.
A Wie im Anfang, so auch jetzt und allezeit und in Ewigkeit. Amen.

3. Sonntag der Osterzeit

Apg 2,14.22b–33 ‖ 1 Petr 1,17–21 ‖ Lk 24,13–35 oder Joh 21,1–14

Begrüßung und Einleitung

P Im Namen des Vaters und des Sohnes und des Heiligen Geistes.
A Amen.
L Jesus hat sich den Jüngern auf dem Weg nach Emmaus offenbart.
P Seine Gemeinschaft und sein Leben seien mit euch.
A Und mit deinem Geiste.
L Als Jesus sich mit den Jüngern zum Essen niedergesetzt hatte und mit ihnen das Brot brach, gingen ihnen die Augen auf und sie erkannten ihn.
P Das ist unsere Bitte an Gott in diese österliche Zeit hinein: dass uns die Augen aufgehen und wir Jesus in unserer Mitte erkennen.

Kyrie

L Wir erkennen ihn im Wort der Frohen Botschaft.
P Herr, erbarme dich unser.
A Herr, erbarme dich unser.

L Wir erkennen ihn im Mahl der Eucharistie.
P Christus, erbarme dich unser.
A Christus, erbarme dich unser.

L Wir erkennen ihn in unseren Schwestern und Brüdern.
P Herr, erbarme dich unser.
A Herr, erbarme dich unser.

P Der allmächtige Gott erbarme sich unser. Er lasse uns die Sünden nach und führe uns zum ewigen Leben.
A Amen.

Fürbitten

P Christus hat die Jünger auf dem Weg nach Emmaus begleitet und mit ihnen das Brot gebrochen. Zu ihm lasst uns beten:

L Um den gläubigen Empfang der heiligen Kommunion und um die Ehrfurcht vor der Gegenwart Gottes in dieser Welt. – Christus, höre uns.
A Christus, erhöre uns.

L Um die Stärkung aller Christinnen und Christen im Glauben und um ein lebendiges Zeugnis für die Welt. – Christus, höre uns.
A Christus, erhöre uns.

L Um eine vom Glauben und von der Liebe bestimmte Erneuerung der Kirche für alle, die aus der Frohen Botschaft leben. – Christus, höre uns.
A Christus, erhöre uns.

→

Lesejahr A 42

L Um die Einheit aller Christinnen und Christen und aller Menschen im Dienst der Leitung und der Verkündigung. – Christus, höre uns.
A Christus, erhöre uns.

L Um die Offenheit aller christlichen Gemeinden für die Fragen und die Sorgen aller Suchenden und aller Fragenden. – Christus, höre uns.
A Christus, erhöre uns.

P Du, Herr bist von den Toten auferstanden und hast die Welt mit deinem neuen Leben beschenkt. Du bist unser Herr und unser Erlöser in Ewigkeit.
A Amen.

4. Sonntag der Osterzeit

Apg 2,14a.36–41 || 1 Petr 2,20b–25 || Joh 10,1–10

Begrüßung und Einleitung

P Im Namen des Vaters und des Sohnes und des Heiligen Geistes.
A Amen.
P Christus, unser Tor zum Leben, sei mit euch.
A Und mit deinem Geiste.
P Nach der Auferstehung Jesu wuchs die christliche Gemeinde. Von Anfang an überwand die Verkündigung der Frohen Botschaft die Grenzen von Religionen, Völkern und Kulturen.
L Die Menschen erkannten in Jesus von Nazaret den Erlöser der Menschen, der durch sein Leiden und seine Auferstehung die Welt mit Gott versöhnt.
P In Jesus finden wir das Tor, den Weg und das Ziel:

Kyrie

L Wir kennen seine Stimme und vertrauen seinen Worten.
P Herr, erbarme dich unser.
A Herr, erbarme dich unser.

L In ihm finden wir Schutz und Erlösung.
P Christus, erbarme dich unser.
A Christus, erbarme dich unser.

L Er ist gekommen, damit wir das Leben in Fülle haben.
P Herr, erbarme dich unser.
A Herr, erbarme dich unser.

P Der allmächtige Gott erfülle uns mit seinem Geist. Er stärke uns für ein Leben aus dem Glauben und zeige uns den Weg in sein Reich durch Christus, unseren Herrn.
A Amen.

Fürbitten

P Zu Jesus, unserem vertrauten Bruder, dem guten Hirten und dem Tor zum Leben, lasst uns beten:

L Für die Entfaltung der christlichen Lehre zum Wohl und zum Segen aller Menschen. – Herr, erhöre uns.
A Herr, erhöre uns.

L Für die Kirchengemeinden, die Veränderungen erleben und die sich in neue Bedingungen hineinleben müssen. – Herr, erhöre uns.
A Herr, erhöre uns.

L Für alle jungen Menschen, die in dieser Zeit des Aufbruchs und der Neuorientierung einen sozialen, caritativen oder pastoralen Beruf ergreifen wollen. – Herr, erhöre uns.
A Herr, erhöre uns.

L Für eine verständliche Sprache in der Weitergabe und der Verkündigung der Bibel und der christlichen Lehre. – Herr, erhöre uns.
A Herr, erhöre uns.

L Für neue Gedanken für alle Menschen, denen Rücksichtslosigkeit, Gleichgültigkeit und Herzlosigkeit zur Gewohnheit geworden sind. – Herr, erhöre uns.
A Herr, erhöre uns.

P Mit dir, Herr, und in deinem Geist finden wir den Weg durch unsere Zeit. Du bist das Tor, das zum Leben führt. Du bist der Hirte, der unser Leben behütet in Ewigkeit.
A Amen.

5. Sonntag der Osterzeit

Apg 6,1–7 || 1 Petr 2,4–9 || Joh 14,1–12

Begrüßung und Einleitung

P Im Namen des Vaters und des Sohnes und des Heiligen Geistes.
A Amen.
P Der Herr sei mit euch.
A Und mit deinem Geiste.
L Der aufkommende Unmut in den ersten Christengemeinden wurde auf urchristliche Weise beantwortet.
P Sie suchten Menschen aus, die voller Weisheit und Heiligem Geist waren und die den Armen und Bedürftigen in herzlicher Nächstenliebe zur Seite standen.
L Jede Gemeinde als Kirche vor Ort wird sich immer neu prüfen müssen, wie sehr sie durch Heiligen Geist und Weisheit geleitet und ob sie auf dem Weg der Caritas ist.

Kyrie

L Der Glaube an Gott befreit uns von Angst und Engherzigkeit.
P Herr, erbarme dich unser.
A Herr, erbarme dich unser.

L Die Weisheit des Heiligen Geistes führt uns Wege der Geschwisterlichkeit.
P Christus, erbarme dich unser.
A Christus, erbarme dich unser.

L In Christus erkennen wir den Weg in die Arme des Vaters.
P Herr, erbarme dich unser.
A Herr, erbarme dich unser.

P Der allmächtige Gott erbarme sich unser. Er lasse uns die Sünden nach und führe uns zum ewigen Leben.
A Amen.

Fürbitten

P Zu Christus, der unser Weg, unsere Wahrheit und unser Leben ist, lasst uns beten:

L Um die geistige und körperliche Gesundheit aller Schwestern und Brüder auf der Welt. – Christus, höre uns.
A Christus, höre uns.

L Um den lebendigen Geist der Nächstenliebe im Zeichen der Caritas aller Kirchen und Gemeinden. – Christus, höre uns.
A Christus, höre uns.

L Um ein liebevolles und rücksichtsvolles Miteinander aller Menschen und aller Völker dieser Erde. – Christus, höre uns.
A Christus, höre uns.

L Um ein gemeinsames Zeugnis für den Frieden und für die Versöhnung aller Religionen und Konfessionen. – Christus, höre uns.
A Christus, höre uns.

L Um die Kraft zur Versöhnung unter Familienangehörigen auch nach langer Zeit und schmerzhafter Kränkung. – Christus, höre uns.
A Christus, höre uns.

P Du, Herr, bist der Begleiter unseres Lebens. Deine Gegenwart erfüllt uns mit Hoffnung und Mut: heute und bis in die Ewigkeit.
A Amen.

6. Sonntag der Osterzeit

Apg 8,5–8.14–17 || 1 Petr 3,15–18 || Joh 14,15–21

Begrüßung und Einleitung

P Im Namen des Vaters und des Sohnes und des Heiligen Geistes.
A Amen.
P Der Herr sei mit euch.
A Und mit deinem Geiste.
P Christus schließt mit seinen Jüngerinnen und Jüngern einen Bund auf der Grundlage des Liebesgebotes und verspricht für dieses Werk den Beistand, den der Vater senden wird.
L Es ist der Geist der Wahrheit, den die Welt nicht empfangen kann, weil sie ihn nicht sieht und nicht kennt.
P Das Leben im Geist der Wahrheit ist das Leben der Erlösten. Das ist das Versöhnungsgeschenk Christi für die Welt.

Kyrie

L Das Gebot Jesu ist die Liebe.
P Herr, erbarme dich unser.
A Herr, erbarme dich unser.

L Der Beistand ist der Geist der Wahrheit.
P Christus, erbarme dich unser.
A Christus, erbarme dich unser.

L Die Verheißung ist das ewige Leben.
P Herr, erbarme dich unser.
A Herr, erbarme dich unser.

P Nachlass, Vergebung und Verzeihung unserer Sünden gewähre uns der allmächtige und barmherzige Gott.
A Amen.

Fürbitten

P Christus hat uns das Gebot der Liebe geschenkt und uns mit dem Geist der Wahrheit erfüllt. Zu ihm beten wir:

L Für alle Schwestern und Brüder in Not und Krankheit um Beistand und baldige Genesung. – Christus, erbarme dich.
A Christus, erbarme dich.

L Für alle Ärztinnen und Ärzte um Kraft und Stärkung in ihrem Dienst am Menschen und um reichen Segen für ihren Einsatz. – Christus, erbarme dich.
A Christus, erbarme dich.

L Für alle Pflegerinnen und Pfleger um Ausdauer und Schutz in ihrer schweren Aufgabe in den Krankenhäusern und auf den Stationen und um Wertschätzung für die Erfüllung ihrer Arbeit. – Christus, erbarme dich.
A Christus, erbarme dich.

L Für alle Geschäfte, Unternehmen und Einrichtungen, die in Sorge sind um ihre Existenz, um spürbare Hilfe und Unterstützung. – Christus, erbarme dich.
A Christus, erbarme dich.

L Für alle Menschen, die die Kraft und die Möglichkeit haben, anderen beizustehen und zu helfen, um Achtsamkeit und Nächstenliebe. – Christus, erbarme dich.
A Christus, erbarme dich.

P Denn du, Herr, bist das Licht der Welt, die Sonne der Gerechtigkeit. Du bist unsere Hoffnung und unsere Rettung in Ewigkeit.
A Amen.

Lesejahr A

Christi Himmelfahrt

Apg 1,1–11 || Eph 1,17–23 || Mt 28,16–20

Begrüßung und Einleitung

P Im Namen des Vaters und des Sohnes und des Heiligen Geistes.
A Amen.
P Unser Herr Jesus Christus, der mit Leib und Seele in den Himmel aufgefahren ist, sei mit euch.
A Und mit deinem Geiste.
P Christus ist von den Toten auferstanden. Er hat Sünde und Tod besiegt. Christus ist mit Leib und Seele in den Himmel aufgefahren.
L Der Glaube an die Auferstehung und an ein Leben nach dieser Zeit, in der Dimension der Ewigkeit, beschreibt den umfassenden Wert der Schöpfung und jedes einzelnen Menschen.
P Dieses Bekenntnis benennt die untrennbare Zusammengehörigkeit von Seele und Leib. Alles ist eine Einheit: der Geist, die Körperlichkeit, das Denken, das Leben.

Kyrie

L Wir sind in der Lage, über uns hinauszudenken.
P Herr, erbarme dich unser.
A Herr, erbarme dich unser.

L Wir haben die Kraft zur Nächstenliebe und zum Frieden.
P Christus, erbarme dich unser.
A Christus, erbarme dich unser.

L Wir haben den Geist der Geschwisterlichkeit und der Gerechtigkeit.
P Herr, erbarme dich unser.
A Herr, erbarme dich unser.

P Nachlass, Vergebung und Verzeihung unserer Sünden gewähre uns der allmächtige und barmherzige Gott.
A Amen.

Fürbitten

P Jesus Christus ist der Herr über Leben und Tod, der Herr der Zeiten und der Ewigkeit. Zu ihm, der zur Rechten des Vaters sitzt, lasst uns beten:

L Um die Erlösung von Sünde und Schuld und um die Freiheit für ein Leben aus dem Glauben. – Christus, du Herr des Lebens:
A Wir bitten dich, erhöre uns.

L Um die Hoffnung auf das ewige Leben für alle Menschen und um weltweite Lebensentwürfe im Geist der Nächstenliebe. – Christus, du Herr des Lebens:
A Wir bitten dich, erhöre uns.

L Um Segen für unsere Gesellschaft und um Frieden und Gerechtigkeit für alle Völker dieser Erde. – Christus, du Herr des Lebens:
A Wir bitten dich, erhöre uns.

L Um Dank und Anerkennung für alle Menschen, die sich in Krisensituationen als hilfsbereit und geschwisterlich erweisen. – Christus, du Herr des Lebens:
A Wir bitten dich, erhöre uns.

L Um Freiheit von Egoismus und Rücksichtslosigkeit in unserer Zeit und in unserer Welt. – Christus, du Herr des Lebens:
A Wir bitten dich, erhöre uns.

P Ehre sei dem Vater und dem Sohn und dem Heiligen Geist.
A Wie im Anfang, so auch jetzt und allezeit und in Ewigkeit. Amen.

Lesejahr A

7. Sonntag der Osterzeit

Apg 1,12–14 ‖ 1 Petr 4,13–16 ‖ Joh 17,1–11a

Begrüßung und Einleitung

P Im Namen des Vaters und des Sohnes und des Heiligen Geistes.
A Amen.
P Unser Herr Jesus Christus, der zur Rechten Gottes sitzt, sei mit euch.
A Und mit deinem Geiste.
L In Christus sind wir mit allen Bereichen der Erde geschwisterlich verbunden und bilden unter dem Segen Gottes eine weltweite Familie im Glauben.
P Wir wissen, dass viele Christinnen und Christen in unserer aufgeklärten und modernen Zeit noch an der freien Ausübung ihres Glaubens gehindert und dafür auch verfolgt werden.

Kyrie

L Für sie und für alle Christinnen und Christen beten wir um die Freiheit des Glaubens.
P Herr, erbarme dich unser.
A Herr, erbarme dich unser.

L In ihnen und in allen Menschen erkennen wir weltweit unsere Schwestern und Brüder.
P Christus, erbarme dich unser.
A Christus, erbarme dich unser.

L Mit ihnen leben wir in der Hoffnung auf die Liebe Gottes und seinen Frieden für alle Menschen.
P Herr, erbarme dich unser.
A Herr, erbarme dich unser.

P Der allmächtige Gott erfülle seine Schöpfung mit seinem Segen. Er heilige das Denken seiner Töchter und Söhne und schenke der ganzen Schöpfung sein Erbarmen durch Christus, unseren Herrn.
A Amen.

Fürbitten

P Zu Gott, dem Schöpfer aller Dinge und dem Vater aller Menschen, lasst uns beten:

L Für die Christinnen und Christen weltweit um die Freiheit des Glaubens und um die Ermutigung auf ihrem Weg in den Spuren unseres Herrn. – Gott, du Vater aller Menschen:
A Wir bitten dich, erhöre uns.

L Für alle Mächtigen und Regierenden dieser Erde um Respekt vor dem Leben und der Schöpfung. – Gott, du Vater aller Menschen:
A Wir bitten dich, erhöre uns.

L Für alle Schwestern und Brüder, die im Vertrauen auf Gottes Liebe leben, um reichen Segen und um die Freiheit des Glaubens und der Lebensgestaltung. – Gott, du Vater aller Menschen:
A Wir bitten dich, erhöre uns.

L Für alle Kranken und Leidenden um die Nähe helfender Menschen und um Linderung und Heilung. – Gott, du Vater aller Menschen:
A Wir bitten dich, erhöre uns.

L Für alle Menschen, die in wirtschaftliche und existentielle Not geraten sind, um spürbare Hilfe und Unterstützung. – Gott, du Vater aller Menschen:
A Wir bitten dich, erhöre uns.

P In christlicher Verbundenheit mit allen Schwestern und Brüdern auf der Welt empfehlen wir Gott unsere Gebete und Anliegen und vertrauen auf seine Liebe, die er uns offenbart hat in Christus, unseren Herrn.
A Amen.

Lesejahr A

Pfingstsonntag

Apg 2,1–11 || 1 Kor 12,3b–7.12–13 || Joh 20,19–23

Begrüßung und Einleitung

P Im Namen des Vaters und des Sohnes und des Heiligen Geistes.
A Amen.
L Aus den Anfängen der Kirche wissen wir: Die Apostel waren einmütig im Gebet versammelt und lebten in der Kraft des Heiligen Geistes.
P Seine Gaben und sein Beistand seien mit euch.
A Und mit deinem Geiste.
P Im Vertrauen auf den Geist, den Jesus seiner Kirche als Beistand versprochen hat, ist die Christenheit auf dem Weg der Versöhnung und des Friedens:
L Selbst wenn sich der Gegenwart noch die große Aufgabe der Entfaltung und Entwicklung der Glaubenskraft stellt, offenbart sich der Geist im täglichen Leben der Schwestern und Brüder.
P Wir bitten um Vergebung für jede Unvollkommenheit und für jede Schuld und erbitten Gottes Erbarmen und die Kraft des Heiligen Geistes.

Kyrie

L Denn wir können Gut und Böse voneinander unterscheiden.
P Herr, erbarme dich unser.
A Herr, erbarme dich unser.

L Denn wir können die Wahrheit und die Gerechtigkeit zu jeder Zeit wahrnehmen und erkennen.
P Christus, erbarme dich unser.
A Christus, erbarme dich unser.

L Denn wir können ein Leben in Frieden und Nächstenliebe führen.
P Herr, erbarme dich unser.
A Herr, erbarme dich unser.

P Nachlass, Vergebung und Verzeihung unserer Sünden gewähre uns der allmächtige und barmherzige Gott.
A Amen.

Fürbitten

P Zu Gott, dem Heiligen Geist, den Christus zur Stärkung und für die Hoffnung in das Leben der Kirche sendet, lasst uns beten:

L Um die Erkenntnis von Gut und Böse und um die Freude der Töchter und Söhne Gottes. – Heiliger Geist, du Beistand der Menschen:
A Wir bitten dich, erhöre uns.

L Um Rat und Weisheit in den Entscheidungen der Menschen in allen Bereichen des Lebens. – Heiliger Geist, du Beistand der Menschen:
A Wir bitten dich, erhöre uns.

L Um Verstand und Wissen im Umgang mit den Gütern unserer Zeit und den Möglichkeiten menschlicher Entdeckungen. – Heiliger Geist, du Beistand der Menschen:
A Wir bitten dich, erhöre uns.

L Um Vernunft und Wachsamkeit im Erleben von Überfluss und Wohlstand und in der Solidarität mit den Armen. – Heiliger Geist, du Beistand der Menschen:
A Wir bitten dich, erhöre uns.

L Um die Kraft des Glaubens im Zusammenleben mit der Schöpfung und um Demut gegenüber allem Leben. – Heiliger Geist, du Beistand der Menschen:
A Wir bitten dich, erhöre uns.

P Ehre sei dem Vater und dem Sohn und dem Heiligen Geist.
A Wie im Anfang, so auch jetzt und allezeit und in Ewigkeit. Amen.

Die Zeit im Jahreskreis

2. Sonntag im Jahreskreis

Jes 49,3.5–6 ‖ 1 Kor 1,1–3 ‖ Joh 1,29–34

Begrüßung und Einleitung

P Im Namen des Vaters und des Sohnes und des Heiligen Geistes.
A Amen.
P Der Herr sei mit euch.
A Und mit deinem Geiste.
L Seit alter Zeit gibt die Heilige Schrift das Signal für die Liebe Gottes zu allen Menschen dieser Erde:
P Ich mache dich zum Licht der Nationen, damit mein Heil bis an das Ende der Erde reicht.
L Allen Menschen gilt die Liebe und der Friede Gottes. Das zu bezeugen und zu leben ist die Berufung der Kirche und aller Christinnen und Christen.

Kyrie

L Die Schöpfung ist das Werk Gottes, und die Menschen sind seine Töchter und Söhne.
P Herr, erbarme dich unser.
A Herr, erbarme dich unser.

L Johannes bezeugt: Seht, das Lamm Gottes, das die Sünde der Welt hinwegnimmt!
P Christus, erbarme dich unser.
A Christus, erbarme dich unser.

L Der Erwählte Gottes bringt Gerechtigkeit und Segen für alle Völker dieser Welt.
P Herr, erbarme dich unser.
A Herr, erbarme dich unser.

P Der allmächtige Gott, der alle Menschen in seine Liebe einschließt, bewahre uns vor Sünde und Schuld und erfülle uns mit seinem Heiligen Geist durch Christus, unseren Herrn.
A Amen.

Fürbitten

P Zu Christus, der uns mit Heiligem Geist tauft, lasst uns beten:

L Um die Einheit der Christenheit und um Frieden für alle Menschen. – Christus, höre uns.
A Christus, erhöre uns.

L Um die Kraft des Glaubens für alle Christinnen und Christen und für alle Schwestern und Brüder in den Religionen und Konfessionen. – Christus, höre uns.
A Christus, erhöre uns.

L Um den Geist der Versöhnung für alle, die in Streit geraten sind und unter seelischen Verletzungen leiden. – Christus, höre uns.
A Christus, erhöre uns.

L Um Linderung und Genesung für alle Leidenden und Kranken. – Christus, höre uns.
A Christus, erhöre uns.

L Um die Bereitschaft aller Glaubenden zur Weiterbildung in der Heiligen Schrift und um die Entwicklung einer tiefen Spiritualität. – Christus, höre uns.
A Christus, erhöre uns.

P Wir vertrauen auf deine Hilfe. Wir bauen auf dein Wort. Du bist der Erwählte Gottes und das Heil der Welt in Ewigkeit.
A Amen.

Lesejahr A

3. Sonntag im Jahreskreis

Jes 8,23b – 9,3 || 1 Kor 1,10–13.17 || Mt 4,12–23

Begrüßung und Einleitung

P Im Namen des Vaters und des Sohnes und des Heiligen Geistes.
A Amen.
P Der Herr sei mit euch.
A Und mit deinem Geiste.
P Für jedes menschliche Leben ist der Gedanke einer gelungenen Zukunft sehr wichtig. Das greifen die Schriften der Propheten auf und bringen so dem Erdkreis neue Hoffnung:
L Das Volk, das in der Finsternis ging, sah ein helles Licht; über denen, die im Land des Todesschattens wohnten, strahlte ein Licht auf.
P Die Last der Dunkelheit und der Ausweglosigkeit bedrückt die gesamte Menschheit und führt sie in die Versuchung, sich Gesetzen zu unterwerfen, die sich gerade davon ableiten.

Kyrie

L Jesus, du bist das Licht der Welt, und in deinem Licht erkennen wir die Wahrheit.
P Herr, erbarme dich unser.
A Herr, erbarme dich unser.

L Du bist das Licht der Welt, und in diesem Licht erkennen wir die Gerechtigkeit.
P Christus, erbarme dich unser.
A Christus, erbarme dich unser.

L Du bist das Licht der Welt, und in diesem Licht erkennen wir den Frieden.
P Herr, erbarme dich unser.
A Herr, erbarme dich unser.

P Der allmächtige Gott führe uns in sein Licht und zeige uns die Wege der Versöhnung durch Christus, unseren Herrn.
A Amen.

Fürbitten

P Jesus rief allen Menschen zu: Kehrt um! Denn das Himmelreich ist nahe. Nach zweitausend Jahren beten wir:

L Um die Umkehr der Christenheit von Spaltung und Missverständnissen. – Christus, erbarme dich.
A Christus, erbarme dich.

L Um die Umkehr der Völker von Krieg und Gewalt. – Christus, erbarme dich.
A Christus, erbarme dich.

L Um die Umkehr aller Menschen von Unwahrheit und von Lüge. – Christus, erbarme dich.
A Christus, erbarme dich.

L Um die Umkehr der Starken von Ausbeutung und Unterdrückung. – Christus, erbarme dich.
A Christus, erbarme dich.

L Um der Umkehr jedes einzelnen Menschen von jeder Schuld und von jeder Sünde. – Christus, erbarme dich.
A Christus, erbarme dich.

P Denn du, Herr, bist das Licht der Welt; dein Wort ist wahr und bringt der Welt Rettung und Segen bis in die Ewigkeit.
A Amen.

4. Sonntag im Jahreskreis

Zef 2,3; 3,12–13 || 1 Kor 1,26–31 || Mt 5,1–12a

Begrüßung und Einleitung

P Im Namen des Vaters und des Sohnes und des Heiligen Geistes.
A Amen.
P Der Herr sei mit euch.
A Und mit deinem Geiste.
L Christ oder Christin zu sein bedeutet, um sich zu schauen, umsichtig zu sein, rückwärts und vorwärts zu blicken, achtsam zu sein.
P Franz von Assisi sagt: Alle Geschöpfe der Erde fühlen wie wir, alle Geschöpfe streben nach Glück wie wir. Alle Geschöpfe der Erde lieben, leiden und sterben wie wir, also sind sie uns gleichgestellte Werke des allmächtigen Schöpfers – unsere Geschwister.
L So sind wir aufgerufen zu einem geschwisterlichen und bedachtsamen Leben unter der Gnade und dem Erbarmen Gottes.

Kyrie

L In dir, Herr, sind wir mit allen Geschöpfen der Erde verbunden.
P Herr, erbarme dich unser.
A Herr, erbarme dich unser.

L Bei dir, Herr, finden wir Worte des Lebens.
P Christus, erbarme dich unser.
A Christus, erbarme dich unser.

L Durch dich, Herr, sind unsere Wege gesegnet und geheiligt.
P Herr, erbarme dich unser.
A Herr, erbarme dich unser.

P Der sorgende Gott öffne unsere Augen für die Schönheit seiner Schöpfung. Er öffne unsere Sinne für die Größe aller Geschöpfe. Er öffne unser Herz für das Leuchten seiner Liebe durch Christus, dem Herrn und Bruder der gesamten Schöpfung.
A Amen.

Fürbitten

P In der Bergpredigt werden alle guten Kräfte angesprochen und gesammelt, aufgerufen und geweckt. In der Kraft der Geschwisterlichkeit lasst uns beten:

L Wir fühlen mit der misshandelten und ausgebeuteten Schöpfung. In der Verbundenheit mit ihr beten wir um die Achtung und die Rücksichtnahme aller Schwestern und Brüder. – Herr, du Schöpfer aller Dinge:
A Wir bitten dich, erhöre uns.

L Wir fühlen mit den gequälten und vermarkteten Schwestern und Brüder in der Welt der Tiere. In der Verbundenheit mit ihnen beten wir um Schutz und Gerechtigkeit. – Herr, du Hüter allen Lebens:
A Wir bitten dich, erhöre uns.

L Wir fühlen mit allen Schwestern und Brüdern unter der Last von Krieg, Terror und Gewalt. In der Verbundenheit mit ihnen beten wir um Versöhnung und Frieden. – Herr, du König des Friedens:
A Wir bitten dich, erhöre uns.

L Wir fühlen mit allen Menschen, die wegen ihres Glaubens verfolgt und unterdrückt werden. In der Verbundenheit mit ihnen beten wir um die Freiheit des Geistes und der Weltanschauung. – Herr, du Erlöser aller Menschen:
A Wir bitten dich, erhöre uns.   →

Lesejahr A

L Wir fühlen mit allen Schwestern und Brüder in Einsamkeit und Verlassenheit. In der Verbundenheit mit ihnen beten wir um Menschen, die zu ihnen finden, und um Herzen, die sich ihnen öffnen. – Herr, du Tröster in der Not:
A Wir bitten dich, erhöre uns.

P Du, Herr, sorgst für uns; du kümmerst dich um uns; du begleitest unser Leben mit achtsamer Liebe. Dafür danken wir dir mit der Kraft unserer Herzen bis in die Ewigkeit.
A Amen.

5. Sonntag im Jahreskreis

Jes 58,7–10 ‖ 1 Kor 2,1–5 ‖ Mt 5,13–16

Begrüßung und Einleitung

P Im Namen des Vaters und des Sohnes und des Heiligen Geistes.
A Amen.
P Der Herr sei mit euch.
A Und mit deinem Geiste.
L Das Christentum und mit ihm jede einzelne Christin und jeder einzelne Christ erweisen und bewähren sich im Alltag.
P Papst Johannes XXIII. hat einmal gesagt: „Man kann mit einem Hirtenstab in der Hand heilig werden, aber ebenso mit einem Besen."
L Mit dem Handwerkszeug der Normalität kann jeder Mensch in jedem Alter und in jeder Lebenslage Wunder wirken:

Kyrie

L Jesus, du lehrst uns die Wunder des Alltags.
P Herr, erbarme dich unser.
A Herr, erbarme dich unser.

L Du zeigst uns die Kraft der Liebe.
P Christus, erbarme dich unser.
A Christus, erbarme dich unser.

L Du offenbarst uns die Schönheit der Weisheit.
P Herr, erbarme dich unser.
A Herr, erbarme dich unser.

P Der allmächtige Gott wecke in uns die Freude an seinem Leben, an seinem Licht und an seiner Barmherzigkeit und bewahre uns immer in seiner Gnade durch Christus, unseren Herrn.
A Amen.

Fürbitten

P Jeder Augenblick ist gut genug, um gut zu sein und Gutes zu tun. Darum beten wir:

L Wir sehen in unserer Kirche verunsicherte und enttäuschte Menschen. Ihnen möge die Frohe Botschaft Halt und neue Orientierung geben. – Jesus, du Ratgeber der Menschen, erhöre uns.
A Jesus, du Ratgeber der Menschen, erhöre uns.

L Wir sehen in unserer Welt Gewalt und Bedrohung von Menschen gegen Menschen und von Völkern gegen Völker. Ihnen möge die Freude und die Freiheit des Friedens bewusstwerden. – Jesus, du Ratgeber der Menschen, erhöre uns.
A Jesus, du Ratgeber der Menschen, erhöre uns.

L Wir sehen in unserer Stadt Obdachlose und Hilfsbedürftige. Ihnen möge in christlicher Nächstenliebe und Geschwisterlichkeit menschenwürdige Hilfe zuteilwerden. – Jesus, du Ratgeber der Menschen, erhöre uns.
A Jesus, du Ratgeber der Menschen, erhöre uns.

L Wir sehen die verborgene Tatsache häuslicher Gewalt und diejenigen, die im Stillen darunter leiden. Für sie möge durch die Aufmerksamkeit von Mitmenschen Hilfe und Gerechtigkeit möglich werden. – Jesus, du Ratgeber der Menschen, erhöre uns.
A Jesus, du Ratgeber der Menschen, erhöre uns.

L Wir sehen in unserer Gemeinde Kinder und Jugendliche in der Vorbereitung auf die Kommunion und die Firmung. Ihnen möge deutlich werden, wie willkommen sie in unserer Gemeinde sind. – Jesus, du Ratgeber der Menschen, erhöre uns.
A Jesus, du Ratgeber der Menschen, erhöre uns.
P Dein Rat, Herr, ist gut und zuverlässig. Er zeigt uns den Weg zum Nächsten und zum Leben. Dafür danken wir dir in Ewigkeit.
A Amen.

6. Sonntag im Jahreskreis

Sir 15,15–20 ‖ 1 Kor 2,6–10 ‖ Mt 5,17–37

Begrüßung und Einleitung

P Im Namen des Vaters und des Sohnes und des Heiligen Geistes.
A Amen.
P Der Herr sei mit euch.
A Und mit deinem Geiste.
L Als Christinnen und Christen verstehen wir unser Leben, wenn wir es begreifen, als unseren Weg zu Gott.
P Gott hat uns Menschen Lebensmöglichkeiten anvertraut, aus denen Würde und Gerechtigkeit erblühen können zum Wohl und zum Glück aller Erdenbewohner.
L In seiner Kraft und in seiner Gnade wird es gelingen, die Welt mitzugestalten und dem Guten Raum zu bereiten.

Kyrie

L Denn die Möglichkeiten unserer persönlichen Zeit sind grenzenlos.
P Herr, erbarme dich unser.
A Herr, erbarme dich unser.

L Denn die Weite unserer Gedanken ist unbeschreiblich.
P Christus, erbarme dich unser.
A Christus, erbarme dich unser.

L Denn der Geist, der in uns lebt und wirkt, ist heilig.
P Herr, erbarme dich unser.
A Herr, erbarme dich unser.

P Der allmächtige Gott heilige unsere Leben. Er öffne unsere Sinne für die Schönheit seiner Schöpfung und begleite uns in seinem Geist auf dem Weg, der in seine Arme führt durch Christus, unseren Herrn.
A Amen.

Fürbitten

P Wenn wir in unserem Leben die Botschaft Jesu bezeugen und nach seinem Wort leben, wächst in uns das Gute wie eine Heilpflanze für uns und die Welt. Darum beten wir:

L Wir sorgen uns um den Weltfrieden. Darum bitten wir Gott: Bewahre uns vor Gedankenlosigkeit und vor der Erkaltung der Herzen. – Du Herr des Friedens:
A Wir bitten dich, erhöre uns.

L Wir sorgen uns um die Zukunft der Kirche. Darum bitten wir Gott: Bewahre uns vor Gleichgültigkeit in den Gemeinden und vor der Ermüdung der Glaubenden. – Du Herr der Kirche:
A Wir bitten dich, erhöre uns.

L Wir sorgen uns um das Leben in unserer Gesellschaft. Darum bitten wir Gott: Bewahre uns vor Rücksichtslosigkeit im Alltag und vor Selbstsucht in den Begegnungen. – Du Freund der Menschen:
A Wir bitten dich, erhöre uns.

L Wir sorgen uns um die Bewahrung der Schöpfung. Darum bitten wir Gott: Bewahre die Welt vor Hunger und Durst und vor jeder Verschwendung durch die Wohlhabenden. – Du Schöpfer aller Dinge:
A Wir bitten dich, erhöre uns.

L Wir sorgen uns um die Menschenwürde. Darum bitten wir Gott: Bewahre die Menschheit vor jeder Unterdrückung und vor jeder Ausbeutung. – Du Vater aller Menschen:
A Wir bitten dich, erhöre uns.

P Im Geist Gottes und an seiner Seite können wir die Welt verändern. Denn sein ist die Macht und die Kraft und die Herrlichkeit in Ewigkeit.
A Amen.

7. Sonntag im Jahreskreis

Lev 19,1–2.17–18 ∥ 1 Kor 3,16–23 ∥ Mt 5,38–48

Begrüßung und Einleitung

P Im Namen des Vaters und des Sohnes und des Heiligen Geistes.
A Amen.
P Der Herr sei mit euch.
A Und mit deinem Geiste.
P So oft wird das Böse in der Welt hervorgehoben und besprochen. Es wäre ein schönes Projekt, das Gute immer mehr ins Gespräch zu bringen und zur Tat werden zu lassen.
L Der heilige Johannes Bosco hat einmal schmunzelnd festgestellt: Noch nie habe ich einen Menschen erlebt, der am Ende seines Lebens beklagt hätte, zu viel Gutes getan zu haben.
P Das Gute hat, wie man so sagt, immer noch Luft nach oben. Im Geist und in der Kraft Gottes ist unendlich viel an Gutem möglich:

Kyrie

L Denn du, Herr, bist gut und barmherzig.
P Herr, erbarme dich unser.
A Herr, erbarme dich unser.

L Du bist menschenfreundlich und geduldig.
P Christus, erbarme dich unser.
A Christus, erbarme dich unser.

L Du bist großzügig und liebevoll.
P Herr, erbarme dich unser.
A Herr, erbarme dich unser.

P Der eine Gott aller Menschen führe seine Töchter und Söhne zusammen. Er ermutige sie zum Guten und bewahre sie vor Schuld und Sünde durch Christus, unseren Herrn.
A Amen.

Fürbitten

P Überall auf der Welt und zu jeder Zeit ist Gutes möglich. Die Menschheit wartet sehnsuchtsvoll darauf, dass die Geschichte sich zum Guten wendet. Darum beten wir:

L Wir warten auf den Frieden in der Welt. Gebe Gott, dass hier und jetzt der Friede beginnt. – Guter Gott, erhöre uns.
A Guter Gott, erhöre uns.

L Wir hoffen auf die gerechte Verteilung des Weltreichtums. Gebe Gott, dass hier und heute der Gerechtigkeit Raum gegeben wird. – Guter Gott, erhöre uns.
A Guter Gott, erhöre uns.

L Wir wünschen uns ein Ende von Hunger und Not rund um den Erdball. Gebe Gott, dass noch an diesem Tag Verschwendung und Vernichtung von Lebensmitteln weniger werden. – Guter Gott, erhöre uns.
A Guter Gott, erhöre uns.

L Wir wünschen uns einen freundlichen und friedlichen Umgang der Menschen miteinander. Gebe Gott, dass noch in diesem Augenblick freundliche und friedliche Gedanken entstehen und zur Tat werden. – Guter Gott, erhöre uns.
A Guter Gott, erhöre uns.   →

Lesejahr A

L Wir wünschen uns das Beste für alle Kinder und Jugendlichen. Gebe Gott, dass schon heute mit guten Kräften und einem wachen Geist das Beste geschieht. – Guter Gott, erhöre uns.
A Guter Gott, erhöre uns.

P Mit meinem Gott erstürme ich Wälle. Mit meinem Gott überspringe ich Mauern. Gott ist mein Leben und mein Halt. Ihm sei die Ehre und die Herrlichkeit in Ewigkeit.
A Amen.

8. Sonntag im Jahreskreis

Jes 49,14–15 || 1 Kor 4,1–5 || Mt 6,24–34

Begrüßung und Einleitung

P Im Namen des Vaters und des Sohnes und des Heiligen Geistes.
A Amen.
P Der Herr sei mit euch.
A Und mit deinem Geiste.
L Gott hat uns die Welt und die Zeit anvertraut, damit wir darin ihn, die Schöpfung und uns selber wahrnehmen und finden können.
P Lord Robert Baden-Powell, der Gründer der Pfadfinderbewegung, hat einmal gesagt: „Ich glaube, dass Gott uns in diese Welt gesetzt hat, um glücklich zu sein und uns des Lebens zu freuen. Darum versucht, diese Welt ein bisschen besser zurückzulassen, als ihr sie vorgefunden habt."
L Wir sind dazu berufen, unseren Geist, unsere Phantasie und unsere Kraft in den Dienst Gottes zu stellen und unser Leben danach auszurichten.

Kyrie

L Jesus, deine Botschaft macht alle Menschen zu Schwestern und Brüdern.
P Herr, erbarme dich unser.
A Herr, erbarme dich unser.

Die Zeit im Jahreskreis

L Dein Geist bewirkt Wunder über Wunder und bringt Segen und Heilung.
P Christus, erbarme dich unser.
A Christus, erbarme dich unser.

L Deine Liebe erhellt das Dunkel jeder Finsternis.
P Herr, erbarme dich unser.
A Herr, erbarme dich unser.

P Der allmächtige Gott erfülle uns mit der Freude an einem Leben aus dem Glauben. Er erschließe uns den Sinn seiner Gebote und führe uns zum ewigen Leben durch Christus, unseren Herrn.
A Amen.

Fürbitten

P Herr, du hast jedem Menschen eine Zeit, eine Welt, ein Leben anvertraut. Darum bitten wir dich:

L Oft ist die Klage zu hören, es fehle an Zeit. Wir beten für alle Zeitarmen um Ruhe und Übersicht. – Herr der Zeiten und der Ewigkeit:
A Wir bitten dich, erhöre uns.

L Oft ist die Klage zu hören, früher sei alles besser gewesen. Wir beten für alle Unzufriedenen um einen wachen und mutigen Blick in die Gegenwart und in die Zukunft. – Herr des Vergangenen und des Kommenden:
A Wir bitten dich, erhöre uns.

L Oft ist die Klage zu hören, dass keinem mehr zu trauen sei. Wir beten für alle Enttäuschten um ein gesundes Selbstbewusstsein und um Ausdauer auch in Schwierigkeiten. – Herr der Mächte und Gewalten:
A Wir bitten dich, erhöre uns. →

Lesejahr A

L Oft ist die Klage zu hören, dass der Glaube mehr und mehr verdunstet. Wir beten für alle um die Kraft des Glaubens und um den Mut zum tatkräftigen Bekenntnis. – Herr des Himmels und der Erde:
A Wir bitten dich, erhöre uns.

L Oft ist die Klage zu hören, dass ein Einzelner zu unbedeutsam und zu schwach ist, um etwas zu bewirken. Wir beten für alle Unsicheren um Selbstvertrauen und um Zivilcourage. – Herr der Freude und des Friedens:
A Wir bitten dich, erhöre uns.

P Im Vertrauen auf deine Aufmerksamkeit, ewiger Gott, legen wir unser Leben in deine Hand und sagen dir unsere Bitten. Du bist unser Halt und unser Schutz durch Christus, unseren Herrn.
A Amen.

9. Sonntag im Jahreskreis

Dtn 11,18.26–28.32 || Röm 3,21–25a.28 || Mt 7,21–27

Begrüßung und Einleitung

P Im Namen des Vaters und des Sohnes und des Heiligen Geistes.
A Amen.
P Der Herr sei mit euch.
A Und mit deinem Geiste.
L Antoine de Saint-Exupéry schreibt in seinem Buch „Wind, Sand und Sterne": Vollkommenheit ist offensichtlich nicht dann erreicht, wenn man nichts mehr hinzuzufügen hat, sondern wenn man nichts mehr wegnehmen kann.
P Glaube ist ein Herzensanliegen, ein Vorgang im menschlichen Leben, der die ganze Persönlichkeit eines Menschen einschließt.

Kyrie

L Herr, du bist der sichere Grund unseres Lebens.
P Herr, erbarme dich unser.
A Herr, erbarme dich unser.

L In dir sind wir gesegnet und behütet.
P Christus, erbarme dich unser.
A Christus, erbarme dich unser.

L Du bist für die Welt das Tor zum ewigen Leben.
P Herr, erbarme dich unser.
A Herr, erbarme dich unser.

P Der allmächtige Gott erbarme sich unser. Er lasse uns die Sünden nach und führe uns zum ewigen Leben.
A Amen.

Fürbitten

P Wir sollen Gottes Wort auf unser Herz und auf unsere Seele schreiben. Es soll für uns sein wie ein Zeichen am Handgelenk und Schmuck an unserer Stirn. Lasst uns beten:

L Präge dein Wort den Herzen der Menschen ein, damit sie die Liebe lernen und bezeugen. – Ewiger Vater:
A Wir bitten dich, erhöre uns.

L Lege dein Wort wie ein Siegel auf die Seele der Menschen, damit sie dein Gesetz lieben und danach handeln. – Ewiger Vater:
A Wir bitten dich, erhöre uns.

L Setze dein Wort wie ein Zeichen an das Handgelenk der Menschen und segne ihr Planen und Handeln. – Ewiger Vater:
A Wir bitten dich, erhöre uns.

L Schmücke die Gedanken der Menschen mit deinem Wort, damit sie Gutes denken und vollbringen. – Ewiger Vater:
A Wir bitten dich, erhöre uns.

L In Christus ist dein Wort zu uns Menschen gekommen. Gib, dass wir im Bund mit ihm weltweit und für die ganze Schöpfung zum Frieden und zur Versöhnung gelangen. – Ewiger Vater:

A Wir bitten dich, erhöre uns.

P Dein Segen begleite unser Leben und bewahre uns in deiner Gnade durch Christus, unseren Herrn.

A Amen.

10. Sonntag im Jahreskreis

Hos 6,3–6 || Röm 4,18–25 || Mt 9,9–13

Begrüßung und Einleitung

P Im Namen des Vaters und des Sohnes und des Heiligen Geistes.
A Amen.
P Der Herr sei mit euch.
A Und mit deinem Geiste.
L Durch die Heilige Schrift zieht sich der rote Faden eines tieferen Sinns. Das Äußere bedeutet nichts. Es kommt immer auf die innere Haltung in Wahrheit und Barmherzigkeit an:
P Johannes XXIII. hat gesagt: „Wir sind nicht als Museumswärter auf der Erde, sondern um einen blühenden Garten voller Leben zu pflegen und eine herrliche Zukunft vorzubereiten."
L Wenn das Innere des Menschen gesund ist, kommt es der gesamten Schöpfung zugute.

Kyrie

L Herr Jesus Christus, du weckst in den Menschen das Gute und das Heilige.
P Herr, erbarme dich unser.
A Herr, erbarme dich unser.

L Du berufst die Schwachen und Verachteten, um deine Stärke und deine Würde zu verkünden.
P Christus, erbarme dich unser.
A Christus, erbarme dich unser.

L Du bist der Arzt, der die Seele heilt und neue Hoffnung bringt.
P Herr, erbarme dich unser.
A Herr, erbarme dich unser.

P Der allmächtige Gott bewahre uns vor Oberflächlichkeit und Überheblichkeit. Er wende unseren Blick auf das Wesentliche und berufe uns in die Nachfolge seines Sohnes, Christus, unseres Herrn.
A Amen.

Fürbitten

P Jesus, du ermutigst die Menschen zum Glauben und zur Liebe. Wir wollen dir folgen und bitten dich:

L Für alle, die wie die Zöllner und Sünder – damals – nun in unserer Zeit verachtet und ausgegrenzt werden. – Jesus, sei an unserer Seite.
A Jesus, sei an unserer Seite.

L Für alle, die den Glauben und seine äußeren Zeichen für ihre Überheblichkeit und Selbstgefälligkeit missbrauchen. – Jesus, sei an unserer Seite.
A Jesus, sei an unserer Seite.

L Für alle, die einen sicheren Halt suchen und ihrem Leben einen tiefen Sinn verleihen möchten. – Jesus, sei an unserer Seite.
A Jesus, sei an unserer Seite.

L Für alle, die die Gemeinschaft der Kirche aus Verletzung und Enttäuschung verlassen haben. – Jesus, sei an unserer Seite.
A Jesus, sei an unserer Seite. →

L Für alle, die in ihrem Leben vor großen und bedeutsamen Entscheidungen stehen. – Jesus, sei an unserer Seite.
A Jesus, sei an unserer Seite.

P Im Blick auf dich, Herr, werden gute Gedanken in uns wach; in deiner Nachfolge finden wir uns, die Mitmenschen und deine Wahrheit.
A Amen.

11. Sonntag im Jahreskreis

Ex 19,2–6a || Röm 5,6–11 || Mt 9,36 – 10,8

Begrüßung und Einleitung

P Im Namen des Vaters und des Sohnes und des Heiligen Geistes.
A Amen.
P Der Herr sei mit euch.
A Und mit deinem Geiste.
P Jesus will die Menschen dazu ermutigen, Gott zu vertrauen. Er will sie befreien von allen Einschränkungen und Vorbehalten:
L Denn wer sein Leben retten will, wird es verlieren; wer aber sein Leben um meinetwillen verliert, wird es finden.
P Hier beschreibt Jesus die verschiedenen Lebensentwürfe und legt dar, dass die Entscheidung für seinen Weg in ein gelingendes und schließlich ewiges Leben führt.

Kyrie

L Der Geist Jesu führt uns ein in die Wahrheit.
P Herr, erbarme dich unser.
A Herr, erbarme dich unser.

L Der Geist Jesus segnet unsere Entscheidungen.
P Christus, erbarme dich unser.
A Christus, erbarme dich unser.

Die Zeit im Jahreskreis

L Der Geist Jesus bewahrt uns vor Irrwegen aus Sünde und Schuld.
P Herr, erbarme dich unser.
A Herr, erbarme dich unser.

P Der allmächtige Gott erbarme sich unser. Er lasse uns die Sünden nach und führe uns zum ewigen Leben.
A Amen.

Fürbitten

P Jesus, du befreist uns von Angst und Unsicherheit. Du erfüllst uns mit dem Mut des Glaubens und der Hoffnung. Zu dir beten wir:

L Für alle Menschen, die in dieser Zeit Angst und Sorgen um ihre Zukunft haben. – Herr, erhöre uns.
A Herr, erhöre uns.

L Für alle Menschen, die in dieser Zeit Verantwortung tragen für die Gesundheit der Weltbevölkerung. – Herr, erhöre uns.
A Herr, erhöre uns.

L Für alle Menschen, die in sich die Kraft der Nächstenliebe entdecken und für andere hilfreich da sein können und wollen. – Herr, erhöre uns.
A Herr, erhöre uns.

L Für alle Schwestern und Brüder, die in den benachteiligten und ausgebeuteten Ländern dieser Zeit leben. – Herr, erhöre uns.
A Herr, erhöre uns.

L Für alle Frauen und Männer, Kinder und Jugendlichen, die auf der Flucht sind und auf ein besseres Leben hoffen. – Herr, erhöre uns.
A Herr, erhöre uns.

P In deinem Geist, Herr, gelangen unsere Gedanken in den Bereich der Solidarität und der Nächstenliebe.
A Amen.

12. Sonntag im Jahreskreis

Jer 20,10–13 || Röm 5,12–15 || Mt 10,26–33

Begrüßung und Einleitung

P Im Namen des Vaters und des Sohnes und des Heiligen Geistes.
A Amen.
P Der Herr sei mit euch.
A Und mit deinem Geiste.
P Jeremia beschreibt das Schicksal eines Menschen, der sich inmitten einer Gesellschaft erhebt und hinweist auf unerträgliche Missstände. Weil die Mehrheit so lebt, scheint das Unrecht normal, die Lüge akzeptabel und die Gewalt vertretbar zu sein. Es machen ja alle so. Die Reaktion ist eindeutig:
L Vielleicht lässt er sich betören, dass wir ihn überwältigen und an ihm Rache nehmen können.
P Das Gute wird lästig, wenn das Böse zum Gesetz erhoben wird; das Unrecht wird zum Grundsatz, wenn die Lüge die Oberhand gewinnt:

Kyrie

L Im Glauben finden wir den Halt unseres Lebens.
P Herr, erbarme dich unser.
A Herr, erbarme dich unser.

L Im Geist finden wir die Wahrheit der Schöpfung.
P Christus, erbarme dich unser.
A Christus, erbarme dich unser.

L In Gott finden wir die Gerechtigkeit und den Frieden.
P Herr, erbarme dich unser.
A Herr, erbarme dich unser.

P Der allmächtige Gott befreie unsere Herzen von Angst und Mutlosigkeit und zeige uns die Wege zur Versöhnung und zum Frieden durch Christus, unseren Herrn.
A Amen.

Fürbitten

P Im Geist unseres Herrn Jesus Christus sind wir frei von Angst und Ratlosigkeit. Darum beten wir:

L Um die Gerechtigkeit für alle Menschen dieser Erde, damit sie gesund und in Frieden leben können. – Jesus, du Grund unserer Hoffnung:
A Wir bitten dich, erhöre uns.

L Um die Lernfähigkeit und um die Lernbereitschaft der reichen Völker, damit sie für die Welt nachhaltige Verantwortung übernehmen. – Jesus, du Grund unserer Hoffnung:
A Wir bitten dich, erhöre uns.

L Um die Freiheit von Rücksichtslosigkeit und Egoismus zum Wohl besonders der Schwachen und Wehrlosen. – Jesus, du Grund unserer Hoffnung:
A Wir bitten dich, erhöre uns.

L Um Heilung und Gesundheit für alle Kranken und um großen Dank für alle Ärztinnen und Ärzte mit ihren Pflegeteams. – Jesus, du Grund unserer Hoffnung:
A Wir bitten dich, erhöre uns.

L Um Segen und Schutz für die Bürgerinnen und Bürger unserer Stadt und für alle Menschen auf der Welt. – Jesus, du Grund unserer Hoffnung:
A Wir bitten dich, erhöre uns.

P Denn du, Herr, hast die gesamte Schöpfung zur Hoffnung befreit. In dir liegen Rettung und Erlösung bis in die Ewigkeit.
A Amen.

Lesejahr A

13. Sonntag im Jahreskreis

2 Kön 4,8–11.14–16a || Röm 6,3–4.8–11 || Mt 10,37–42

Begrüßung und Einleitung

P Im Namen des Vaters und des Sohnes und des Heiligen Geistes.
A Amen.
P Der Herr sei mit euch.
A Und mit deinem Geiste.
P An verschiedenen Stellen der Evangelien setzt Jesus sich mit Empfängern menschlicher Barmherzigkeit gleich.
L Wer euch aufnimmt, nimmt mich auf, und wer mich aufnimmt, nimmt den auf, der mich gesandt hat.
P Im Blick auf das Handeln und auf das Leben Jesu wird deutlich, dass jeder Mensch in sich kostbar und wertvoll ist und dass in der barmherzigen und gerechten Begegnung mehr aufleuchtet als die Verheißung himmlischen Lohns.

Kyrie

L Christus hat uns das menschliche Miteinander in Liebe und Frieden vorgelebt.
P Herr, erbarme dich unser.
A Herr, erbarme dich unser.

L Er hat die Möglichkeit des Friedens aufgezeigt und die Sündenvergebung großzügig zu den Menschen getragen.
P Christus, erbarme dich unser.
A Christus, erbarme dich unser.

L Er hat die Selbstlosigkeit und die Achtsamkeit als Vorbild für alle Zeiten in die Welt getragen.
P Herr, erbarme dich unser.
A Herr, erbarme dich unser.

P Der allmächtige Gott erbarme sich unser. Er lasse uns die Sünden nach und führe uns zum ewigen Leben.
A Amen.

Fürbitten

P Zu Christus, dem Zeugen der Nächstenliebe und der Menschlichkeit, lasst uns voll Vertrauen beten:

L Dass der Glaube in der Welt wächst und vielen Menschen Halt und Rat gibt. – Christus, höre uns.
A Christus, höre uns.

L Dass die Hoffnung aus dem Glauben viele Menschen ermutigt, ihr Leben im Geist der Frohen Botschaft zu gestalten. – Christus, höre uns.
A Christus, höre uns.

L Dass die Menschen Zerrissenheit und Streit in sich erkennen, damit sie zur Versöhnung gewandelt werden. – Christus, höre uns.
A Christus, höre uns.

L Dass die Gesellschaften in den verschiedenen Ländern aus der Erfahrung von Not lernen und ihr Leben danach ausrichten. – Christus, höre uns.
A Christus, höre uns.

L Dass die Helferinnen und Helfer im öffentlichen Leben bei ihren Einsätzen Respekt und Achtung erfahren und den Dank der Bürgerinnen und Bürger wahrnehmen können. – Christus, höre uns.
A Christus, höre uns.

P Denn du, Herr, bist unser Lehrer. In dir erkennen wir die Richtung unseres Lebens. Du begleitest uns bis in die Ewigkeit.
A Amen.

Lesejahr A 78

14. Sonntag im Jahreskreis

Sach 9,9–10 || Röm 8,9.11–13 || Mt 11,25–30

Begrüßung und Einleitung

P Im Namen des Vaters und des Sohnes und des Heiligen Geistes.
A Amen.
P Der Herr sei mit euch.
A Und mit deinem Geiste.
P Aus dem Buch Sacharja klingt ein Jubelruf durch die Jahrtausende bis in die Gegenwart:
L Juble, Tochter Zion, dein König kommt zu dir. Er ist gerecht und hilft, er ist bescheiden und verkündet den Frieden.
P Darin besteht die größte Kunst des Lebens: den Frieden zu wollen, den Frieden zu träumen, den Frieden zu halten und den Frieden zu bewahren – mit allen, ohne jede Ausnahme!

Kyrie

L Frieden ist möglich – überall: von Volk zu Volk und von Land zu Land.
P Herr, erbarme dich unser.
A Herr, erbarme dich unser.

L Frieden ist möglich – überall: von Schwester zu Bruder und von Nachbar zu Nachbar.
P Christus, erbarme dich unser.
A Christus, erbarme dich unser.

L Frieden ist möglich – überall: von Kultur zu Kultur und von Mensch zu Mensch.
P Herr, erbarme dich unser.
A Herr, erbarme dich unser.

P Der König des Friedens offenbare uns seine Weisheit. Er führe uns ein in seine Gebote und erfülle uns mit dem Geist der Versöhnung durch Christus, unseren Herrn.
A Amen.

Fürbitten

P Zu Christus, der uns eingeladen hat, an seiner Seite in unserem Herzen Ruhe zu finden, lasst uns beten:

L Um Bescheidenheit im Umgang mit den Gaben der Schöpfung und um Respekt vor ihrer Kostbarkeit. – Jesus, du Bote des Friedens, erhöre uns.
A Jesus, du Bote des Friedens, erhöre uns.

L Um Demut in der Anwendung von Kraft und Macht bei der Gestaltung des gesellschaftlichen Miteinanders. – Jesus, du Bote des Friedens, erhöre uns.
A Jesus, du Bote des Friedens, erhöre uns.

L Um die Bewahrung des Friedens in allen Bereichen des Lebens, auch in Kränkungen und Enttäuschungen. – Jesus, du Bote des Friedens, erhöre uns.
A Jesus, du Bote des Friedens, erhöre uns.

L Um Selbstbeherrschung in der Versuchung von Neid und Habgier, von Selbstsucht und bewusster Unversöhnlichkeit. – Jesus, du Bote des Friedens, erhöre uns.
A Jesus, du Bote des Friedens, erhöre uns.

L Um Freundlichkeit und Höflichkeit in den täglichen Begegnungen, selbst bei gegenteiligen Erfahrungen. – Jesus, du Bote des Friedens, erhöre uns.
A Jesus, du Bote des Friedens, erhöre uns.

P Du, Herr, bist die Hoffnung unseres Lebens. Deine Wege führen zum Frieden und zur Freiheit. Dir sei die Ehre und die Herrlichkeit in Ewigkeit.
A Amen.

Lesejahr A

15. Sonntag im Jahreskreis

Jes 55,10–11 || Röm 8,18–23 || Mt 13,1–23

Begrüßung und Einleitung

P Im Namen des Vaters und des Sohnes und des Heiligen Geistes.
A Amen.
P Der Herr sei mit euch.
A Und mit deinem Geiste.
P Die Stimme des Propheten Jesaja ist bis heute lebendig und hörenswert:
L Das Wort, das Gottes Mund verlässt, kehrt nicht leer zu ihm zurück, ohne zu bewirken, was er will, und ohne zu erreichen, wozu er es gesandt hat.
P Auch wenn in der Welt ein Kampf gegen dieses Wort tobt, wird es seinen Segen behalten und alle Menschen in seine gute Botschaft liebevoll einschließen.

Kyrie

L Der Acker, auf den das Wort Gottes wie bester Same fällt, ist jeder einzelne Mensch.
P Herr, erbarme dich unser.
A Herr, erbarme dich unser.

L Die Beschaffenheit des Bodens zwischen Stein und fruchtbarem Erdreich ist der jeweilige Lebensentwurf.
P Christus, erbarme dich unser.
A Christus, erbarme dich unser.

L Die Ernte ist das Leben aus dem Glauben im Vertrauen auf die Liebe.
P Herr, erbarme dich unser.
A Herr, erbarme dich unser.

P Der allmächtige Gott pflanze sein Wort in unsere Herzen ein. Er schenke uns das Vertrauen in seine Liebe und segne unser Leben zu jeder Zeit durch Christus, unseren Herrn.
A Amen.

Fürbitten

P In Christus hat Gott zu den Menschen gesprochen. Seine Botschaft bedeutet Menschlichkeit und Verbundenheit. Darum beten wir:

L Dass rund um den Erdball ein Weg gefunden wird, Mensch zu sein und im Geiste des Schöpfers zu leben. – Du Wort des lebendigen Gottes:
A Wir bitten dich, erhöre uns.

L Dass die gemeinsamen Erfahrungen der Gegenwart unter der Weltbevölkerung eine Veränderung zum Besseren bewirken. – Du Wort des lebendigen Gottes:
A Wir bitten dich, erhöre uns.

L Dass die Lasten, die durch Belastungen im Geschäftsleben und im persönlichen Bereich entstehen, solidarisch von der Gesellschaft getragen werden. – Du Wort des lebendigen Gottes:
A Wir bitten dich, erhöre uns.

L Dass die Menschen, die in dieser Zeit hilfreich und selbstlos anderen zur Seite stehen, den Sinn ihres Handelns und den Dank der Gemeinschaft wahrnehmen. – Du Wort des lebendigen Gottes:
A Wir bitten dich, erhöre uns.

L Dass allen Erdbewohnerinnen und Erdbewohnern zur Vermeidung von Krankheit und Seuchen gutes Wasser zur Verfügung steht. – Du Wort des lebendigen Gottes:
A Wir bitten dich, erhöre uns.

P Mit Gottes Segen offenbaren sich die Menschen als seine Töchter und Söhne und behüten die ihnen anvertraute Schöpfung in seinem Geist.
A Amen.

16. Sonntag im Jahreskreis

Weish 12,13.16–19 || Röm 8,26–27 || Mt 13,24–43

Begrüßung und Einleitung

P Im Namen des Vaters und des Sohnes und des Heiligen Geistes.
A Amen.
P Der Herr sei mit euch.
A Und mit deinem Geiste.
P Während die Menschen durchgehend und in großem Ausmaß Stärke und Macht missbrauchen, beschreiben die Zeilen des Weisheitsbuches die göttliche Allmacht in hoffnungserfüllten Worten:
L Weil du über Stärke verfügst, richtest du in Milde und behandelst uns mit großer Schonung; denn die Macht steht dir zur Verfügung, wann immer du willst.
P In Christus haben wir allen Grund dazu, in Gott alles Gute zu erkennen und zu erbitten:

Kyrie

L Denn wir leben, weil er uns hält.
P Herr, erbarme dich unser.
A Herr, erbarme dich unser.

L Wir glauben, weil er sich offenbart.
P Christus, erbarme dich unser.
A Christus, erbarme dich unser.

L Wir hoffen, weil er uns vergibt und aufrichtet.
P Herr, erbarme dich unser.
A Herr, erbarme dich unser.

P Der gerechte Vater bleibe in unserer Mitte, damit wir vor der Schöpfung offenbar werden als seine Töchter und Söhne in Christus, unserem Herrn.
A Amen.

Fürbitten

P Zu Gott, der uns die Kraft und die Stärke verleiht, als Menschen in Frieden und Gerechtigkeit zu leben, lasst uns beten:

L Erfülle die Welt, bitte, mit deinem Geist und mit deiner Freundlichkeit. – Vater, erhöre uns.
A Vater, erhöre uns.

L Befreie die Völker, bitte, von Krankheit, Hunger und jeder Not. – Vater, erhöre uns.
A Vater, erhöre uns.

L Schenke den Menschen, bitte, die Freude der Gemeinsamkeit und des Friedens. – Vater, erhöre uns.
A Vater, erhöre uns.

L Lass die verschiedenen Völker und Kulturen, bitte, ihre Verschiedenheit als Bereicherung erleben. – Vater, erhöre uns.
A Vater, erhöre uns.

L Erlöse, bitte, unsere Erde von dem Leid aus Korruption, Selbstsucht und Unersättlichkeit. – Vater, erhöre uns.
A Vater, erhöre uns.

P Denn schon heute können wir unsere Erde verändern und erneuern. Schon heute können wir das Wirken deines Geistes einlassen in unser Leben durch Christus, unseren Herrn.
A Amen.

Lesejahr A

17. Sonntag im Jahreskreis

1 Kön 3,5.7–12 || Röm 8,28–30 || Mt 13,44–52

Begrüßung und Einleitung

P Im Namen des Vaters und des Sohnes und des Heiligen Geistes.
A Amen.
P Der Herr sei mit euch.
A Und mit deinem Geiste.
P In einem Traum erhielt der große König Salomo von Gott die Einladung zu einem Wunsch. Als er darauf antwortete, waren seine Bitten frei von Streben nach Macht und Reichtum. Seine Antwort lautete:
L Verleih deinem Knecht ein hörendes Herz, damit er dein Volk zu regieren und das Gute vom Bösen zu unterscheiden versteht!
P Damit bindet Salomo sein hörendes Herz an Gott und dessen Weisheit.

Kyrie

L Ein hörendes Herz unterscheidet das Gute vom Bösen.
P Herr, erbarme dich unser.
A Herr, erbarme dich unser.

L Ein hörendes Herz empfindet Freude an der Wahrheit.
P Christus, erbarme dich unser.
A Christus, erbarme dich unser.

L Ein hörendes Herz vernimmt Worte, die nie gesprochen wurden.
P Herr, erbarme dich unser.
A Herr, erbarme dich unser.

P Der allmächtige Gott schenke uns ein hörendes und sehendes Herz, damit wir die Schöpfung wahrnehmen und den Sinn unseres Lebens erkennen durch Christus, unseren Herrn.
A Amen.

Fürbitten

P Gott hat die Bitte des Salomo um ein hörendes Herz erfüllt. In Erinnerung an diesen Traum beten wir:

L Für unseren Papst um die Weisheit und die Achtsamkeit eines hörenden Herzens. – Vater der Weisheit und der Güte:
A Wir bitten dich, erhöre uns.

L Für die Gemeinschaft der Bischöfe um den Weitblick und die Aufmerksamkeit eines sehenden Herzens. – Vater der Weisheit und der Güte:
A Wir bitten dich, erhöre uns.

L Für die Starken und Mächtigen um die Menschlichkeit und die Gerechtigkeit eines mitfühlenden Herzens. – Vater der Weisheit und der Güte:
A Wir bitten dich, erhöre uns.

L Für die Gemeinschaft der Familien um die Wärme und das Vertrauen eines liebenden Herzens. – Vater der Weisheit und der Güte:
A Wir bitten dich, erhöre uns.

L Für die Bürgerinnen und Bürger unseres Landes um die Solidarität und Freundlichkeit eines menschlichen Herzens. – Vater der Weisheit und der Güte:
A Wir bitten dich, erhöre uns.

P Denn in Gott erkennen wir unsere guten Talente. In ihnen gehen wir der Zukunft entgegen mit Christus, unserem Herrn.
A Amen.

Lesejahr A

18. Sonntag im Jahreskreis

Jes 55,1–3 || Röm 8,35.37–39 || Mt 14,13–21

Begrüßung und Einleitung

P Im Namen des Vaters und des Sohnes und des Heiligen Geistes.
A Amen.
P Der Herr sei mit euch.
A Und mit deinem Geiste.
P Jesaja erinnert an die Speise des Geistes und der Seele. Er erinnert an die Freiheit des Herzens. Er verkündet die kostenlose Verteilung göttlicher Geschenke:
L Auf, alle Durstigen, kommt zum Wasser! Die ihr kein Geld habt, neigt euer Ohr und kommt zu mir, hört, und ihr werdet aufleben!
P Das Wort Gottes ist eine Nahrung über den körperlichen Hunger und Durst hinaus. Das Wort Gottes stärkt für den Weg zum ewigen Leben:

Kyrie

L Das Wort Gottes stärkt die guten Kräfte unseres Lebens.
P Herr, erbarme dich unser.
A Herr, erbarme dich unser.

L Das Wort Gottes richtet auf und versöhnt.
P Christus, erbarme dich unser.
A Christus, erbarme dich unser.

L Das Wort Gottes ist das Licht in der Nacht.
P Herr, erbarme dich unser.
A Herr, erbarme dich unser.

P Der Herr öffne unsere Sinne und unsere Herzen, damit wir sein Wort in uns aufnehmen und leben durch Christus, unseren Herrn.
A Amen.

Fürbitten

P Jesus, du hast die vielen Menschen gespeist und bist schließlich für die Welt im Brot und im Wein zur Lebensnahrung geworden. Darum bitten wir dich:

L Schenke deiner Kirche die Kraft deines Wortes, damit sie darin lebt und in ihm die Quelle alles Guten entdeckt. – Jesus, höre uns.
A Jesus, erhöre uns.

L Vereine alle Christinnen und Christen auf ihren verschiedenen Wegen zu dir und erfülle sie mit Geschwisterlichkeit und Frieden. – Jesus, höre uns.
A Jesus, erhöre uns.

L Gewähre allen Kranken die Gesundheit an Körper und Geist und offenbare ihnen deine segnende Gegenwart. – Jesus, höre uns.
A Jesus, erhöre uns.

L Erfülle die Welt mit gegenseitiger Verantwortung, gegenseitiger Achtung und gemeinsamer Dankbarkeit. – Jesus, höre uns.
A Jesus, erhöre uns.

L Segne alle Schwestern und Brüder, die zu dieser Feier gekommen sind, und bewahre sie in deiner Liebe. – Jesus, höre uns.
A Jesus, erhöre uns.

P In dir, Herr, gelingt unser Leben. Du bist für uns Schutz und Segen bis in die Ewigkeit.
A Amen.

19. Sonntag im Jahreskreis

1 Kön 19,9ab.11b–13a || Röm 9,1–5 || Mt 14,22–33

Begrüßung und Einleitung

P Im Namen des Vaters und des Sohnes und des Heiligen Geistes.
A Amen.
P Der Herr sei mit euch.
A Und mit deinem Geiste.
P In erbarmungslosem Fanatismus war der Prophet Elija gegen Andersgläubige vorgegangen. Am Gottesberg Horeb belehrte ihn Gott persönlich und zeigte ihm einen neuen Weg:
L Gott offenbarte sich dem Propheten nicht in Sturm, Kraft oder Gewalt, sondern in Sanftheit, Güte und Liebe.
P Diese Lehre gilt bis heute und öffnet das Herz aller Glaubenden auf ihren unterschiedlichen Wegen für den Respekt voreinander.

Kyrie

L Ewiger Gott, dein Reich ist im Licht des Friedens und der Versöhnung.
P Herr, erbarme dich unser.
A Herr, erbarme dich unser.

L Deine Gewalt ist Vergebung und Güte.
P Christus, erbarme dich unser.
A Christus, erbarme dich unser.

L Dein Weg ist Sanftmut und Liebe.
P Herr, erbarme dich unser.
A Herr, erbarme dich unser.

P Der allmächtige Gott befreie uns von Hass und Gewalt. Er kultiviere unsere Herzen in der Liebe und stärke unsere Hoffnung durch Christus, unseren Herrn.
A Amen.

Fürbitten

P Der ewige und allmächtige Gott offenbart sich der Welt in Sanftmut und Liebe. Zu ihm, dem Vater aller Menschen, lasst uns beten:

L Möge die gesamte Schöpfung in der Obhut der Menschen gesund und behütet in die Zukunft gehen. – Vater aller Menschen:
A Wir bitten dich, erhöre uns.

L Mögen die guten Talente der Menschen die Heilung der entstandenen Schäden möglich werden lassen. – Vater aller Menschen:
A Wir bitten dich, erhöre uns.

L Möge die gegenwärtige Zeit als Zeit der Umkehr und des Neubeginns für die Völkergemeinschaft in Erinnerung bleiben. – Vater aller Menschen:
A Wir bitten dich, erhöre uns.

L Möge das Gute in allen Bereichen des menschlichen Lebens und überall auf der Welt die Oberhand gewinnen. – Vater aller Menschen:
A Wir bitten dich, erhöre uns.

L Mögen jedes menschliche Leid und jede menschliche Not Trost und Hilfe finden. – Vater aller Menschen:
A Wir bitten dich, erhöre uns.

P Ewiger Vater, du hast den Menschen deine Schöpfung anvertraut. In deinem Licht und in deinem Geist kann alles Gute gelingen in Christus, unserem Herrn.
A Amen.

Lesejahr A

20. Sonntag im Jahreskreis

Jes 56,1.6–7 || Röm 11,13–15.29–32 || Mt 15,21–28

Begrüßung und Einleitung

P Im Namen des Vaters und des Sohnes und des Heiligen Geistes.
A Amen.
P Der Herr sei mit euch.
A Und mit deinem Geiste.
P In der Wurzel des Alten und des Neuen Testamentes liegt der Gedanke einer grundsätzlichen Ökumene. Niemand wird ausgeschlossen. Alle sind willkommen.
L Denn mein Haus wird ein Haus des Gebetes für alle Völker genannt werden.
P So erhalten alle Religionen und alle Konfessionen die Berufung, die Menschheit im Geist der Geschwisterlichkeit, des Friedens und der Liebe miteinander bekanntzumachen.

Kyrie

L Du, Herr, bist der Vater aller Menschen.
P Herr, erbarme dich unser.
A Herr, erbarme dich unser.

L Deine Liebe gilt allen und schließt niemanden aus.
P Christus, erbarme dich unser.
A Christus, erbarme dich unser.

L Dein Wort ist das Heil der Welt.
P Herr, erbarme dich unser.
A Herr, erbarme dich unser.

P Der allmächtige Gott führe seine Töchter und Söhne in Eintracht zueinander. Er segne ihre Vielfältigkeit und heilige ihre Wege in Ewigkeit.
A Amen.

Fürbitten

P Zu Gott, dem Schöpfer des Himmels und der Erde, der alle Menschen in seine Liebe einschließt, lasst uns beten:

L Denn alle Religionen leben in der Berufung, den Menschen in Frieden und Versöhnung zu dienen. – Vater, erbarme dich.
A Vater, erbarme dich.

L Denn alle Konfessionen stehen unter dem Gebot der Einheit und der Geschwisterlichkeit. – Vater, erbarme dich.
A Vater, erbarme dich.

L Denn jeder einzelne Mensch ist kostbar und einzigartig. – Vater, erbarme dich.
A Vater, erbarme dich.

L Denn jede Generation trägt die Verantwortung für die Gesundheit der Erde. – Vater, erbarme dich.
A Vater, erbarme dich.

L Denn jede gute Tat und jeder gute Gedanke ist ein Baustein für eine bessere Welt. – Vater, erbarme dich.
A Vater, erbarme dich.

P Denn in Christus erkennen wir deine Menschenfreundlichkeit. In ihm entdecken wir das Licht unseres Lebens bis in die Ewigkeit.
A Amen.

21. Sonntag im Jahreskreis

Jes 22,19–23 || Röm 11,33–36 || Mt 16,13–20

Begrüßung und Einleitung

P Im Namen des Vaters und des Sohnes und des Heiligen Geistes.
A Amen.
P Der Herr sei mit euch.
A Und mit deinem Geiste.

Lesejahr A

P Die Visionen des Jesaja beschreiben sehr wirklichkeitsnah das Wirken Gottes in seinem Volk. Doch letztlich fordern sie ein Aufmerken heraus. Umkehr zu Gerechtigkeit und Bundestreue ist das Anliegen seiner Worte:

L Ich werde ihm den Schlüssel des Hauses David auf die Schulter legen. Er wird öffnen und niemand ist da, der schließt; er wird schließen und niemand ist da, der öffnet.

P Heute erschließt sich dem christlichen Glauben daraus die Person Jesu. Er ist unser zuverlässiger Retter und Erlöser.

Kyrie

L Das Kreuz auf deinen Schultern, Herr, ist der Schlüssel zu unserem Leben.
P Herr, erbarme dich unser.
A Herr, erbarme dich unser.

L Dein Wort ist der Freispruch aller Menschen zur Erlösung.
P Christus, erbarme dich unser.
A Christus, erbarme dich unser.

L Deine Liebe ist der Grund unserer Hoffnung.
P Herr, erbarme dich unser.
A Herr, erbarme dich unser.

P An deiner Seite, Herr, finden wir die Vergebung unserer Sünden, den Weg in ein gelingendes Leben und zum Reich deines Vaters in Ewigkeit.
A Amen.

Fürbitten

P In Christus finden wir sicheren Halt für unser Leben. Sein Wort steht fest und gültig für die Ewigkeit. Zu ihm lasst uns beten:

L Jesus, du bist der Sohn des allmächtigen Vaters: Führe alle Christinnen und Christen über diese Erde und durch diese Zeit den Weg deiner Schwestern und Brüder. – Herr, erhöre uns.

A Herr, erhöre uns.

L Jesus, du bist der Herr deiner Kirche: Erfülle den Nachfolger des heiligen Petrus mit deinem Geist und schenke ihm Worte der Liebe und der Hoffnung. – Herr, erhöre uns.

A Herr, erhöre uns.

L Jesus, du bist der Freund der Armen und Unterdrückten: Sende ihnen Menschen, die ihnen solidarisch und liebevoll zur Seite stehen. – Herr, erhöre uns.

A Herr, erhöre uns.

L Jesus, du erbarmst dich der Kranken und Leidenden: Richte sie auf und schenke ihnen Gesundheit an Leib und Seele. – Herr, erhöre uns.

A Herr, erhöre uns.

L Jesus, du bist der König des Friedens: Bringe alle Waffen zum Schweigen und alle Gegner zur Versöhnung. – Herr, erhöre uns.

A Herr, erhöre uns.

P Durch dich, Herr, erkennen wir den Vater; in dir liegen für uns Segen und Heil; mit dir finden wir den Weg zum Leben in der Ewigkeit.

A Amen.

Lesejahr A

22. Sonntag im Jahreskreis

Jer 20,7–9 || Röm 12,1–2 || Mt 16,21–27

Begrüßung und Einleitung

P Im Namen des Vaters und des Sohnes und des Heiligen Geistes.
A Amen.
P Der Herr sei mit euch.
A Und mit deinem Geiste.
P Trotz belastender Erfahrungen ist der Prophet Jeremia erfüllt von seiner Sendung und vom Geist des Gotteswortes.
L Sagte ich aber: Ich will nicht mehr an ihn denken und nicht mehr in seinem Namen sprechen, so brannte in meinem Herzen ein Feuer, eingeschlossen in meinen Gebeinen. Ich mühte mich, es auszuhalten, vermochte es aber nicht.
P Wenn das Leben von Gott berührt ist, bestimmt seine Wahrheit den Lauf der Dinge:

Kyrie

L Denn es gibt nichts Größeres als die Liebe.
P Herr, erbarme dich unser.
A Herr, erbarme dich unser.

L Nichts ist kostbarer als die Wahrheit.
P Christus, erbarme dich unser.
A Christus, erbarme dich unser.

L Nichts ist heilsamer als der Friede.
P Herr, erbarme dich unser.
A Herr, erbarme dich unser.

P Der allmächtige Gott stärke unseren Glauben. Er schenke uns die Vergebung unserer Sünden und bewahre uns in seiner Liebe durch Christus, unseren Herrn.
A Amen.

Fürbitten

P Lasst uns beten zu Christus, unserem Bruder, der uns den Willen Gottes offenbart hat:

L Für alle, die in Not geraten sind und materielle und finanzielle Sorgen tragen. – Jesus, du Wort des Lebens.
A Wir bitten dich, erhöre uns.

L Für alle, die die Möglichkeiten und die Kraft haben, anderen zu helfen. – Jesus, du Wort des Lebens.
A Wir bitten dich, erhöre uns.

L Für alle, die in der Vergangenheit für andere da waren und ihnen hilfreich zur Seite standen. – Jesus, du Wort des Lebens.
A Wir bitten dich, erhöre uns.

L Für alle Familien, die mit veränderten Bedingungen des Zusammenlebens zurechtkommen müssen. – Jesus, du Wort des Lebens.
A Wir bitten dich, erhöre uns.

L Für alle Schwestern und Brüder in den Berufen, die besonders im Dienst an den Einzelnen und an der Gesellschaft stehen. – Jesus, du Wort des Lebens.
A Wir bitten dich, erhöre uns.

P Herr, du kennst unsere Herzen bis auf den Grund. Du kennst unsere Sorgen und unsere Ängste. Dir vertrauen wir, und deiner Liebe empfehlen wir unser Leben.
A Amen.

Lesejahr A

23. Sonntag im Jahreskreis

Ez 33,7–9 || Röm 13,8–10 || Mt 18,15–20

Begrüßung und Einleitung

P Im Namen des Vaters und des Sohnes und des Heiligen Geistes.
A Amen.
P Die Gerechtigkeit unseres Herrn Jesus Christus sei mit euch.
A Und mit deinem Geiste.
P Zu jeder Zeit hat es Menschen gegeben, die sich für andere eingesetzt haben. Zu jeder Zeit hat es Menschen gegeben, die andere ausgebeutet haben. Zu jeder Zeit hat es die Möglichkeit gegeben, zu denken und zwischen Gut und Böse zu unterscheiden.
L Menschen tragen füreinander Verantwortung. Die höchste Form menschlichen Zusammenlebens ist die Ausrichtung an den Gedanken der Liebe und der Gerechtigkeit.
P In allen Ablenkungen des Alltags sind wir als Christinnen und Christen eingeladen, innezuhalten und unseren Blick Gott zuzuwenden.

Kyrie

L Denn Gott will das Wohl aller Menschen.
P Herr, erbarme dich unser.
A Herr, erbarme dich unser.

L In ihm sind wir alle Schwestern und Brüder.
P Christus, erbarme dich unser.
A Christus, erbarme dich unser.

L In ihm finden wir die Kraft zur Versöhnung und zum Frieden.
P Herr, erbarme dich unser.
A Herr, erbarme dich unser.

P Gott erfülle uns mit seiner Gerechtigkeit. Er ermutige uns zur inneren Erneuerung und bewahre uns unter dem Schutz seiner Liebe durch Christus, unseren Herrn.
A Amen.

Fürbitten

P Gott schenkt uns die Vergebung unserer Sünden. Er gibt uns die Kraft und die Freiheit zum Neubeginn. Er hört unser gemeinsames Beten:

L Wir beten für alle, denen es schwerfällt, einander zu vergeben und sich wieder zu versöhnen. – Vater aller Menschen, erhöre uns.
A Vater aller Menschen, erhöre uns.

L Wir beten für alle, denen es schwerfällt, einen guten Rat anzunehmen und ein fehlerhaftes Verhalten zu ändern. – Vater aller Menschen, erhöre uns.
A Vater aller Menschen, erhöre uns.

L Wir beten für alle, die mit einer Lüge leben und mit vertrauenswürdiger Hilfe zu einem Neubeginn finden können. – Vater aller Menschen, erhöre uns.
A Vater aller Menschen, erhöre uns.

L Wir beten für alle, die anderen zuhören, sich Zeit nehmen und das richtige Wort finden. – Vater aller Menschen, erhöre uns.
A Vater aller Menschen, erhöre uns.

L Wir beten für alle, die sich nicht verstanden fühlen und darunter leiden. – Vater aller Menschen, erhöre uns.
A Vater aller Menschen, erhöre uns.

P Weil wir Gottes Töchter und Söhne sind, vertrauen wir seiner Wahrheit, seinem Wort und seiner Gerechtigkeit. In ihm finden wir Schutz und Geborgenheit in Ewigkeit.
A Amen.

Lesejahr A

24. Sonntag im Jahreskreis

Sir 27,30 – 28,7 || Röm 14,7–9 || Mt 18,21–35

Begrüßung und Einleitung

- P Im Namen des Vaters und des Sohnes und des Heiligen Geistes.
- A Amen.
- P Die Güte unseres Herrn Jesus Christus sei mit euch.
- A Und mit deinem Geiste.
- P Groll, Zorn und Rache werden im Buch Jesus Sirach bloßgestellt. Sie können vor Gott und vor dem Anspruch der Frohen Botschaft nicht bestehen.
- L Vergib deinem Nächsten das Unrecht, dann werden dir, wenn du bittest, deine Sünden vergeben!
- P Wenn wir Schülerinnen und Schüler Gottes sind, gehören zu unseren Lernzielen die Überwindung von Groll, Zorn und Rache.

Kyrie

- L Die Überwindung von Groll ist der Friede.
- P Herr, erbarme dich unser.
- A Herr, erbarme dich unser.

- L Die Freiheit von Zorn ist die Ruhe.
- P Christus, erbarme dich unser.
- A Christus, erbarme dich unser.

- L Die Abkehr von Rache ist die Versöhnung.
- P Herr, erbarme dich unser.
- A Herr, erbarme dich unser.

- P Der allmächtige Gott nehme uns an als seine Schülerinnen und Schüler. Er vermittle uns die Freude am Guten und schenke uns ein Leben in seiner Gnade durch Christus, unseren Herrn.
- A Amen.

Fürbitten

P Die Lesung schließt mit den Worten: Denk an die Gebote und grolle dem Nächsten nicht; vergib die Schuld. Darum lasst uns beten:

L Damit Betroffene ihre Kraft entdecken und ihren Groll besiegen. – Herr, erhöre uns.
A Herr, erhöre uns.

L Damit Erzürnte zur Ruhe kommen und zu ihrem Frieden finden. – Herr, erhöre uns.
A Herr, erhöre uns.

L Damit niemand den Blick zur Seite wendet vor einem versöhnenden Gruß. – Herr, erhöre uns.
A Herr, erhöre uns.

L Damit niemand den ersten Schritt verhindert und die um Versöhnung bittende Hand ausschlägt. – Herr, erhöre uns.
A Herr, erhöre uns.

L Damit alle Christinnen und Christen als Schülerinnen und Schüler der Frohen Botschaft das Aussehen der Erde gestalten. – Herr, erhöre uns.
A Herr, erhöre uns.

P Deine Lehre, Herr, erhellt unser Denken; deine Worte erleuchten unseren Geist; deine Barmherzigkeit ist das Maß unseres Handelns in Christus, unserem Herrn.
A Amen.

25. Sonntag im Jahreskreis

Jes 55,6–9 || Phil 1,20ad–24.27a || Mt 20,1–16a

Begrüßung und Einleitung

- P Im Namen des Vaters und des Sohnes und des Heiligen Geistes.
- A Amen.
- P Die Großmütigkeit unseres Herrn sei mit euch.
- A Und mit deinem Geiste.
- P Das, was wir von Gott erwarten dürfen, steht ohne Unterschied allen offen. Es gibt weder ein Mehr noch ein Weniger. So gilt für alle nach ihren Möglichkeiten und Gaben die eine Einladung:
- L Er kehre um zum HERRN, damit er Erbarmen hat mit ihm, und zu unserem Gott; denn er ist groß im Verzeihen.
- P Es lässt aufatmen, dass der Weg zu Gott kein Wettlauf ist, den die Besten auf den ersten Plätzen gewinnen. Was zählt, ist das Nach-Hause-Kommen jedes Einzelnen.

Kyrie

- L Die Besten offenbaren ihre Größe in der Schlichtheit.
- P Herr, erbarme dich unser.
- A Herr, erbarme dich unser.

- L Die Heiligen erweisen ihre Größe in der Einfachheit.
- P Christus, erbarme dich unser.
- A Christus, erbarme dich unser.

- L Die Stärksten beweisen ihre Größe in der Achtsamkeit.
- P Herr, erbarme dich unser.
- A Herr, erbarme dich unser.

- P Der Gott aller Menschen lehre uns den Umgang mit den Unterschieden. Er zeige uns die Werte jedes Einzelnen. Er halte Schuld und Sünde von uns fern durch Christus, unseren Herrn.
- A Amen.

Fürbitten

P Für Gott ist jeder und jede Einzelne bedeutsam und unendlich kostbar. Zu ihm, dem Schöpfer und Erhalter unseres Lebens, lasst uns beten:

L Dass die Bosheit aus den Herzen der Menschen schwindet und das Gute immer mehr an Raum gewinnt. – Du Gott des Himmels und der Erde:
A Wir bitten dich, erhöre uns.

L Dass der Neid auf Status, Macht und Ansehen im Menschenleben keine Rolle mehr spielt und eine Souveränität der Menschenwürde die Oberhand bekommt. – Du Gott des Himmels und der Erde:
A Wir bitten dich, erhöre uns.

L Dass Überheblichkeit und Anmaßung aus dem menschlichen Miteinander verbannt werden und die gute Saat der Achtung voreinander aufgeht. – Du Gott des Himmels und der Erde:
A Wir bitten dich, erhöre uns.

L Dass die guten Fähigkeiten in den Menschen ausgebildet werden und dem Frieden gute Dienste leisten. – Du Gott des Himmels und der Erde:
A Wir bitten dich, erhöre uns.

L Dass alle Menschen in unserer Gesellschaft, denen finanzielle Sorgen zur Last geworden sind, spürbare Hilfe finden. – Du Gott des Himmels und der Erde:
A Wir bitten dich, erhöre uns.

P Denn wir sind von Gott gewollt und von Gott geschaffen. Als seine Ebenbilder leben wir in dieser Welt in seinem Geist in Christus, unserem Herrn.
A Amen.

26. Sonntag im Jahreskreis

Ez 18,25–28 || Phil 2,1–11 || Mt 21,28–32

Begrüßung und Einleitung

P Im Namen des Vaters und des Sohnes und des Heiligen Geistes.
A Amen.
P Die Wahrheit unseres Herrn Jesus Christus sei mit euch.
A Und mit deinem Geiste.
P Christus hat immer betont, dass es im Glauben nicht darum geht, Äußerlichkeiten zu erfüllen. Der Weg der Frohen Botschaft führt über die Ausrichtung des persönlichen Handelns an der Wahrheit. So konnte auch Ezechiel verkünden:
L Ihr aber sagt: Der Weg des Herrn ist nicht richtig. Hört doch, ihr vom Haus Israel: Mein Weg soll nicht richtig sein? Sind es nicht eure Wege, die nicht richtig sind?
P Das ist der Grund und der Inhalt einer bleibenden Auseinandersetzung:

Kyrie

L Es geht um ein Verhalten in Menschenwürde und Vertrauen.
P Herr, erbarme dich unser.
A Herr, erbarme dich unser.

L Es geht um ein Verhalten in Gerechtigkeit und Wahrheit.
P Christus, erbarme dich unser.
A Christus, erbarme dich unser.

L Es geht um ein Verhalten in Frieden und Versöhnung.
P Herr, erbarme dich unser.
A Herr, erbarme dich unser.

P Herr, du bist das Maß unseres Verhaltens; du bist die Richtung unserer Wege. In dir finden wir das Leben im Reich deines Vaters.
A Amen.

Fürbitten

P Zu Gott, dem Ratgeber und Vorbild unseres Verhaltens, lasst uns beten:

L Dass unter den Menschen anstelle der Lüge die Wahrheit ein zuverlässiges Vertrauen möglich macht. – Vater der Wahrheit:
A Wir bitten dich, erhöre uns.

L Dass zwischen den Staaten anstelle des Egoismus die Solidarität ein friedliches Miteinander entstehen lässt. – Vater der Güte:
A Wir bitten dich, erhöre uns.

L Dass in den Familien anstelle der Entfremdung die Liebe zu einer tragenden Gemeinschaft führt. – Vater der Treue:
A Wir bitten dich, erhöre uns.

L Dass für alle Streitenden anstelle von Missverständnissen die gegenseitige Achtung alte Zerwürfnisse beendet. – Vater der Versöhnung:
A Wir bitten dich, erhöre uns.

L Dass bei den Gliedern der Kirche anstelle des Misstrauens die Erkenntnis des Guten wächst und blüht. – Vater der Menschen:
A Wir bitten dich, erhöre uns.

P Denn in dir finden wir den Sinn unseres Lebens. In deinem Geist gelingt unser Dasein in Liebe und Versöhnung durch Christus, unseren Herrn.
A Amen.

Lesejahr A

27. Sonntag im Jahreskreis

Jes 5,1–7 || Phil 4,6–9 || Mt 21,33–44

Begrüßung und Einleitung

P Im Namen des Vaters und des Sohnes und des Heiligen Geistes.
A Amen.
P Der Herr sei mit euch.
A Und mit deinem Geiste.
P Jesaja erzählt seiner Hörerschaft eine fesselnde Geschichte, die er als Liebeslied bezeichnet. So lockt er die Anwesenden in eine Fragesituation und bringt sie dazu, in der Antwort ihr eigenes Urteil zu sprechen:
L Er hoffte auf Rechtsspruch – doch siehe da: Rechtsbruch; und auf Gerechtigkeit – doch siehe da: Der Rechtlose schreit.
P Die so Vorgeführten stehen nun in dem Dilemma, über das Erlernte ohne Einsicht hinwegzusehen – oder in sich zu gehen und neu zu werden.

Kyrie

L In dir, Herr, werden wir neu und frei.
P Herr, erbarme dich unser.
A Herr, erbarme dich unser.

L In dir erkennen wir die Wahrheit unseres Lebens.
P Christus, erbarme dich unser.
A Christus, erbarme dich unser.

L In dir finden wir die Kraft zu einem Leben aus dem Glauben.
P Herr, erbarme dich unser.
A Herr, erbarme dich unser.

P Der allmächtige Gott erbarme sich unser. Er lasse uns die Sünden nach und führe uns zum ewigen Leben.
A Amen.

Fürbitten

P Wir verdanken Gott die Gaben unseres Lebens. Getrennt von ihm vermögen wir nichts. Darum lasst uns beten:

L Wir verdanken Gott das lebensnotwendige Wasser und bitten ihn, dass allen Menschen in Gerechtigkeit dieses kostbare Gut zur Verfügung steht. – Vater, erhöre uns.
A Vater, erhöre uns.

L Wir verdanken Gott das tägliche Brot und bitten ihn um Brot für alle Menschen dieser Erde und um Achtung für jede einzelne Scheibe. – Vater, erhöre uns.
A Vater, erhöre uns.

L Wir verdanken Gott unser Leben und bitten ihn um den Schutz für alles und um den Respekt vor allem, was lebt. – Vater, erhöre uns.
A Vater, erhöre uns.

L Wir verdanken Gott unsere Fähigkeiten und Möglichkeiten und bitten ihn darum, dass die Menschen das, was sie können, zum Wohl aller einsetzen. – Vater, erhöre uns.
A Vater, erhöre uns.

L Wir danken Gott für unsere Schwestern und Brüder im Tierreich und bitten ihn darum, dass sie alle unter der Obhut der Menschen artgerecht leben können. – Vater, erhöre uns.
A Vater, erhöre uns.

P Denn wir sind der Weinberg Gottes, sein Volk, seine Töchter und Söhne: In seinem Geist wollen wir leben und glauben durch Christus, unseren Herrn.
A Amen.

Lesejahr A

28. Sonntag im Jahreskreis

Jes 25,6–10a || Phil 4,12–14.19–20 || Mt 22,1–14

Begrüßung und Einleitung

P Im Namen des Vaters und des Sohnes und des Heiligen Geistes.
A Amen.
P Die Güte unseres Herrn Jesus Christus sei mit euch.
A Und mit deinem Geiste.
P Der Apostel beschreibt in seinem Brief an die Philipper die Höhen und Tiefen seines Lebens. Dabei betont er weniger das Auf und Ab von Wohlstand und Armut als vielmehr die Ausrichtung an Christus in jeder Lebenslage:
L Alles vermag ich durch den, der mich stärkt.
P Die Unabhängigkeit von äußeren Gegebenheiten führt in den Raum der grenzenlosen Freiheit.

Kyrie

L Jesus, deine Freiheit bereitet die Klarheit der Gedanken.
P Herr, erbarme dich unser.
A Herr, erbarme dich unser.

L Deine Freiheit bedeutet die Weite des Verstandes.
P Christus, erbarme dich unser.
A Christus, erbarme dich unser.

L Deine Freiheit bedeutet die Größe des Herzens.
P Herr, erbarme dich unser.
A Herr, erbarme dich unser.

P Der allmächtige Gott befreie uns von Sünde und Schuld, damit wir vor der Welt und vor uns selbst als seine Töchter und Söhne offenbar werden durch Christus, unseren Herrn.
A Amen.

Fürbitten

P Das Himmelreich, das Reich Gottes, leidet unter der Ablehnung der Menschen. In ihm liegen aber die Liebe und der Frieden zum Wohl und zur Rettung der gesamten Schöpfung. Darum beten wir:

L Ewiger Gott, bewahre die Religionen davor, durch Drohung und Abgrenzung eigene Macht zu sichern, sondern schenke ihnen Worte der Hoffnung und des Lebens. – Ewiger Vater, erhöre uns.
A Ewiger Vater, erhöre uns.

L Schöpfer Gott, führe die Menschen zu der Erkenntnis, dass die gesamte Schöpfung in deinem Geist miteinander verbunden ist, und schenke ihnen Ehrfurcht und Demut. – Ewiger Vater, erhöre uns.
A Ewiger Vater, erhöre uns.

L Allmächtiger Gott, berühre die Herzen und die Gedanken der Völker und wecke in ihnen die Begeisterung des Friedens und der weltweiten Geschwisterlichkeit. – Ewiger Vater, erhöre uns.
A Ewiger Vater, erhöre uns.

L Barmherziger Gott, sende deinen Heiligen Geist in die Wohnungen der Menschen, hier bei uns und überall auf der Welt, und zeige ihnen immer neue Wege der Nächstenliebe und der Güte. – Ewiger Vater, erhöre uns.
A Ewiger Vater, erhöre uns.

L Starker Gott, schenke den Menschen die innere Freiheit, deinem Ruf zu folgen und mit allen guten Kräften deinem Reich in dieser Welt und in dieser Zeit zu dienen. – Ewiger Vater, erhöre uns.
A Ewiger Vater, erhöre uns.

P Denn mit dem Himmelreich leuchtet für die ganze Schöpfung ein Hoffnungszeichen auf durch Christus, unseren Herrn.
A Amen.

Lesejahr A

29. Sonntag im Jahreskreis

Jes 45,1.4–6 || 1 Thess 1,1–5b || Mt 22,15–21

Begrüßung und Einleitung

P Im Namen des Vaters und des Sohnes und des Heiligen Geistes.
A Amen.
P Der Herr sei mit euch.
A Und mit deinem Geiste.
P Im Jahre 539 vor Christus eroberte Kyros der Große Babylon und entließ das Volk Israel wenig später aus der 70-jährigen Babylonischen Gefangenschaft in die Freiheit. Obwohl der Perserkönig von Gott keine Kenntnis hatte, belegt ihn Jesaja mit höchsten Ehrentiteln:
L So spricht der HERR zu seinem Gesalbten, zu Kyrus: Ich habe ihn an seiner rechten Hand gefasst, um ihm Nationen zu unterwerfen; Könige entwaffne ich, um ihm Türen zu öffnen und kein Tor verschlossen zu halten.
P Der Prophet bekennt in diesen Worten, dass Gott der Herr der gesamten Schöpfung ist und dass das, was geschieht, nur in seiner Kraft und in seinem Willen möglich ist.

Kyrie

L Ewiger Gott, du hast das Volk Israel aus der Gefangenschaft befreit.
P Herr, erbarme dich unser.
A Herr, erbarme dich unser.

L Du wirkst an jedem Ort und zu jeder Zeit in Güte und Weisheit.
P Christus, erbarme dich unser.
A Christus, erbarme dich unser.

L In dir erkennen wir den Schöpfer und Erhalter unseres Lebens.
P Herr, erbarme dich unser.
A Herr, erbarme dich unser.

P Der allmächtige Gott lasse uns erkennen, dass sein Geist unter uns wirkt; dass seine Allmacht gegenwärtig ist und dass sein Wille das Wohl aller Menschen ist durch Christus, unseren Herrn.
A Amen.

Fürbitten

P Zu Gott, dem Herrn unserer Geschichte und unseres Lebens, lasst uns beten:

L Für die Mächtigen der Welt um den menschenwürdigen und menschenfreundlichen Einsatz ihrer Kräfte. – Vater aller Völker:
A Wir bitten dich, erhöre uns.

L Für die Frauen und Männer in Wirtschaft und Wissenschaft um die Weite ihres Denkens und die Demut ihrer Erkenntnis. – Vater aller Völker:
A Wir bitten dich, erhöre uns.

L Für die Menschen ohne Glauben um die geistige Weite und Offenheit für die Sinnfragen des Lebens. – Vater aller Völker:
A Wir bitten dich, erhöre uns.

L Für alle Glaubenden um die Anerkennung des göttlichen Willens ohne Fanatismus und Engherzigkeit. – Vater aller Völker:
A Wir bitten dich, erhöre uns.

L Für die Hirten der Kirche um die Stärke und den Mut, die Frohe Botschaft in die Gegenwart hinein glaubwürdig und barmherzig zu verkünden. – Vater aller Völker:
A Wir bitten dich, erhöre uns.

P Ewiger Vater, dein Wille soll in allem geschehen, damit dein Reich für alle Menschen dieser Erde wächst und groß wird durch Christus, unseren Herrn.
A Amen.

Lesejahr A

30. Sonntag im Jahreskreis

Ex 22,20–26 ‖ 1 Thess 1,5c–10 ‖ Mt 22,34–40

Begrüßung und Einleitung

P Im Namen des Vaters und des Sohnes und des Heiligen Geistes.
A Amen.
P Der Herr sei mit euch.
A Und mit deinem Geiste.
P Es ist anrührend, die Schriften des Alten Testamentes zu lesen und dabei festzustellen, wie aktuell die dort beschriebenen Themen und Probleme sind:
L Einen Fremden sollst du nicht ausnutzen oder ausbeuten; ihr sollt keine Witwe oder Waise ausnutzen. Ihr sollt keinen Zins fordern.
P Es ist ein unsicherer Boden, zu behaupten, heute seien moderne Zeiten, an deren Moden und Gegebenheiten sich alles auszurichten habe.

Kyrie

L Denn Gottes Liebe ist aktuell und hochmodern.
P Herr, erbarme dich unser.
A Herr, erbarme dich unser.

L Gottes Friede erfüllt die Sehnsucht aller Menschen.
P Christus, erbarme dich unser.
A Christus, erbarme dich unser.

L Gottes Gerechtigkeit zählt und gilt für die Ewigkeit.
P Herr, erbarme dich unser.
A Herr, erbarme dich unser.

P Der allmächtige Gott bewahre uns vor Moden, die menschenunwürdig sind; vor Entwicklungen, die den Frieden gefährden; und vor Lebensentwürfen voller Egoismus und Unersättlichkeit. Er komme uns zu Hilfe durch Christus, unseren Herrn.
A Amen.

Fürbitten

P Modern ist die Wahrheit; modern ist die Gerechtigkeit; modern ist der Friede. Wir beten zu Gott um moderne Menschen in einer modernen Welt:

L Wir beten um die Freiheit von Rücksichtslosigkeit und Herzenshärte. – Gerechter Vater, erhöre uns.
A Gerechter Vater, erhöre uns.

L Wir beten um die Freiheit von der Ausbeutung der Armen und Schwachen. – Gerechter Vater, erhöre uns.
A Gerechter Vater, erhöre uns.

L Wir beten um die Freiheit von Umweltzerstörung und Lebensraumvernichtung zu Lasten der Wehrlosen. – Gerechter Vater, erhöre uns.
A Gerechter Vater, erhöre uns.

L Wir beten um die Freiheit von häuslicher Gewalt und von menschlicher Gemeinheit. – Gerechter Vater, erhöre uns.
A Gerechter Vater, erhöre uns.

L Wir beten um die Freiheit von Geldgier und maßlosem Ich-Denken. – Gerechter Vater, erhöre uns.
A Gerechter Vater, erhöre uns.

P Denn in einer modernen Welt tragen alle die Verantwortung für das Ganze; in einer modernen Welt wissen alle um den Unsinn von Lüge und Betrug, um den Wert des Lebens und die Würde des Menschen im Heiligen Geist durch Christus, unseren Herrn.
A Amen.

31. Sonntag im Jahreskreis

Mal 1,14b – 2,2b.8–10 || 1 Thess 2,7b–9.13 || Mt 23,1–12

Begrüßung und Einleitung

P Im Namen des Vaters und des Sohnes und des Heiligen Geistes.
A Amen.
P Der Herr sei mit euch.
A Und mit deinem Geiste.
L Die Lesung aus dem Buch Maleachi wirft dem Volk in einer deutlichen Sprache Untreue und Bundesbruch vor.
P In der Gegenwart stellt sich in anderen Worten und in einem anderen Ton die Frage: Wer hat mir persönlich eigentlich etwas zu sagen? Wem gestatte ich Kritik an meinem Denken und Verhalten?

Kyrie

L Herr, wir tragen deinen Namen und kennen deine Worte.
P Herr, erbarme dich unser.
A Herr, erbarme dich unser.

L Wir tragen das Siegel der Taufe und wissen um deine Botschaft.
P Christus, erbarme dich unser.
A Christus, erbarme dich unser.

L Wir gehören zu deiner Kirche und stehen vor deinen Geboten.
P Herr, erbarme dich unser.
A Herr, erbarme dich unser.

P Der allmächtige Gott hat uns etwas zu sagen. Er zeigt uns den Weg zum Leben und befreit uns von der Abhängigkeit des Bösen durch Christus, unseren Herrn.
A Amen.

Fürbitten

P Jesus, du Freund der Menschen, dein Wort gilt für die Ewigkeit: Es ist zuverlässig und wahr. Wir bitten dich:

L Du hast uns etwas zu sagen: Sprich dein Wort des Friedens in die Ohren und die Herzen aller Friedlosen. – Jesus, schenke uns dein Wort.

A Jesus, schenke uns dein Wort.

L Du hast uns etwas zu sagen: Sprich dein Wort der Wahrheit in die Räume des Betruges und der Bestechlichkeit. – Jesus, schenke uns dein Wort.

A Jesus, schenke uns dein Wort.

L Du hast uns etwas zu sagen: Sprich dein Wort der Vergebung in die Welt der Sünde und der Schuld. – Jesus, schenke uns dein Wort.

A Jesus, schenke uns dein Wort.

L Du hast uns etwas zu sagen: Sprich dein Wort des Lebens in die Nacht der Trauer und des Todes. – Jesus, schenke uns dein Wort.

A Jesus, schenke uns dein Wort.

L Du hast uns etwas zu sagen: Sprich dein Wort der Liebe zu allen Menschen dieser Zeit und dieser Erde. – Jesus, schenke uns dein Wort.

A Jesus, schenke uns dein Wort.

P Herr, wir hören auf dein Wort. Du hast es uns gegeben, damit wir von dir lernen und dir folgen bis in die Ewigkeit.

A Amen.

32. Sonntag im Jahreskreis

Weish 6,12–16 || 1 Thess 4,13–18 || Mt 25,1–13

Begrüßung und Einleitung

P Im Namen des Vaters und des Sohnes und des Heiligen Geistes.
A Amen.
P Der Herr sei mit euch.
A Und mit deinem Geiste.
P Die Weisheit ist eine göttliche Tugend, die dem Menschen als Gottes Ebenbild anvertraut ist:
L Strahlend und unvergänglich ist die Weisheit; wer sie liebt, erblickt sie schnell, und wer sie sucht, findet sie.
P Die Weisheit bewirkt gesundes und gerechtes Denken und Handeln. Die Weisheit zeigt Wege der Liebe und der Geschwisterlichkeit.

Kyrie

L In der Weisheit liegt die Freude an der Wahrheit.
P Herr, erbarme dich unser.
A Herr, erbarme dich unser.

L In der Weisheit liegt die Kraft zur Versöhnung.
P Christus, erbarme dich unser.
A Christus, erbarme dich unser.

L In der Weisheit offenbart sich jeder Mensch als Tochter, als Sohn Gottes.
P Herr, erbarme dich unser.
A Herr, erbarme dich unser.

P Der allmächtige Gott zeige uns die Wege seiner Weisheit. Er erfülle uns mit den Gaben seines Geistes und bewahre uns vor Irrtum und Schuld durch Christus, unseren Herrn.
A Amen.

Fürbitten

P Die ganze Schöpfung ist das Werk göttlicher Weisheit. Im Zusammenwirken von Gott und Mensch offenbart sich ihre Größe und ihre Schönheit. Darum beten wir:

L Um Weisheit in den Entscheidungen aller Politikerinnen und Politiker unserer Welt. – Du Vater der Weisheit:
A Wir bitten dich, erhöre uns.

L Um Weisheit in der Verkündigung der Frohen Botschaft für alle Seelsorgerinnen und Seelsorger unserer Kirche. – Du Vater der Weisheit:
A Wir bitten dich, erhöre uns.

L Um Weisheit in der Wissensvermittlung der Lehrerinnen und Lehrer an unseren Schulen. – Du Vater der Weisheit:
A Wir bitten dich, erhöre uns.

L Um Weisheit in der Erziehung und Begleitung der Töchter und Söhne in den Familien. – Du Vater der Weisheit:
A Wir bitten dich, erhöre uns.

L Um Weisheit in der Gestaltung des Lebens und des Glaubens in allen Generationen. – Du Vater der Weisheit:
A Wir bitten dich, erhöre uns.

P Denn die Weisheit misst sich an der Wahrheit, ihre Entscheidungen misst sie an der Gerechtigkeit. Die Weisheit Gottes führt uns zum Leben in Christus, unseren Herrn.
A Amen.

Lesejahr A

33. Sonntag im Jahreskreis

Spr 31,10–13.19–20.30–31 || 1 Thess 5,1–6 || Mt 25,14–30

Begrüßung und Einleitung

P Im Namen des Vaters und des Sohnes und des Heiligen Geistes.
A Amen.
P Der Herr sei mit euch.
A Und mit deinem Geiste.
P Vor rund 2300 Jahren entsteht die Sammlung der Sprichwörter im Alten Testament. Aus dem damaligen Rollenverständnis heraus beschreiben Verse das Idealbild einer Frau:
L Eine tüchtige Frau, wer findet sie? Sie übertrifft alle Perlen an Wert.
P Im Laufe von Entwicklungen und Veränderungen weitet sich der Blick aus der Welt des Königs Salomo auf die Persönlichkeitsentfaltung jedes Menschen: eine Einladung zur Selbstbetrachtung und zur Selbstentfaltung:

Kyrie

L Jesus, du bist das Vorbild aller Menschen.
P Herr, erbarme dich unser.
A Herr, erbarme dich unser.

L In dir finden wir den Weg zur inneren Vollkommenheit.
P Christus, erbarme dich unser.
A Christus, erbarme dich unser.

L In deinem Geist entfalten sich alle guten Fähigkeiten.
P Herr, erbarme dich unser.
A Herr, erbarme dich unser.

P Der allmächtige Gott offenbare uns den Sinn unseres Lebens. Er erfülle uns mit dem Geist der Heiligkeit und führe uns seine Wege ins Leben durch Christus, unseren Herrn.
A Amen.

Fürbitten

P In Gott entdecken wir den Sinn und das Ziel unseres Lebens. Im Geiste seiner Frohen Botschaft kommen wir zu ihm und bitten ihn:

L Um ein gerechtes und menschenwürdiges Miteinander der Geschlechter in allen Bereichen von Kirche und Gesellschaft. – Jesus, du Richter der Welt:
A Wir bitten dich, erhöre uns.

L Um ein Umdenken und Neubesinnen in allen Ländern und Gemeinschaften, in denen Frauen unterdrückt und benachteiligt werden. – Jesus, du Richter der Welt:
A Wir bitten dich, erhöre uns.

L Um die Freude an der Entfaltung aller guten menschlichen Gaben im Geiste des Evangeliums. – Jesus, du Richter der Welt:
A Wir bitten dich, erhöre uns.

L Um die gemeinsame Suche aller Menschen nach gemeinsamen Werten und nach Wahrheit. – Jesus, du Richter der Welt:
A Wir bitten dich, erhöre uns.

L Um die weltweite Gleichheit aller Menschen vor dem Gesetz und vor der Rechtsprechung. – Jesus, du Richter der Welt:
A Wir bitten dich, erhöre uns.

P In Gottes Namen soll unser Leben geschehen; in seinem Geist wollen wir denken und handeln; mit seiner Liebe sind wir gesegnet durch Christus, unseren Herrn.
A Amen.

Lesejahr A

Christkönigssonntag

Ez 34,11–12.15–17a ‖ 1 Kor 15,20–26.28 ‖ Mt 25,31–46

Begrüßung und Einleitung

P Im Namen des Vaters und des Sohnes und des Heiligen Geistes.
A Amen.
P Die Liebe und die Gerechtigkeit unseres Herrn Jesus Christus seien mit euch.
A Und mit deinem Geiste.
P Wir erkennen Christus als unseren König. Damit bekennen wir uns zu seiner Herrschaft und zu seiner Botschaft:
L Ja, ich bin ein König. Aber mein Reich ist nicht von dieser Welt.
P Wir stimmen dieser Feststellung vor Pilatus zu und wissen, dass wir inmitten dieser Welt durch Christus, unseren König, von der Last der Sünde befreit sind:

Kyrie

L Du bist der König der Wahrheit und der Gerechtigkeit.
P Herr, erbarme dich unser.
A Herr, erbarme dich unser.

L Du bist der König des Friedens und der Versöhnung.
P Christus, erbarme dich unser.
A Christus, erbarme dich unser.

L Du bist der König der Armen und Unterdrückten.
P Herr, erbarme dich unser.
A Herr, erbarme dich unser.

P Nachlass, Vergebung und Verzeihung unserer Sünden gewähre uns der allmächtige und barmherzige Gott.
A Amen.

Fürbitten

P Christus ist der König der Liebe und der Barmherzigkeit. Weil wir zu ihm gehören und ihm folgen, beten wir zu ihm:

L Für alle Mächtigen dieser Welt um Demut und Dienstbereitschaft in ihrem Amt und in ihrer Verantwortung. – Christus, unser König, erhöre uns.
A Christus, unser König, erhöre uns.

L Für alle Starken, die gegenüber den Wehrlosen und Schwachen ohne Rücksicht vorgehen. – Christus, unser König, erhöre uns.
A Christus, unser König, erhöre uns.

L Für alle Einflussreichen, die der Versuchung der Bestechlichkeit und der Vorteilsnahme zu Lasten anderer erliegen. – Christus, unser König, erhöre uns.
A Christus, unser König, erhöre uns.

L Für alle kirchlichen Würdenträger um das Bewusstsein der Nachfolge und Gottverbundenheit. – Christus, unser König, erhöre uns.
A Christus, unser König, erhöre uns.

L Für alle Reichen, die ihren Wohlstand mit unlauteren Mitteln erworben haben, um Umkehr. – Christus, unser König, erhöre uns.
A Christus, unser König, erhöre uns.

P Ehre sei dem Vater und dem Sohn und dem Heiligen Geist.
A Wie im Anfang, so auch jetzt und allezeit und in Ewigkeit. Amen.

Weitere Anlässe

Dreifaltigkeitssonntag

Ex 34,4b.5–6.8–9 || 2 Kor 13,11–13 || Joh 3,16–18

Begrüßung und Einleitung

P Im Namen des Vaters und des Sohnes und des Heiligen Geistes.
A Amen.
P Die Liebe und die Güte des dreieinigen Gottes sei mit euch.
A Und mit deinem Geiste.
P Gott hat sich den Menschen offenbart. Wir vertrauen ihm in der Gegenwart des einen Wesens in der Vollkommenheit der drei Personen.
L Diese göttliche Offenbarung will uns das Tor und damit den Zugang zu Gott erschließen und öffnen. Sie will die Begegnung mit Gott für alle Menschen erleichtern und seine Botschaft verständlich machen.
P Darum ist es die Aufgabe jeder Zeit, die Glaubensgeheimnisse aus dem Nebel esoterischer Verhüllung zu befreien. Damit jeder einzelne Mensch erkennen kann, wie nah Gott ihm persönlich ist.

Kyrie

L Gott ist uns nah in der Vergebung unserer Sünden und unserer Schuld.
P Herr, erbarme dich unser.
A Herr, erbarme dich unser.

L Gott ist uns nah in der Liebe und in der Barmherzigkeit.
P Christus, erbarme dich unser.
A Christus, erbarme dich unser.

L Gott ist uns nah in der Weisheit und der Gerechtigkeit.
P Herr, erbarme dich unser.
A Herr, erbarme dich unser.

P Der dreieinige Gott begleite unser Leben. Er bewahre uns vor Sünde und Schuld und segne unsere Wege bis in die Ewigkeit.
A Amen.

Fürbitten

P Zu Gott, der sich uns als der Vater und der Sohn und der Heilige Geist in dem einen Wesen göttlicher Vollkommenheit offenbart, lasst uns beten:

L Für alle Seelsorgerinnen und Seelsorger, die das Wort Gottes in einer verständlichen und zuverlässigen Sprache weitertragen. – Dreieiniger Gott, erhöre uns.
A Dreieiniger Gott, erhöre uns.

L Für alle Glaubenden, denen es schwerfällt, die komplizierten Aussagen der Verkündigung anzunehmen und in ihrem Leben gelten zu lassen. – Dreieiniger Gott, erhöre uns.
A Dreieiniger Gott, erhöre uns.

L Für alle in Not Geratenen um die Glaubenserfahrung herzlicher und wirksamer Solidarität und Nächstenliebe. – Dreieiniger Gott, erhöre uns.
A Dreieiniger Gott, erhöre uns.

L Für alle Menschen, die mit ihrer Kraft, mit ihrer Zeit, mit ihrem Können und mit ihren Möglichkeiten in Zeiten der Not für andere da sind und zum Segen werden. – Dreieiniger Gott, erhöre uns.
A Dreieiniger Gott, erhöre uns.

L Für die Gemeinschaft der Christenheit, die in dieser Zeit und in dieser Welt die Berufung hat, die Liebe des dreieinigen Gottes spürbar zu bezeugen. – Dreieiniger Gott, erhöre uns.
A Dreieiniger Gott, erhöre uns.

P Ehre sei dem Vater und dem Sohn und dem Heiligen Geist.
A Wie im Anfang, so auch jetzt und allezeit und in Ewigkeit. Amen.

Fronleichnam

Dtn 8,2–3.14–16a || 1 Kor 10,16–17 || Joh 6,51–58

Begrüßung und Einleitung

P Im Namen des Vaters und des Sohnes und des Heiligen Geistes.
A Amen.
P Die Liebe unseres Herrn Jesus Christus, der unter den Gestalten von Brot und Wein in unserer Mitte ist, sei mit euch.
A Und mit deinem Geiste.
P Es kommt weniger darauf an, die liebende Gegenwart Gottes im Erscheinungsbild von Brot und Wein zu erklären oder zu beweisen.
L Dieser Augenblick ist dadurch geheiligt, dass Christus sich in seiner Wahrheit entdecken, fühlen und schmecken lässt.
P Die Energie der Anwesenheit göttlicher Liebe erfüllt die Feierlichkeit dieser Stunde und lädt die Menschen ein, zu lauschen und wahr-zu-nehmen.

Kyrie

L In dieser Stunde lassen wir die Liebe Gottes in unser Leben ein.
P Herr, erbarme dich unser.
A Herr, erbarme dich unser.

L In dieser Feier lassen wir zu, dass Gott durch uns in unserem Leben wirkt.
P Christus, erbarme dich unser.
A Christus, erbarme dich unser.

L In diesem Geheimnis entdecken wir die Spur zu Gott und zu unserer eigenen Wirklichkeit.
P Herr, erbarme dich unser.
A Herr, erbarme dich unser.

P Nachlass, Vergebung und Verzeihung unserer Sünden gewähre uns der allmächtige und barmherzige Gott.
A Amen.

Fürbitten

P Im Brot und im Wein mit ihrem vertrauten Geschmack erspüren wir über das Bild hinaus die Gegenwart Gottes: hier und jetzt. Im Vertrauen auf dieses Geschenk beten wir:

L Um die Freude am Frieden und an der Geschwisterlichkeit rund um den Erdball. – Christus, du Sohn des ewigen Vaters:
A Wir bitten dich, erhöre uns.

L Um die Erkenntnis der Wahrheit und der Gerechtigkeit in den Herzen der Mächtigen dieser Zeit. – Christus, du Sohn des ewigen Vaters:
A Wir bitten dich, erhöre uns.

L Um den Mut zu einem Leben aus dem Glauben in den Herzen unserer Kinder und Jugendlichen. – Christus, du Sohn des ewigen Vaters:
A Wir bitten dich, erhöre uns.

L Um die Gesundheit an Leib und Seele bei allen Schwestern und Brüdern in Krankheit und Sorgen. – Christus, du Sohn des ewigen Vaters:
A Wir bitten dich, erhöre uns.

L Um wachen Verstand und Weisheit bei allen, die für ihr Leben wichtige Entscheidungen treffen. – Christus, du Sohn des ewigen Vaters:
A Wir bitten dich, erhöre uns.

P Ehre sei dem Vater und dem Sohn und dem Heiligen Geist.
A Wie im Anfang, so auch jetzt und allezeit und in Ewigkeit. Amen.

Allerheiligen

Offb 7,2–4.9–14 || 1 Joh 3,1–3 || Mt 5,1–12a

Begrüßung und Einleitung

P Im Namen des Vaters und des Sohnes und des Heiligen Geistes.
A Amen.
P Der Segen unseres Herrn Jesus Christus sei mit euch.
A Und mit deinem Geiste.
P Der Glaube an Gott ist das Bekenntnis zum endgültigen Sieg des Guten. Das Dunkle und Böse gehört nicht in unser Leben. Es ist falsch und unangemessen. Das Ziel ist das Leben aller Menschen im Reich des Lichtes:
L Danach sah ich und siehe, eine große Schar aus allen Nationen und Stämmen, Völkern und Sprachen; niemand konnte sie zählen.
P Mit allen Heiligen aus allen Sprachen und Kulturen rufen wir zu Gott, dem Ziel unseres Denkens und Handelns, und erinnern uns an die Worte Jesu:

Kyrie

L Selig, die hungern und dürsten nach der Gerechtigkeit.
P Herr, erbarme dich unser.
A Herr, erbarme dich unser.

L Selig die Barmherzigen.
P Christus, erbarme dich unser.
A Christus, erbarme dich unser.

L Selig, die Frieden stiften.
P Herr, erbarme dich unser.
A Herr, erbarme dich unser.

P Nachlass, Vergebung und Verzeihung unserer Sünden gewähre uns der allmächtige und barmherzige Gott.
A Amen.

Fürbitten

P Lasst uns beten. Jesus, du bist der Freund und der König aller Heiligen; das Tor zu deinem Reich steht offen für alle Menschen, denn sie sind deine Schwestern und Brüder.

L Berufe Friedenstifterinnen und Friedenstifter an die Orte der Zwietracht und erfülle sie mit deiner Kraft. – Jesus, du König aller Heiligen:
A Wir bitten dich, erhöre uns.

L Berufe Barmherzige in die Welt der Ausbeutung und der Unterdrückung und erfülle sie mit deinem Geist. – Jesus, du König aller Heiligen:
A Wir bitten dich, erhöre uns.

L Berufe die Trauernden in das Licht der Hoffnung und erfülle sie mit Trost und Hoffnung. – Jesus, du König aller Heiligen:
A Wir bitten dich, erhöre uns.

L Berufe Gerechte in die Zeiten der Unwahrheit und des Betruges und erfülle sie mit deiner Weisheit. – Jesus, du König aller Heiligen:
A Wir bitten dich, erhöre uns.

L Berufe deine Schwestern und Brüder zur Gestaltung der Schöpfung und erfülle sie mit dem Geschenk der Geschwisterlichkeit. – Jesus, du König aller Heiligen:
A Wir bitten dich, erhöre uns.

P Ehre sei dem Vater und dem Sohn und dem Heiligen Geist.
A Wie im Anfang, so auch jetzt und allezeit und in Ewigkeit. Amen.

LESEJAHR B

Die weihnachtliche Zeit

1. Adventssonntag

Jes 63,16b–17.19b; 64,3–7 || 1 Kor 1,3–9 || Mk 13,33–37

Begrüßung

P Im Namen des Vaters und des Sohnes und des Heiligen Geistes.
A Amen.
L Gott ist treu. Er steht zu seinem Bund, den er in Christus mit uns und allen Menschen geschlossen hat.
P Sein Licht und seine Liebe seien mit euch.
A Und mit deinem Geiste.

Segnung des Adventskranzes mit Weihwasser

P Herr Jesus Christus, du bist das Licht der Welt. Du wirst zu uns kommen und jede Dunkelheit erhellen. In dir erleben wir Gottes Treue. Er erfüllt in dir alle Verheißungen. Segne diesen Kranz und seine Kerzen. Segne ihr Licht und lass uns selber Licht für unsere Schwestern und Brüder werden. So gehen wir im Schein dieser Kerzen und an deiner Seite dem Fest unserer Erlösung entgegen: Im Namen des Vaters und des Sohnes und des Heiligen Geistes.
A Amen.

Lesejahr B

Kyrie

L Christus ist das Licht, das in die Welt kommen wird, um jede Dunkelheit der Herzen und der Gedanken zu überwinden.
P Herr, erbarme dich unser.
A Herr, erbarme dich unser.

L Christus ist das Licht, in dem der ewige Bund Gottes mit den Menschen besiegelt wird.
P Christus, erbarme dich unser.
A Christus, erbarme dich unser.

L Christus ist das Licht, das allen Schwestern und Brüdern zuverlässig den Weg zum Leben zeigt.
P Herr, erbarme dich unser.
A Herr, erbarme dich unser.

P Der allmächtige Gott leite uns durch das Licht seines Sohnes aus der Dunkelheit von Sünde und Schuld und beschenke uns mit der Wachheit unserer Gedanken und unserer Herzen durch Christus, unseren Herrn.
A Amen.

Fürbitten

P Treu ist Gott, durch den ihr berufen wurdet zur Gemeinschaft mit seinem Sohn Jesus Christus, unserem Herrn. Er ist treu und ermutigt uns, ihm unsere Anliegen im Gebet anzuvertrauen:

L Jesus, wir sehen die erste Adventskerze: Lass sie für alle Familien das Licht der Treue und der Liebe sein. – Jesus, du Licht der Welt:
A Wir bitten dich, erhöre uns.

L Wir sehen die erste Adventskerze: Lass sie für alle Suchenden und für alle Zweifelnden das Licht in der Dunkelheit sein. – Jesus, du Licht der Welt:
A Wir bitten dich, erhöre uns.

L Wir sehen die erste Adventskerze: Lass sie für alle Menschen auf der Welt zum Licht des Friedens werden. – Jesus, du Licht der Welt:
A Wir bitten dich, erhöre uns.

L Wir sehen die erste Adventskerze: Lass sie für alle Verzweifelten und Entmutigten das Licht neuer Hoffnung sein. – Jesus, du Licht der Welt:
A Wir bitten dich, erhöre uns.

L Wir sehen die erste Adventskerze: Lass sie für die Schwestern und Brüder unserer Pfarrei als das Licht der Geschwisterlichkeit und des Vertrauens leuchten. – Jesus, du Licht der Welt:
A Wir bitten dich, erhöre uns.

P Ewiger Vater, im Licht dieser Kerze erkennen wir das Zeichen deiner Gegenwart. Stärke in uns alles Gute, damit der Advent eine Zeit der Erwartung und des gesegneten Miteinanders wird. Darum bitten wir durch Christus, unseren Herrn.
A Amen.

2. Adventssonntag

Jes 40,1–5.9–11 || 2 Petr 3,8–14 || Mk 1,1–8

Begrüßung und Einleitung

P Im Namen des Vaters und des Sohnes und des Heiligen Geistes.
A Amen.
L Jesus ist der Herr der Zeiten und der Ewigkeit.
P Seine Ankunft und seine Gegenwart seien mit euch.
A Und mit deinem Geiste.
P In unserer Zeit erwarten wir die Ankunft des Zeitenherrn. In ihm wird jeder Augenblick kostbar und zur einmaligen Möglichkeit: →

Lesejahr B

L Dies eine aber, Geliebte, soll euch nicht verborgen bleiben, dass beim Herrn ein Tag wie tausend Jahre und tausend Jahre wie ein Tag sind.
P Gott ist in unserer Zeit gegenwärtig und segnet unsere Zukunft in der Ankunft seines Sohnes.

Kyrie

L Jede Sekunde ist ein Teil unseres Lebens.
P Herr, erbarme dich unser.
A Herr, erbarme dich unser.

L Jeder Augenblick ist der, auf den es ankommt.
P Christus, erbarme dich unser.
A Christus, erbarme dich unser.

L Jede Zeit hat ihre Bedeutung.
P Herr, erbarme dich unser.
A Herr, erbarme dich unser.

P Der ewige Gott lehre uns den Umgang mit unserer Zeit. Er zeige uns die Kostbarkeit unseres Lebens und erfülle unsere Jahre mit seinem Segen durch Christus, unseren Herrn.
A Amen.

Fürbitten

P Jesus, du bestimmst den Lauf der Sterne und der Zeiten. Du bist ewig und nimmst uns, deine Schwestern und Brüder, mit hinein in diese weite Wirklichkeit. Im Blick auf unser Zeitleben bitten wir dich:

L Wir blicken auf unsere Uhren und beten für alle, denen die Zeit davongelaufen ist, und auch für uns – um Adventszeit in Licht und Besinnung. – Jesus, du Herr der Zeiten und der Ewigkeit:
A Wir bitten dich, erhöre uns.

L Wir blicken in unsere Kalender und beten für alle, die keine Zeit haben, und auch für uns um Lebenszeit in Zuwendung und Begegnung. – Jesus, du Herr der Zeiten und der Ewigkeit:
A Wir bitten dich, erhöre uns.

L Wir blicken auf unsere Termine und beten für alle, die sich Zeit nehmen, und auch für uns um Ruhe und Gelassenheit. – Jesus, du Herr der Zeiten und der Ewigkeit:
A Wir bitten dich, erhöre uns.

L Wir blicken auf unsere Pläne und beten für alle, denen die Zeit zu lang geworden ist, und auch für uns um Übersicht und Geistideen. – Jesus, du Herr der Zeiten und der Ewigkeit:
A Wir bitten dich, erhöre uns.

L Wir blicken auf unser Leben und beten für alle, denen Zeit anvertraut ist, und auch für uns um Sorgfalt und Verantwortung. – Jesus, du Herr der Zeiten und der Ewigkeit:
A Wir bitten dich, erhöre uns.

P Denn unsere Zeit ist ein Geschenk Gottes an jeden einzelnen Menschen. In seinem Geist und unter seinem Segen gestalten wir diese Gabe zu einem wahren Menschenleben durch Christus, den Messias, dessen Ankunft wir entgegengehen.
A Amen.

3. Adventssonntag (Gaudete)

Jes 61,1–2a.10–11 || 1 Thess 5,16–24 || Joh 1,6– 8.19–28

Begrüßung und Einleitung

P Im Namen des Vaters und des Sohnes und des Heiligen Geistes.
A Amen.
L Christus ist das Licht, von dem Johannes Zeugnis gegeben hat.
P Sein Segen und seine Freude seien mit euch.
A Und mit deinem Geiste.   →

Lesejahr B

P Christus erfüllt die Verheißungen und die Erwartungen des Alten Testamentes. Seine Botschaft bringt Licht in das Dunkel der Welt. Sein Geist ist der Beistand auf dem Weg zur Erlösung. Darum gilt der Ruf an die Thessalonicher:
L Löscht den Geist nicht aus!
P Noch heute wartet die Welt und mit ihr die gesamte Schöpfung auf das Offenbarwerden der Töchter und Söhne Gottes.

Kyrie

L Löscht den Geist nicht aus – nicht in eurem Denken, nicht in eurem Reden.
P Herr, erbarme dich unser.
A Herr, erbarme dich unser.

L Löscht den Geist nicht aus – nicht in eurem Planen, nicht in eurem Handeln.
P Christus, erbarme dich unser.
A Christus, erbarme dich unser.

L Löscht den Geist nicht aus – nicht in euren Wünschen, nicht in euren Träumen.
P Herr, erbarme dich unser.
A Herr, erbarme dich unser.

P Der allmächtige Gott erfülle uns mit dem Heiligen Geist, damit wir im Licht des Glaubens leben durch Christus, unseren Herrn.
A Amen.

Fürbitten

P Zu Christus, der uns mit der Freude des Heiligen Geistes erfüllt, und im Vertrauen auf seine Botschaft dürfen wir beten:

L Mit Christus sind wir gesandt, den Armen die Frohe Botschaft zu bringen. Möge die Nachricht der Freude alle Schwestern und Brüder in Not in tätiger Nächstenliebe erreichen. – Jesus, du Bruder der Menschen, erhöre uns.
A Jesus, du Bruder der Menschen, erhöre uns.

L Mit Christus sind wird gesandt, die gebrochenen Herzen zu heilen. Möge das Feuer des Geistes in uns leuchten und brennen, dass der Trost und die Hilfe viele Verletzte erreichen. – Jesus, du Bruder der Menschen, erhöre uns.
A Jesus, du Bruder der Menschen, erhöre uns.

L Mit Christus sind wir gesandt, den Gefangenen die Freilassung auszurufen. Möge unsere Stimme der Wachsamkeit und der Menschlichkeit bis zu denen vordringen, die ausgestoßen und verurteilt sind. – Jesus, du Bruder der Menschen, erhöre uns.
A Jesus, du Bruder der Menschen, erhöre uns.

L Mit Christus sind wir gesandt, den Gefesselten Befreiung zu verkünden. Mögen unsere Werte und unsere Art zu leben dazu beitragen, Hilflosigkeit und Abhängigkeit zu lindern. – Jesus, du Bruder der Menschen, erhöre uns.
A Jesus, du Bruder der Menschen, erhöre uns.

L Mit Christus sind wir gesandt, ein Gnadenjahr des Herrn auszurufen. Möge der Heilige Geist in uns wohnen und unser Leben in der Welt prägen und bestimmen. – Jesus, du Bruder der Menschen, erhöre uns.
A Jesus, du Bruder der Menschen, erhöre uns.

P Denn wir haben Worte der Freude und eine Botschaft der Hoffnung für jeden einzelnen Menschen und für die gesamte Schöpfung durch Christus, unseren Herrn.
A Amen.

Lesejahr B

4. Adventssonntag

2 Sam 7,1–5.8b–12.14a.16 || Röm 16,25–27 || Lk 1,26–38

Begrüßung und Einleitung

P Im Namen des Vaters und des Sohnes und des Heiligen Geistes.
A Amen.
L In Christus haben wir Gott, den Vater, in unserem Leben erkannt.
P Seine Weisheit und seine Güte seien mit euch.
A Und mit deinem Geiste.
P Mit Paulus bekennen wir unseren Glauben an Gott und unser Vertrauen auf seine Bedeutung für die gesamte Schöpfung.
L Ihm, dem einen, weisen Gott, sei Ehre durch Jesus Christus in alle Ewigkeit!
P Weil wir unsere Hoffnung daraus schöpfen, dass Gott unser Vater ist, empfehlen wir unser Leben seiner Barmherzigkeit:

Kyrie

L Die Weisheit Gottes offenbart seine Wahrheit und seine Gerechtigkeit.
P Herr, erbarme dich unser.
A Herr, erbarme dich unser.

L Die Ehre Gottes erleben wir in seiner Liebe und in seiner Barmherzigkeit.
P Christus, erbarme dich unser.
A Christus, erbarme dich unser.

L Die Treue Gottes erweist sich in seiner Kraft und in seinem Geist.
P Herr, erbarme dich unser.
A Herr, erbarme dich unser.

P Gott erfülle uns mit seiner Kraft und mit seinem Geist, damit wir das Leben aus seiner Hand annehmen und unserer Berufung folgen durch Christus, unseren Herrn.
A Amen.

Fürbitten

P In der Sprache der Engel ist die Geburt Jesu in unsere Welt und in unsere Zeit hinein verkündet worden. In der Sprache unserer Welt und unserer Zeit treten wir vor Gott und bitten ihn:

L Das Mädchen Maria aus Nazaret hörte die Worte: Fürchte dich nicht. Mit Gottes Hilfe können auch wir dazu beitragen, dass Verängstige und Entmutigte Furcht und Angst ablegen. – Ewiger Vater, erhöre uns.
A Ewiger Vater, erhöre uns.

L Die Botschaft des Engels ist nach menschlichem Ermessen bis heute unvorstellbar und unglaublich. In Gottes Kraft können alle Menschen ihre Berufung erkennen und ihr Leben verstehen. – Ewiger Vater, erhöre uns.
A Ewiger Vater, erhöre uns.

L Die göttlichen Worte verunsicherten Maria und ließen in ihr Fragen wach werden. In Gottes Geist können die Menschen weiter sehen, als es die Sinne zulassen, und tiefer begreifen, als es die täglichen Erfahrungen gestatten. – Ewiger Vater, erhöre uns.
A Ewiger Vater, erhöre uns.

L Die Weisheit ist der Weg zu einem Leben in Wahrheit und Gerechtigkeit. Mit Gottes Weisheit können für die Welt Entscheidungen des Friedens und der Versöhnung Wahrheit werden. – Ewiger Vater, erhöre uns.
A Ewiger Vater, erhöre uns.

Lesejahr B

L Die Ehre ist unendlich mehr als Anerkennung und Auszeichnung. In Gottes Ehre entdecken Menschen die eigene Würde und die aller anderen. – Ewiger Vater, erhöre uns.
A Ewiger Vater, erhöre uns.

P Möge Gott die Tage vor dem Fest der Geburt seines Sohnes heiligen; möge er den Glaubenden Worte der Engel und Gedanken der Hoffnung eingeben; möge er den Menschen in allem zur Seite stehen durch Christus, unseren Herrn.
A Amen.

Geburt des Herrn (Weihnachten)

Jes 52,7–10 || Hebr 1,1–6 || Joh 1,1–18

Begrüßung und Einleitung

P Im Namen des Vaters und des Sohnes und des Heiligen Geistes.
A Amen.
L Gott hat zu uns gesprochen durch seinen Sohn, den er zum Erben des Alls eingesetzt hat.
P Seine Herrlichkeit sei mit euch.
A Und mit deinem Geiste.
P Die Herrlichkeit Gottes ist die Lichtfülle seiner Gegenwart. In diesem Licht liegt alles offen. Die Wahrheit ist zum Recht gekommen und vereinigt sich mit der Weisheit zur ewigen Grundlage des Lebens:
L Alles ist durch das Wort geworden und ohne es wurde nichts, was geworden ist.
P Gottes Wort wird in Christus zur schöpferischen Wirklichkeit und lässt die endgültige Wahrheit in einem alles durchflutenden Licht erstrahlen:

Kyrie

L Das wahre Licht, das jeden Menschen erleuchtet, kam in die Welt.
P Herr, erbarme dich unser.
A Herr, erbarme dich unser.

L Und das Wort ist Fleisch geworden und hat unter uns gewohnt.
P Christus, erbarme dich unser.
A Christus, erbarme dich unser.

L Aus seiner Fülle haben wir alle empfangen, Gnade über Gnade.
P Herr, erbarme dich unser.
A Herr, erbarme dich unser.

P Nachlass, Vergebung und Verzeihung unserer Sünden gewähre uns der allmächtige und barmherzige Gott.
A Amen.

Fürbitten

P Das Wort Gottes wurde in Christus zur Wahrheit und zur Wirklichkeit. Es gilt für die Ewigkeit und bringt allen Menschen Licht, Hoffnung und Leben. Darum beten wir:

L Für alle Frauen, die sich auf die Geburt ihres Kindes vorbereiten, und für alle Kinder, die das Licht der Welt erblicken. – Jesus, Wort Gottes, erhöre uns.
A Jesus, Wort Gottes, erhöre uns.

L Um die Gesundheit für alle Menschen rund um den Erdball und um den Schutz vor Seuchen und Epidemien. – Jesus, Wort Gottes, erhöre uns.
A Jesus, Wort Gottes, erhöre uns.

L Für alle Familien in unserer Gemeinde und auf der ganzen Erde um die Kraft der Geborgenheit und der gegenseitigen Treue. – Jesus, Wort Gottes, erhöre uns.
L Jesus, Wort Gottes, erhöre uns. →

Lesejahr B

L Um die Begegnung mit dem menschgewordenen Wort Gottes für viele Menschen zur befreienden Sinnerfüllung dieses Festes. – Jesus, Wort Gottes, erhöre uns.
A Jesus, Wort Gottes, erhöre uns.

L Um Frieden überall in der Welt und um die Erlösung von Hass und Gewalt. – Jesus, Wort Gottes, erhöre uns.
A Jesus, Wort Gottes, erhöre uns.

P Ehre sei dem Vater und dem Sohn und dem Heiligen Geist.
A Wie im Anfang, so auch jetzt und allezeit und in Ewigkeit. Amen.

Fest der Heiligen Familie

Sir 3,2–6.12–14 || Kol 3,12–21 || Lk 2,22–40

Begrüßung und Einleitung

P Im Namen des Vaters und des Sohnes und des Heiligen Geistes.
A Amen.
L Simeon nahm das Kind in seine Arme und pries Gott mit den Worten: Nun lässt du, Herr, deinen Knecht, wie du gesagt hast, in Frieden scheiden. Denn meine Augen haben das Heil gesehen, das du vor allen Völkern bereitet hast.
P Dieses Heil und sein Licht seien mit euch.
A Und mit deinem Geiste.
P Jesus Christus, der Sohn Gottes, der zur Rettung der Welt Mensch geworden ist, wuchs in einer menschlichen Familie auf. Er durchlebte die Wirklichkeit von Mitmenschen in allen Schwächen und Stärken. Er begegnete den Generationen und den verschiedenen Möglichkeiten der Verwandtschaft.
L Das Kind wuchs heran und wurde stark, erfüllt mit Weisheit, und Gottes Gnade ruhte auf ihm.
P Über das Familienleben der Heiligen Familie ist sehr wenig bekannt. Der Impuls ist bis in die Gegenwart das gelungene Miteinander in leichten und schweren Zeiten.

Kyrie

L Das gelungene Miteinander lebt im gegenseitigen Respekt der Generationen.
P Herr, erbarme dich unser.
A Herr, erbarme dich unser.

L Das gelungene Miteinander lebt in der Treue und in liebevoller Solidarität.
P Christus, erbarme dich unser.
A Christus, erbarme dich unser.

L Das gelungene Miteinander lebt in der Wahrheit und in der Ausdauer.
P Herr, erbarme dich unser.
A Herr, erbarme dich unser.

P Nachlass, Vergebung und Verzeihung unserer Sünden gewähre uns der allmächtige und barmherzige Gott.
A Amen.

Fürbitten

P In unser Gebet legen wir alle guten Wünsche für die Familien in unserer Gemeinde, in unserer Stadt und auf der ganzen Welt:

L Wir wünschen ihnen gelebte Gerechtigkeit, bewusste Achtung und geistvolle Achtsamkeit. – Christus, erhöre uns.
A Christus, erhöre uns.

L Wir wünschen ihnen Ausdauer in Höhen und Tiefen, Treue aus ganzem Herzen und standfestes Vertrauen. – Christus, erhöre uns.
A Christus, erhöre uns.

L Wir wünschen ihnen Gelassenheit im Glück, Kraft in Belastungen und Freude in ihrer Gemeinsamkeit. – Christus, erhöre uns.
A Christus, erhöre uns.

L Wir wünschen ihnen Geduld im Alltag, Versöhnung in der Auseinandersetzung und den Frieden, den die Welt nicht geben kann. – Christus, erhöre uns.
A Christus, erhöre uns.

L Wir wünschen unserer Gemeinde Wachstum im Glauben, Leben in Hoffnung und Handeln in Einheit. – Christus, erhöre uns.
A Christus, erhöre uns.

P Ehre sei dem Vater und dem Sohn und dem Heiligen Geist.
A Wie im Anfang, so auch jetzt und allezeit und in Ewigkeit. Amen.

Hochfest der Gottesmutter Maria (Neujahr)

Num 6,22–27 || Gal 4,4–7 || Lk 2,16–12

Begrüßung und Einleitung

P Im Namen des Vaters und des Sohnes und des Heiligen Geistes.
A Amen.
L Als aber die Zeit erfüllt war, sandte Gott seinen Sohn.
P Seine Freiheit und sein Friede seien mit euch.
A Und mit deinem Geiste.
P Die Fülle der Zeit bedeutet eine neue und endgültige Freiheit und einen neuen und endgültigen Frieden für alle Menschen.
L Er wurde geboren unter das Gesetz, damit er die loskaufe, die unter dem Gesetz stehen.
P So wurden wir freie Töchter und Söhne Gottes, um den Preis der göttlichen Liebe erkauft zu einem Leben aus Liebe in der Einheit mit ihm.

Kyrie

L Frei gehen wir in den ersten Tag des neuen Jahres und wissen Gott an unserer Seite.
P Herr, erbarme dich unser.
A Herr, erbarme dich unser.

L Als Schwestern und Brüder begrüßen wir das neue Jahr in der Gemeinschaft mit dem Erlöser.
P Christus, erbarme dich unser.
A Christus, erbarme dich unser.

L Als Töchter und Söhne des ewigen Vaters gehen wir den Weg der Zeit, die vor uns liegt.
P Herr, erbarme dich unser.
A Herr, erbarme dich unser.

P Nachlass, Vergebung und Verzeihung unserer Sünden gewähre uns der allmächtige und barmherzige Gott.
A Amen.

Fürbitten

P Die Zeit ist erfüllt. Christus ist der Welt erschienen. Seine Freiheit und sein Friede sind bei den Menschen. Darum beten wir:

L Dass die Religionen der Erde den Kern ihrer Botschaft achten und frei werden von Machtdenken, Ungerechtigkeit und Unterdrückung. – Christus, du Herr der Zeiten und der Ewigkeit:
A Wir bitten dich, erhöre uns.

L Dass die Glaubenden die Würde der Freiheit erkennen und als Töchter und Söhne Gottes in dieser Welt zum Wohle aller erkennbar werden. – Christus, du Herr der Zeiten und der Ewigkeit:
A Wir bitten dich, erhöre uns.

L Dass die Welt und mit ihr alle Völker von der Last der Kriege befreit werden und den Weg zum Frieden für alle finden. – Christus, du Herr der Zeiten und der Ewigkeit:
A Wir bitten dich, erhöre uns.

L Dass alle Menschen, die den Glauben als Einengung und Unterdrückung empfinden, in ihrem Leben dem liebenden und barmherzigen Vater begegnen. – Christus, du Herr der Zeiten und der Ewigkeit:
A Wir bitten dich, erhöre uns.

L Dass alle, die zu diesem Gottesdienst am Anfang des neuen Jahres gekommen sind, erfüllt sind von Gottes Segen und Beistand. – Christus, du Herr der Zeiten und der Ewigkeit:
A Wir bitten dich, erhöre uns.

P Ehre sei dem Vater und dem Sohn und dem Heiligen Geist.
A Wie im Anfang, so auch jetzt und allezeit und in Ewigkeit. Amen.

2. Sonntag nach Weihnachten

Sir 24,1–2.8–12 || Eph 1,3–6.15–18 || Joh 1,1–18

Begrüßung und Einleitung

P Im Namen des Vaters und des Sohnes und des Heiligen Geistes.
A Amen.
L Das wahre Licht, das jeden Menschen erleuchtet, kam in die Welt.
P Sein Geist und seine Wahrheit seien mit euch.
A Und mit deinem Geiste.
P Weit über die Grenzen eines Volkes und einer Glaubensgemeinschaft hinaus gilt das Licht, das mit Christus in die Welt gekommen ist, allen Menschen. So gilt auch die Einladung des Epheserbriefes:
L Er erleuchte die Augen eures Herzens, damit ihr erkennt, zu welcher Hoffnung ihr durch ihn berufen seid.

P Es ist ein ergreifender Gedanke, mit allen Menschen dieser Erde in aller Verschiedenheit und in allen Unterschieden geschwisterlich verbunden zu sein.

Kyrie

L Wir Menschen leben auf *einem* Planeten.
P Herr, erbarme dich unser.
A Herr, erbarme dich unser.

L Wir Menschen wissen umeinander.
P Christus, erbarme dich unser.
A Christus, erbarme dich unser.

L Wir Menschen tragen die Verantwortung für die Schöpfung.
P Herr, erbarme dich unser.
A Herr, erbarme dich unser.

P Der allmächtige Gott erfülle uns mit dem Geist der Weisheit und der Offenbarung, damit wir in seinem Licht die Wahrheit erkennen und ihr in unserem Leben dienen durch Christus, unseren Herrn.
A Amen.

Fürbitten

P Christus ist das Licht der Welt, das allen Menschen die Weisheit und die Wahrheit offenbart. Zu ihm beten wir:

L Dass die Menschen das Licht des Lebens suchen und die Dunkelheit der Sünde und der Schuld meiden. – Christus, du Licht der Welt, erhöre uns.
A Christus, du Licht der Welt, erhöre uns.

L Dass die Menschen den Augen ihrer Herzen vertrauen und so den Sinn und die Würde des Lebens wahrnehmen und erkennen. – Christus, du Licht der Welt, erhöre uns.
A Christus, du Licht der Welt, erhöre uns.   →

L Dass alle Menschen sich von der Wahrheit angesprochen fühlen und den Weg des Friedens und der Gerechtigkeit aufeinander zugehen. – Christus, du Licht der Welt, erhöre uns.
A Christus, du Licht der Welt, erhöre uns.

L Dass die Gegenwart Gottes allen Menschen offenbart und für sie zur Quelle des Segens und der Hoffnung wird. – Christus, du Licht der Welt, erhöre uns.
A Christus, du Licht der Welt, erhöre uns.

L Dass Gottes Wort Zugang findet in das menschliche Miteinander und so das Feuer der Liebe und der Versöhnung weltweit entzündet. – Christus, du Licht der Welt, erhöre uns.
A Christus, du Licht der Welt, erhöre uns.

P So empfehlen wir alle Kontinente und alle Länder dieser Erde der Liebe Gottes und vertrauen darauf, dass in ihm alle gesegnet sind durch Christus, unseren Herrn.
A Amen.

Erscheinung des Herrn (Hl. drei Könige)

Jes 60,1–6 || Eph 3,2–3a.5–6 || Mt 2,1–12

Begrüßung und Einleitung

P Im Namen des Vaters und des Sohnes und des Heiligen Geistes.
A Amen.
L Alle Menschen sind Miterben des Reiches Gottes und haben an derselben Verheißung teil in Christus.
P Sein Licht und seine Freude seien mit euch.
A Und mit deinem Geiste.
P In Christus ist der gesamten Menschheit ein Stern erschienen. Es ist ein Licht aufgegangen, in dem alle gesegnet und erlöst sind.
L In dem gemeinsamen Aufbruch der drei Weisen wird die Weltgemeinschaft beschrieben. Der gemeinsame Wunsch nach

Frieden und Gerechtigkeit ließ sie den Stern der Hoffnung wahrnehmen und erkennen.

P Was wäre die Erde für ein Ort, wenn ihre Bewohnerinnen und Bewohner diesem Stern folgten, um in dem Licht zu leben, in dem die Liebe und das Gute zu Hause sind?

Kyrie

L In deinem Licht, Herr, erkennen wir die Wahrheit.
P Herr, erbarme dich unser.
A Herr, erbarme dich unser.

L In deinem Licht finden wir den Weg des Friedens.
P Christus, erbarme dich unser.
A Christus, erbarme dich unser.

L In deinem Licht entdecken wir uns als Schwestern und Brüder.
P Herr, erbarme dich unser.
A Herr, erbarme dich unser.

P Nachlass, Vergebung und Verzeihung unserer Sünden gewähre uns der allmächtige und barmherzige Gott.
A Amen.

Fürbitten

P Die Luft und das Wasser und die Erde sind Gemeingut aller Menschen. Ebenso ist es mit der Wahrheit, mit der Gerechtigkeit, mit dem Frieden und mit der Liebe. Es sind Gottes Gaben für die Welt. Darum beten wir:

L Dass die Menschen den Stern des Friedens wahrnehmen und zum Wohle aller deuten und verstehen. – Herr, erhöre uns.
A Herr, erhöre uns.

L Dass die Menschen das Licht der Liebe bewahren und in der großen Gemeinschaft darin leben und handeln. – Herr, erhöre uns.
A Herr, erhöre uns.

Lesejahr B

L Dass die Menschen den Wert der Wahrheit begreifen und auf ihrem Boden eine Zukunft gestalten in Vertrauen und Zuverlässigkeit. – Herr, erhöre uns.
A Herr, erhöre uns.

L Dass die Menschen die Bedeutung der Gerechtigkeit erkennen und nach ihren Gesetzen das Gesicht der Erde erneuern. – Herr, erhöre uns.
A Herr, erhöre uns.

L Dass die Menschen die Notwendigkeit der Gemeinschaft begreifen und als Geschwister zueinanderfinden. – Herr, erhöre uns.
A Herr, erhöre uns.

P Ehre sei dem Vater und dem Sohn und dem Heiligen Geist.
A Wie im Anfang, so auch jetzt und allezeit und in Ewigkeit. Amen.

Taufe des Herrn

Jes 42,5a.1–4.6–7 || Apg 10,34–38 || Mk 1,7–11

Begrüßung und Einleitung

P Im Namen des Vaters und des Sohnes und des Heiligen Geistes.
A Amen.
L Johannes bekannte: Ich habe euch mit Wasser getauft, er aber wird euch mit heiligem Geist taufen.
P Er, der uns mit heiligem Geist getauft hat, sei mit euch.
A Und mit deinem Geiste.
P Johannes taufte zur Umkehr, zur Abkehr von den Sünden. Seine Taufe war das Startzeichen für die bewusste Entscheidung für ein gerechtes Leben.
L Jesus tauft uns mit dem Heiligen Geist und erfüllt uns mit der Kraft zu einem Leben aus dem Glauben.
P Das ist das Signal dieses Festes: Die Erinnerung für alle Christinnen und Christen an die Taufe mit Heiligem Geist.

Kyrie

L In der Taufe werden wir lebendige Glieder der Kirche.
P Herr, erbarme dich unser.
A Herr, erbarme dich unser.

L In der Taufe ziehen wir mit Christus das Gewand des Friedens und der Gerechtigkeit an.
P Christus, erbarme dich unser.
A Christus, erbarme dich unser.

L In der Taufe werden wir mit dem heiligen Chrisam gesalbt und als Christinnen und Christen zum Zeugnis der Frohen Botschaft in die Welt gesandt.
P Herr, erbarme dich unser.
A Herr, erbarme dich unser.

P Nachlass, Vergebung und Verzeihung unserer Sünden gewähre uns der allmächtige und barmherzige Gott.
A Amen.

Fürbitten

P Zu Christus, der uns mit heiligem Geist getauft hat, lasst uns beten:

L Dass alle Menschen die Freude empfinden, ohne Schuld und Sünde zu leben. – Jesus, Sohn Gottes, erbarme dich.
A Jesus, Sohn Gottes, erbarme dich.

L Dass Menschen, die Schuld auf sich geladen haben, in der Erinnerung an ihre Taufe die Kraft zulassen, neu zu beginnen. – Jesus, Sohn Gottes, erbarme dich.
A Jesus, Sohn Gottes, erbarme dich.

L Dass im Zeugnis der Christinnen und Christen das Wirken des Heiligen Geistes in unserer Welt erfahrbar wird. – Jesus, Sohn Gottes, erbarme dich.
A Jesus, Sohn Gottes, erbarme dich.

Lesejahr B

L Dass alle Glieder der Kirche bewusst ihren Glauben im Heiligen Geist leben und bekennen. – Jesus, Sohn Gottes, erbarme dich.
A Jesus, Sohn Gottes, erbarme dich.

L Dass die Kirche auf der ganzen Welt frei wird von Ungerechtigkeit und Schuld. – Jesus, Sohn Gottes, erbarme dich.
A Jesus, Sohn Gottes, erbarme dich.

P Ehre sei dem Vater und dem Sohn und dem Heiligen Geist.
A Wie im Anfang, so auch jetzt und allezeit und in Ewigkeit. Amen.

Die österliche Zeit

1. Fastensonntag

Gen 9,8–15 || 1 Petr 3,18–22 || Mk 1,12–15

Begrüßung und Einleitung

P Im Namen des Vaters und des Sohnes und des Heiligen Geistes.
A Amen.
L Jesus hat uns die Frohe Botschaft vom Reich Gottes gebracht.
P Sein Wort und sein Rat seien mit euch.
A Und mit deinem Geiste.
L Kehrt um und glaubt an das Evangelium!
P Die Zeit ist erfüllt!

Kyrie

L Jesus spricht in die Zeit hinein von ihrer Erfüllung. Die Zeit ist kostbar. Die Zeit ist ein Geschenk Gottes. Die Zeit umschließt das Leben. Jesus weist darauf hin, dass es an der Zeit ist, die Zeit so zu gestalten, wie es ihrer Kostbarkeit und Einzigartigkeit angemessen ist. Es ist der Zeitpunkt seiner Güte.

P Herr, erbarme dich unser.
A Herr, erbarme dich unser.

L Jesus spricht in die Strukturen aus Macht und Herrschaft vom Reich Gottes. Er spricht von jenem Reich, das nicht von dieser Welt ist. Er spricht vom Reichtum aus Gerechtigkeit und Wahrheit, aus Versöhnung und Frieden. Die Nähe des Gottesreiches bezeichnet seine Gegenwart mitten unter den Menschen. Es ist der Augenblick seines Erbarmens.
P Christus, erbarme dich unser.
A Christus, erbarme dich unser.

L Jesus spricht in die Realität von Schuld und menschlichem Versagen von der Möglichkeit eines Neubeginns. Die Belastung mit Sünden darf nicht zur Resignation führen, sondern muss den Weg in die Freiheit findet. Es ist die Stunde der Versöhnung.
P Herr, erbarme dich unser.
A Herr, erbarme dich unser.

P Der Herr öffne unsere Augen für die Bedeutung der Zeit. Er lasse uns fühlen, wie nahe Gott uns ist, und führe uns auf den Weg der Frohen Botschaft durch Christus, unseren Herrn.
A Amen.

Fürbitten

P Die Zeit ist erfüllt. Das Reich Gottes ist nahe. Bekehrt euch und glaubt an das Evangelium. Gott ist unter uns und hört unsere Worte:

L Wir beten für alle, die ihre Zeit versäumen und ihren Wert übersehen. – Herr der Zeiten, erhöre uns.
A Herr der Zeiten, erhöre uns.

L Wir beten für alle, die noch heute unter Diktaturen und Machtmissbrauch zu leiden haben. – Herr aller Gewalten, erhöre uns.
A Herr aller Gewalten, erhöre uns.

L Wir beten für alle, die ihre Kräfte daransetzen, ohne Schuld und Sünde zu leben. – Herr der Versöhnung, erhöre uns.
A Herr der Versöhnung, erhöre uns.

L Wir beten für alle, die den Weg der Frohen Botschaft finden und gehen wollen. – Herr des Glaubens, erhöre uns.
A Herr des Glaubens, erhöre uns.

L Wir beten für alle, die aus dem Glauben leben und dem Frieden dienen wollen. – Herr des Friedens, erhöre uns.
A Herr des Friedens, erhöre uns.

P Jesus, Sohn des ewigen Vaters, mit dir hat das Reich Gottes begonnen; mit dir ist das Licht der Erlösung erschienen; mit dir gehen wir dem Leben entgegen in Ewigkeit.
A Amen.

2. Fastensonntag

Gen 22,1–2.9a.10–13.15–18 || Röm 8,31b–34 || Mk 9,2–10

Begrüßung

P Im Namen des Vaters und des Sohnes und des Heiligen Geistes.
A Amen.
L Ist Gott für uns, wer ist dann gegen uns?
P Sein Schutz und sein Beistand seien mit euch.
A Und mit deinem Geiste.

Einleitung und Kyrie

P Gott ist es, der gerecht macht.
L Jesus offenbart sich den Aposteln und führt sie ein in die neue Lebensweise des Evangeliums. Das Maß eines Lebens aus dem Glauben ist Gottes Gerechtigkeit. Der menschliche Beitrag ist das bewusste und konsequente Ja auf die göttliche Wegweisung. Es geht um den Mut zur Entscheidung.

P Herr, erbarme dich unser.
A Herr, erbarme dich unser.

P Christus sitzt zur Rechten des Vaters.
L Jesus ist zur Rechten seines Vaters immer unter den Menschen. Er ist ihnen nahe. Sein Geist und seine Kraft stehen ihnen zur Seite auf der Pilgerschaft zum Sinn ihres Lebens. Jesus ist der Richter der Welt und zeigt die göttliche Ordnung. Es geht um das eindeutige Ja zum Guten und um das eindeutige Nein zu allem Bösen.
P Christus, erbarme dich unser.
A Christus, erbarme dich unser.

P Christus tritt für uns ein.
L Jesus ist der Anwalt aller Menschen. Er tritt ein für jeden Einzelnen. Seine Argumente sind die göttliche Gnade und die göttliche Liebe. Das Dunkle und Böse verurteilt sich selber, weil es auf Dauer menschenfeindlich ist und keinen Bestand hat. Es geht um das Vertrauen auf die Anwaltschaft Jesu.
P Herr, erbarme dich unser.
A Herr, erbarme ich unser.

P Der ewige Gott zeige uns die Wege seiner Gerechtigkeit. Er offenbare uns seinen Sohn zu seiner Rechten und behüte uns durch Christus, unseren Herrn.
A Amen.

Fürbitten

P Gott ist es, der gerecht macht. Christus sitzt zur Rechten des Vaters. Der Sohn Gottes tritt für uns ein. So sind wir auf der sicheren Seite und dürfen beten:

L Für die Menschen in Not und Armut, deren Anwaltschaft die Liebe Gottes uns aufgetragen hat. – Gerechter Vater, erhöre uns.
A Gerechter Vater, erhöre uns.

L Für die Menschen in Schwäche und Hilflosigkeit, denen der Herr ewige Bruderschaft zugesagt hat. – Herr des Himmels, erhöre uns.
A Herr des Himmels, erhöre uns.

L Für die Menschen, die unter Vorurteilen und übler Nachrede leiden müssen und die in Christus unserem Schutz empfohlen sind. – Anwalt der Menschen, erhöre uns.
A Anwalt der Menschen, erhöre uns.

L Für die Heimatlosen und Vertriebenen, für die Verfolgten und Bedrohten, die auf unsere Gastlichkeit und Mitmenschlichkeit hoffen. – Guter Hirte, erhöre uns.
A Guter Hirte, erhöre uns.

L Für alle, die ihre Kräfte und ihre Zeit für andere einsetzen und die in jedem Menschen die Schwester und den Bruder erkennen. – Bruder aller Menschen, erhöre uns.
A Bruder aller Menschen, erhöre uns.

P Ewiger Gott, unter deinem Schutz sind wir geborgen; an deiner Seite finden wir das Ziel unseres Lebens; in deinem Geist entfalten wir alle guten Kräfte durch Christus, unseren Herrn.
A Amen.

3. Fastensonntag

Ex 20,1–3.7–8.12–17 || 1 Kor 1,22–25 || Joh 2,13–25

Begrüßung

P Im Namen des Vaters und des Sohnes und des Heiligen Geistes.
A Amen.
L Jesus kennt das Innere jedes Menschen.
P Seine Kraft und seine Weisheit seien mit euch.
A Und mit deinem Geiste.

Einleitung und Kyrie

P In Christus erfahren wir Gottes Kraft und Weisheit.
L Wenn Kraft und Stärke sich mit der Weisheit in eine Allianz begeben, werden sie sinnvoll und segensreich. Die Weisheit ist dauerhaft gültig und verschließt sich der Mehrdeutigkeit und der Beliebigkeit. Menschliche Kraft und Stärke, von der Weisheit geleitet, ist der Schlüssel zum Reich Gottes.
P Herr, erbarme dich unser.
A Herr, erbarme dich unser.

P Denn das Törichte an Gott ist weiser als die Menschen.
L Die Kreuzigung Jesu war im Empfinden der damaligen Öffentlichkeit unrühmlich, ja, geradezu töricht. Die Lehre und die Gebote des Alten Testamentes waren so abgenutzt, verbogen und entstellt, dass ihr eigentlicher Sinn längst von neuentwickelten Traditionen und Machtverhältnissen überdeckt wurden. Dem menschlichen Geist erschließt sich im Bündnis mit der Weisheit der Weg zum Leben.
P Christus, erbarme dich unser.
A Christus, erbarme dich unser.

P Und das Schwache Gottes ist stärker als die Menschen.
L Die Stärke Gottes erweist sich darin, dass sie niemals missbraucht wird. Sie ist der Segen zum Wohle aller Menschen. Die verheerende Schwäche der Menschen besteht darin, die eigene Kraft menschenunwürdig zu entstellen. Wenn die Weisheit zur wahren Stärke und zur wahren Kraft der Menschen wird, steht der Himmel offen.
P Herr, erbarme dich unser.
A Herr, erbarme dich unser.

P Der barmherzige Gott beschenke und erfülle die Welt mit seiner Weisheit. Er stärke die Menschen mit seiner Kraft und führe sie ein in das Verständnis der Heiligen Schrift durch Christus, unseren Herrn.
A Amen.

Fürbitten

P Zu Christus, der das Innere jedes Menschen kennt, dürfen wir im Vertrauen auf seine Liebe beten:

L Wir beten darum, dass die Menschen die Gesundheit ihres Inneren pflegen und seine Reinheit schützen. – Christus, höre uns.
A Christus, erhöre uns.

L Wir beten darum, dass die geheimen Gedanken der Menschen kontrolliert bleiben und verantwortungsvoll gedacht werden. – Christus, höre uns.
A Christus, erhöre uns.

L Wir beten darum, dass den Menschen die Gaben der Wahrheit, der Ehrlichkeit und der Treue kostbar und wertvoll sind. – Christus, höre uns.
A Christus, erhöre uns.

L Wir beten darum, dass der Gedanke einer inneren Reinigung für die Menschen eine liebevolle Erinnerung an einen Neuanfang bedeutet. – Christus, höre uns.
A Christus, erhöre uns.

L Wir beten darum, dass jeder Mensch die Kraft aufbringt, sich zu betrachten und zu erkennen und so den Ansatz zu finden, in dieser Zeit vor Ostern einen geeigneten Weg zu gehen. – Christus, höre uns.
A Christus, erhöre uns.

P In deinem Geist, Herr, ist unendlich viel an Gutem möglich. Deine Weisheit lebt in uns und stärkt alle guten Kräfte durch Christus, unseren Herrn.
A Amen.

4. Fastensonntag (Laetare)

2 Chr 36,14–16.19–23 || Eph 2,4–10 || Joh 3,14–21

Begrüßung

P Im Namen des Vaters und des Sohnes und des Heiligen Geistes.
A Amen.
L Denn aus Gnade sind wir durch den Glauben gerettet.
P Die Gnade unseres Herrn Jesus Christus sei mit euch.
A Und mit deinem Geiste.

Einleitung und Kyrie

P Gott hat seinen Sohn in die Welt gesandt, damit er sie rettet.
L Christus bringt die neue Ordnung. Dazu gibt es im Letzten keine Alternative. Es ist die Befreiung für das Gute. Es ist die Einführung in die Wahrheit. Es ist das Aufatmen in Gerechtigkeit. Es ist das Leben im Licht der Erlösung und unter den Augen Gottes.
P Herr, erbarme dich unser.
A Herr, erbarme dich unser.

P Das Licht kam in die Welt, doch die Menschen liebten die Finsternis mehr als das Licht.
L Das Leben in der Dunkelheit aus Irrtum und Unwahrheit, das Leben in den geistigen Verstecken aus Schuld und Verwirrung lässt die Menschheit Entscheidungen gegen sich selber treffen. Es entstehen Gesetze aus Kälte und Unbarmherzigkeit. Es ist an der Zeit, Licht anzuzünden.
P Christus, erbarme dich unser.
A Christus, erbarme dich unser.

P Wer aber die Wahrheit tut, kommt zum Licht.
L In der Kreativität der Lüge und des Betruges ist weltweit geradezu eine perverse Kunst entstanden. Ihre Bewunderinnen und Bewunderer laufen mit und errichten Tempel der Dunkel-

→

Lesejahr B

heit. Das Licht der Wahrheit ist der Garant für das Leben und für die Erlösung aller Menschen.

P Herr, erbarme dich unser.
A Herr, erbarme dich unser.

P Gott befreie uns aus der Abhängigkeit von Dunkelheit und Irrtum. Er führe uns in das Licht der Wahrheit und schenke uns die Vergebung unserer Sünden durch Christus, unseren Herrn.
A Amen.

Fürbitten

P Als Töchter und Söhne des Lichtes verlassen wir die Räume der Dunkelheit und treten mit unseren Gebeten vor Gott:

L Er gebe den Menschen den Sinn für die Wahrheit und für gegenseitiges Vertrauen. – Herr, unser Gott:
A Wir bitten dich, erhöre uns.

L Er gebe den Menschen die Kraft zur Versöhnung und zur Vergebung. – Herr, unser Gott:
A Wir bitten dich, erhöre uns.

L Er gebe den Menschen den Frieden mit sich und mit der Schöpfung. – Herr, unser Gott:
A Wir bitten dich, erhöre uns.

L Er gebe den Menschen den Mut zur Umkehr und zur Abkehr von allem Falschen. – Herr, unser Gott:
A Wir bitten dich, erhöre uns.

L Er gebe den Menschen die Freiheit von Sünde und Schuld. – Herr, unser Gott:
A Wir bitten dich, erhöre uns.

P Die Menschen sind besser, als sie es zulassen; die Erde ist kostbarer, als sie von Menschen gestaltet wird. In deinem Licht, Herr, entdecken wir die Wahrheit und deinen Segen durch Christus, unseren Herrn.
A Amen.

5. Fastensonntag

Jer 31,31–34 || Hebr 5,7–9 || Joh 12,20–33

Begrüßung

P Im Namen des Vaters und des Sohnes und des Heiligen Geistes.
A Amen.
L Christus ist für die Menschen zum Urheber des ewigen Heils geworden.
P Seine Liebe und seine Freundschaft seien mit euch.
A Und mit deinem Geiste.

Einleitung und Kyrie

P Jesus aber antwortete ihnen: Die Stunde ist gekommen, dass der Menschensohn verherrlicht wird.
L In der Stunde der Entscheidung nimmt Jesus das Leben der Menschen ernst. Jesus erfüllt seine Mission und gibt jedem Menschen auf seine Weise ein Beispiel für den Augenblick, auf den es ankommt. Das Leben ist mehr als ein Spiel: Es ist die Pilgerschaft aus der Zeit in die Ewigkeit.
P Herr, erbarme dich unser.
A Herr, erbarme dich unser.

P Wenn einer mir dienen will, folge er mir nach.
L Der Ernst des Lebens unterscheidet sich wesentlich von jeder Traurigkeit und Freudlosigkeit. Es ist die entschiedene Gültigkeit des persönlichen Lebensentwurfes in weiter Freiheit und in der Erleichterung der Erlösten. Es ist der Augenblick, der den Blick auf den Sinn und die Bedeutung der eigenen Person freigibt.
P Christus, erbarme dich unser.
A Christus, erbarme dich unser. →

Lesejahr B

P Und wo ich bin, dort wird auch mein Diener sein.
L Für jeden Menschen ist es bedeutsam, zu wissen, wohin sie, wohin er gehört. Ein Leben in Halbheiten ist zerrissen und unentschieden. An der Seite Jesu ist der Ort, sich selber zu finden und anzunehmen. So treten die Menschen in den Dienst des Friedens und der Nächstenliebe.
P Herr, erbarme dich unser.
A Herr, erbarme dich unser.

P Der allmächtige Gott bewahre uns vor der Halbherzigkeit unserer Entscheidungen, vor der Unentschlossenheit gegenüber der Wahrheit und vor der Unsicherheit unseres Lebens durch Christus, unseren Herrn.
A Amen.

Fürbitten

P Christus ist der Urheber unseres Heils. An seiner Seite entdecken wir unsere Wahrheit und damit den Sinn unseres Lebens. Im Vertrauen darauf beten wir:

L Wir wissen, welchen Schaden Lüge und Betrug anrichten. Gott befreie die Menschheit von allem, was der Wahrheit widerspricht. – Christus, du Heil der Welt:
A Wir bitten dich, erhöre uns.

L Wir wissen, unter welchen Einflüssen die Glieder unserer Gesellschaft stehen. Gott öffne Augen und Ohren der Menschen und mache sie frei. – Christus, du Heil der Welt:
A Wir bitten dich, erhöre uns.

L Wir wissen um viele Dinge, die eigentlich nicht so sein dürfen, wie sie sind. Gott führe die Menschen zu klaren Entscheidungen und zu einem deutlichen Bekenntnis für das Gute. – Christus, du Heil der Welt:
A Wir bitten dich, erhöre uns.

L Wir wissen um Missstände und Ungerechtigkeiten. Gott stehe den Menschen und auch uns bei, damit jedes bewusste und unbewusste Mitläufertum ein Ende nimmt. – Christus, du Heil der Welt:
A Wir bitten dich, erhöre uns.

L Wir wissen um die großartigen Möglichkeiten unserer Zeit. Gott erfülle die Menschen mit seinem Geist, damit sie mit vereinten Kräften dem Wohl aller Menschen dienen. – Christus, du Heil der Welt:
A Wir bitten dich, erhöre uns.

P Wir sind Mitwisser und Zeitzeugen, wir sind Christinnen und Christen und haben im Geist Jesu die Kraft und die Macht, der Welt, in der wir leben, ein freundliches Gesicht zu geben durch ihn, Christus, unseren Herrn.
A Amen.

Palmsonntag

Jes 50,4–7 || Phil 2,6–11 || Mk 14,1 – 15,47

Begrüßung

P In der Realität einer modernen Gesellschaft mit ihren Eigenarten und ihren Gegebenheiten, ihren Trends und ihren Moden hat die Fastenzeit stattgefunden. In der Realität einer modernen Gesellschaft ereignet sich dieser Palmsonntag.
L In der Realität der gegenwärtigen Weltkirche und ihrer Gemeinden begeht unsere Gemeinde diesen Tag, so, wie sie es kann, und so, wie sie es will.
P An der Schwelle zur Karwoche werden grüne Zweige gesegnet. Sie können mit nach Hause genommen werden.
L Das Jahr über halten sie in den Wohnungen die Erinnerung an diesen Tag wach. Sie erinnern an die Freiheit jedes Menschen, den Glauben in seiner Wurzel anzunehmen und zu leben.

Lesejahr B

Segnung der Palmzweige

P Allmächtiger, ewiger Gott, du hast in Jesus deine Liebe zu allen Menschen offenbart. In ihm hast du der Welt deine Botschaft ausgesprochen. In der Freiheit deiner Töchter und Söhne bitten wir dich: + Erfülle diese Zweige mit deinem Segen. Sie mögen deinen reichen Segen in das Leben und in die Häuser bringen und eine bleibende Einladung sein zu einem Leben in deinen Spuren. Darum bitten wir durch Christus, unseren Herrn.
A Amen.

Die Palmzweige werden schweigend mit Weihwasser gesegnet. Danach erfolgt die Verkündigung des Evangeliums vom Einzug in Jerusalem (Mk 11,1–10), evtl. gefolgt von einer Homilie; danach die Prozession, um Jesus nach Jerusalem zu begleiten. Beim feierlichen Einzug in die Kirche werden die Palmzweige in den Händen der Gläubigen gesegnet.

Fürbitten

P Der Palmsonntag ist ein Tag des Friedens. Jesus ist als Friedenskönig zu den Menschen gekommen. Aus der Wirklichkeit unserer Zeit und unserer Welt beten wir:

L Die Verurteilung und Verfolgung von Menschen geschieht heute. Wir bitten Gott darum, dass in seinem Geist Gerechtigkeit und Barmherzigkeit Einzug halten. – Vater, erbarme dich.
A Vater, erbarme dich.

L Die Verspottung und die Diskriminierung von Menschen geschehen heute. Wir bitten Gott darum, dass Menschenwürde und Mitmenschlichkeit wachsen dürfen. – Vater, erbarme dich.
A Vater, erbarme dich.

L Die Sensationslust und Rücksichtslosigkeit gegenüber menschlichem Leid geschehen heute. Wir bitten Gott darum, dass sein Geist Einsicht und Erkenntnis in die Herzen trägt. – Vater, erbarme dich.
A Vater, erbarme dich.

L Die Hilfsbereitschaft des Simon von Cyrene geschieht heute. Wir bitten Gott darum, dass er die ausgelachten Gut-Menschen stärkt in der Weitergabe von Nächstenliebe. – Vater, erbarme dich.
A Vater, erbarme dich.

L Kreuzigung und Folter geschehen heute. Wir bitten Gott darum, dass unsere Erde ein Ort des Friedens und des gesunden Menschenverstandes wird. – Vater, erbarme dich.
A Vater, erbarme dich.

P Ehre sei dem Vater und dem Sohn und dem Heiligen Geist.
A Wie im Anfang, so auch jetzt und allezeit und in Ewigkeit. Amen.

Auferstehung des Herrn (Ostersonntag)

Apg 10,34a.37–43 ∥ Kol 3,1–4 ∥ Joh 20,1–9

Begrüßung und Einleitung

P Im Namen des Vaters und des Sohnes und des Heiligen Geistes.
A Amen.
L Christus ist von den Toten auferstanden. Er hat zum Heil aller Menschen Sünde und Tod besiegt.
P Die Freude über seine Auferstehung sei mit euch.
A Und mit deinem Geiste.
P Am Grab erlebten Maria aus Magdala, Johannes und Petrus das Beieinander von Zweifel, Glaube und Hoffnung.
L Das leere Grab genügte ihnen. Sie verzichteten auf den unwiderlegbaren Beweis und gingen in eine Zukunft von globaler Bedeutung.
P Aus dem Entsetzen und der damit verbundenen Verzweiflung über die Kreuzigung entstand ein Geistfeuer, welches sie für das weitere Leben bestimmte und in die Welt führte.

Kyrie

L Die Auferstehung bedeutet Leben in Hoffnung.
P Herr, erbarme dich unser.
A Herr, erbarme dich unser.

L Die Auferstehung bedeutet Leben in Versöhnung.
P Christus, erbarme dich unser.
A Christus, erbarme dich unser.

L Die Auferstehung bedeutet Leben in Frieden.
P Herr, erbarme dich unser.
A Herr, erbarme dich unser.

P Nachlass, Vergebung und Verzeihung unserer Sünden gewähre uns der allmächtige und barmherzige Gott.
A Amen.

Fürbitten

P Das Osterfest ist mehr als die Erinnerung an ein Ereignis, mehr als die Betrachtung eines Geheimnisses im Glauben. Das Osterfest ist das Bekenntnis zum Leben, zum Frieden und zur Menschenwürde in die Aktualität der Gegenwart hinein. Darum beten wir:

L Um ein gelungenes und glückliches Leben für alle Schwestern und Brüder auf der Welt. – Herr des Lebens, erbarme dich.
A Herr des Lebens, erbarme dich.

L Um die Kraft zur Überwindung von Sünde und Schuld in jedem persönlichen Leben. – Herr des Lebens, erbarme dich.
A Herr des Lebens, erbarme dich.

L Um die Erkenntnis der Wahrheit in der Gestaltung der Zeit und ihrer mitmenschlichen Gegebenheiten. – Herr des Lebens, erbarme dich.
A Herr des Lebens, erbarme dich.

L Um die Offenheit der Menschen für die Frage nach dem Sinn des Lebens und nach der Quelle der Schöpfung. – Herr des Lebens, erbarme dich.
A Herr des Lebens, erbarme dich.

L Um die herz-tiefe Osterfreude aller Christinnen und Christen, die zu dieser heiligen Feier versammelt sind. – Herr des Lebens, erbarme dich.
A Herr des Lebens, erbarme dich.

P Ehre sei dem Vater und dem Sohn und dem Heiligen Geist.
A Wie im Anfang, so auch jetzt und allezeit und in Ewigkeit. Amen.

2. Sonntag der Osterzeit
(Sonntag der Barmherzigkeit / Weißer Sonntag)

Apg 4,32–35 ‖ 1 Joh 5,1–6 ‖ Joh 20,19–31

Begrüßung und Einleitung

P Im Namen des Vaters und des Sohnes und des Heiligen Geistes.
A Amen.
L Jesus hat der Welt den Weg zu Gott bereitet.
P Seine Barmherzigkeit und seine Versöhnung seien mit euch.
A Und mit deinem Geiste.
L Unsere Liebe zu Gott besteht darin, dass wir seine Gebote halten, und diese Gebote sind nicht schwer.
P Das Leben in Gottes Geboten ist ein Leben in Liebe, in Versöhnung und in Barmherzigkeit.

Kyrie

L Und der Sieg, der das Dunkle überwindet, ist der Glaube.
P Herr, erbarme dich unser.
A Herr, erbarme dich unser. →

L Und die Wahrheit ist die Gabe des Heiligen Geistes.
P Christus, erbarme dich unser.
A Christus, erbarme dich unser.

L Unser Vertrauen auf Gott befreit uns von Sünde und Schuld.
P Herr, erbarme dich unser.
A Herr, erbarme dich unser.

P Nachlass, Vergebung und Verzeihung unserer Sünden gewähre uns der allmächtige und barmherzige Gott.
A Amen.

Fürbitten

P Die Barmherzigkeit Gottes will die Herzen und damit das Leben der Menschen berühren zum Frieden und zur Versöhnung. Darum beten wir:

L Für alle Menschen, die unter menschlicher Unbarmherzigkeit und menschlicher Hartherzigkeit leiden. – Barmherziger Vater, erhöre uns.
A Barmherziger Vater, erhöre uns.

L Für alle Menschen, die sich nach Versöhnung und Vergebung sehnen und dabei auf menschliche Ablehnung stoßen. – Barmherziger Vater, erhöre uns.
A Barmherziger Vater, erhöre uns.

L Für alle Schwestern und Brüder, die Unversöhnlichkeit und Hass in ihren menschlichen Herzen tragen. – Barmherziger Vater, erhöre uns.
A Barmherziger Vater, erhöre uns.

L Für alle Menschen, die den Mut haben, zur Versöhnung nach langem Streit den ersten Schritt zu wagen. – Barmherziger Vater, erhöre uns.
A Barmherziger Vater, erhöre uns.

L Für alle Menschen, denen Lüge und Vertrauensbruch als Erfolgsmittel dienen. – Barmherziger Vater, erhöre uns.
A Barmherziger Vater, erhöre uns.

P Ehre sei dem Vater und dem Sohn und dem Heiligen Geist.
A Wie im Anfang, so auch jetzt und allezeit und in Ewigkeit. Amen.

3. Sonntag der Osterzeit

Apg 3,12a.13–15.17–19 ‖ 1 Joh 2,1–5a ‖ Lk 24,35–48

Begrüßung und Einleitung

P Im Namen des Vaters und des Sohnes und des Heiligen Geistes.
A Amen.
L Jesus öffnete den Aposteln die Augen für das Verständnis der Schriften.
P Seine Botschaft und seine Wahrheit seien mit euch.
A Und mit deinem Geiste.
L Zum Heil der Welt und der gesamten Schöpfung hat Christus Sünde und Tod überwunden.
P Die Menschen sind in der Lage, gerecht und in Frieden miteinander zu leben.

Kyrie

L Wir sind frei, weil wir das Gebot der Liebe in uns tragen.
P Herr, erbarme dich unser.
A Herr, erbarme dich unser.

L Wir sind erlöst, weil der Geist in uns lebt.
P Christus, erbarme dich unser.
A Christus, erbarme dich unser.

L Wir sind Töchter und Söhne Gottes, weil wir nach seinem Ebenbild erschaffen sind.
P Herr, erbarme dich unser.
A Herr, erbarme dich unser.

P Die Freude des Osterfestes stärke in uns den Willen, gut zu sein und Gutes zu tun; sie bewahre uns vor jeder Schuld und heilige unser Denken und Tun durch Christus, unseren Herrn.
A Amen.

Fürbitten

P Jesus hat die Bekehrung gepredigt, damit den Menschen die Sünden vergeben werden. Darum beten wir:

L Um die Umkehr zum Frieden und um die Abkehr von jeder Gewalt durch Menschen in unserer Welt. – Jesus, höre uns.
A Jesus, erhöre uns.

L Um die Einsicht in mögliches Fehlverhalten und um die Freiheit zu einem gerechten Neubeginn für Menschen, die Schuld auf sich geladen haben. – Jesus, höre uns.
A Jesus, erhöre uns.

L Um Versöhnung und um gegenseitige Vergebung unter Menschen, die schon lange in Streit und Ablehnung leben. – Jesus, höre uns.
A Jesus, erhöre uns.

L Um Weisheit und gesunden Menschenverstand für alle Menschen, die in Stadt und Land politische und wirtschaftliche Verantwortung tragen. – Jesus, höre uns.
A Jesus, erhöre uns.

L Um Einsicht und Erkenntnis für alle Menschen, die sich radikalem und menschenverachtendem Denken und Planen angeschlossen haben. – Jesus, höre uns.
A Jesus, erhöre uns.

P Denn unsere Erde ist der Ort, an dem sich alles Gute erfüllen kann. Unsere Erde ist der Ort, an dem die Töchter und Söhne Gottes zu Hause sind. Unsere Erde ist der Ort, der erfüllt ist

von Gottes Segen und von Gottes Liebe in Christus, unseren Herrn.
A Amen.

4. Sonntag der Osterzeit

Apg 4,8–12 || 1 Joh 3,1–2 || Joh 10,11–18

Begrüßung und Einleitung

P Im Namen des Vaters und des Sohnes und des Heiligen Geistes.
A Amen.
L In Christus sind wir mit allen Menschen Schwestern und Brüder.
P Seine Geschwisterlichkeit sei mit euch.
A Und mit deinem Geiste.
L Christus offenbart sich als der gute Hirte, der seine Herde nicht verlässt.
P Wir sind eingeladen zu gegenseitigem Vertrauen und zum Zeugnis des Friedens für die Welt.

Kyrie

L Wir sind Töchter und Söhne Gottes mit allen Menschen dieser Erde.
P Herr, erbarme dich unser.
A Herr, erbarme dich unser.

L Wir sind geborgen unter dem Schutz unseres guten Hirten.
P Christus, erbarme dich unser.
A Christus, erbarme dich unser.

L Es wird nur einen Hirten geben und nur eine Herde.
P Herr, erbarme dich unser.
A Herr, erbarme dich unser.

P Unter dem Schutz unseres guten Hirten sind für geborgen; in seinem Geist finden wir die Kraft zu einem Leben in Hoffnung und gehen mit dem Segen des Vaters unseren Weg bis in die Ewigkeit.
A Amen.

Fürbitten

P Im Bild des guten Hirten erkennen wir die Liebe und die Sorge unseres Herrn. Zu ihm beten wir:

L Für die Kirche mit dem Papst und der Gemeinschaft der Bischöfe um Einheit und Glaubenskraft. – Jesus, du Hirte aller Menschen:
A Wir bitten dich, erhöre uns.

L Für die Volksgemeinschaften rund um den Erdball und für ihre Regierungen um Frieden und Gerechtigkeit. – Jesus, du Hirte aller Menschen:
A Wir bitten dich, erhöre uns.

L Für unser Land und für alle Verantwortungsträgerinnen und Verantwortungsträger um die Wahrung der Menschenwürde und um die Offenheit für fremde Not. – Jesus, du Hirte aller Menschen:
A Wir bitten dich, erhöre uns.

L Für alle Schwestern und Brüder auf der Welt, die Not und Verfolgung ausgesetzt sind, um menschlichen Beistand und um eine sichere Heimat. – Jesus, du Hirte aller Menschen:
A Wir bitten dich, erhöre uns.

L Für die Pfarreien und Gemeinden in unserem Bistum um lebendige Geschwisterlichkeit und um ein Leben in tätiger Solidarität. – Jesus, du Hirte aller Menschen:
A Wir bitten dich, erhöre uns.

P Denn unsere Welt, unsere Zeit und die Menschen dieser Erde verfügen über unendlich viele Möglichkeiten, Gutes zu tun. So wird das Angesicht der Erde erneuert durch Christus, unseren Herrn.
A Amen.

5. Sonntag der Osterzeit

Apg 9,26–31 || 1 Joh 3,18–24 || Joh 15,1–8

Begrüßung und Einleitung

P Im Namen des Vaters und des Sohnes und des Heiligen Geistes.
A Amen.
L Christus ist der wahre Weinstock. Wir sind die Rebzweige.
P Sein Leben und seine Kraft seien mit euch.
A Und mit deinem Geiste.
L Jesus weist seine Jünger auf die Gemeinschaft mit ihm hin: Getrennt von mir könnt ihr nichts tun.
P Wir sind dazu berufen, in der Einheit zu leben mit Gott und den Menschen.

Kyrie

L Wer in dir bleibt, Herr, bringt reiche Frucht.
P Herr, erbarme dich unser.
A Herr, erbarme dich unser.

L Du bist der Weinstock und dein Vater ist der Winzer.
P Christus, erbarme dich unser.
A Christus, erbarme dich unser.

L In der Verbundenheit mit dir gelingt unser Leben.
P Herr, erbarme dich unser.
A Herr, erbarme dich unser.

P In der Einheit mit unserem Herrn gehen wir durch die Zeit unseres Lebens. Er befreit uns von Schuld und Sünde und eröffnet uns den Weg in das Reich seines Vaters.
A Amen.

Fürbitten

P In der Einheit mit unserem Herrn Jesus Christus ist alles Gute möglich. Darum beten wir:

L Dass viele Menschen das Gute in ihrem Leben entdecken und Freude daran gewinnen. – Herr unseres Lebens:
A Wir bitten dich, erhöre uns.

L Dass jeder einzelne Menschen für sich den Schlüssel zum Frieden entdeckt und bereit ist, in Versöhnung zu leben. – Herr unseres Lebens:
A Wir bitten dich, erhöre uns.

L Dass die Gefangenen in Hass und Streit das Tor zur Freiheit finden und in deinem Geist das Leben gestalten. – Herr unseres Lebens:
A Wir bitten dich, erhöre uns.

L Dass Selbstsucht und Egoismus überwunden werden und sich die Menschen vertrauensvoll aufeinander verlassen können. – Herr unseres Lebens:
A Wir bitten dich, erhöre uns.

L Dass die Kirche mit dem Papst, den Bischöfen und allen Glaubenden eine Gemeinschaft in Geschwisterlichkeit und Einheit wird. – Herr unseres Lebens:
A Wir bitten dich, erhöre uns.

P Wenn wir, Herr, mit dir verbunden sind, und wenn du in uns lebst, gelingt unser Leben und führt in die geöffneten Arme deiner Liebe in Ewigkeit.
A Amen.

6. Sonntag der Osterzeit

Apg 10,25–26.34–35.44–48 ‖ 1 Joh 4,7–10 ‖ Joh 15,9–17

Begrüßung und Einleitung

P Im Namen des Vaters und des Sohnes und des Heiligen Geistes.
A Amen.
L Jesus hat der Welt das Gebot der Liebe hinterlassen.
P Seine Güte und seine Barmherzigkeit seien mit euch.
A Und mit deinem Geiste.
L Jesus nennt uns nicht Knechte, sondern seine Freundinnen und Freunde.
P Die Kirche und ihre Glieder sind zu erkennen an der Liebe zu Gott und zu den Menschen.

Kyrie

L Ihr seid meine Freundinnen und Freunde, wenn ihr tut, was ich euch auftrage.
P Herr, erbarme dich unser.
A Herr, erbarme dich unser.

L Nicht ihr habt mich erwählt, sondern ich habe euch erwählt.
P Christus, erbarme dich unser.
A Christus, erbarme dich unser.

L Liebt einander, wie ich euch geliebt habe.
P Herr, erbarme dich unser.
A Herr, erbarme dich unser.

P Gott, der seinen Sohn in die Welt gesandt hat, erfülle uns mit den Gaben seines Geistes, damit wir als seine Töchter und Söhne vor der Schöpfung offenbar werden.
A Amen.

Fürbitten

P Gott hat uns in seine Liebe aufgenommen. Im Vertrauen darauf dürfen wir beten:

L Für alle Menschen, die lieblos und rücksichtslos sind, um neue Gedanken und um die Weite des Herzens. – Jesus, erbarme dich.

A Jesus, erbarme dich.

L Für alle Menschen, die ohne Liebe aufwachsen und vernachlässigt werden, um gute Erfahrungen und menschliche Zuneigung. – Jesus, erbarme dich.

A Jesus, erbarme dich.

L Für alle Menschen, die das Gebot der Liebe als Lebensentwurf angenommen haben, um Kraft und Ausdauer. – Jesus, erbarme dich.

A Jesus, erbarme dich.

L Für alle Menschen, die in Nächstenliebe und tätiger Solidarität den Glauben bezeugen, um Ermutigung und Bestärkung. – Jesus, erbarme dich.

A Jesus, erbarme dich.

L Für alle Menschen, deren Liebe enttäuscht worden ist, um die Heilung ihrer Verletzung und um die Freiheit zur Vergebung. – Jesus, erbarme dich.

A Jesus, erbarme dich.

P Denn die Liebe Gottes wurde unter uns offenbar durch Christus, unseren Herrn.

A Amen.

Christi Himmelfahrt

Apg 1,1–11 ∥ Eph 1,17–23 ∥ Mk 16,15–20

Begrüßung und Einleitung

P Im Namen des Vaters und des Sohnes und des Heiligen Geistes.
A Amen.
L Christus lebt. Er sitzt zur Rechten des allmächtigen Vaters.
P Sein Segen sei mit euch.
A Und mit deinem Geiste.
L In Bildern beschreiben wir den Kern unserer Hoffnung: Wir leben im Glauben an die Auferstehung und im Vertrauen auf die Liebe Gottes zu allen Menschen.
P In den Erfahrungen des Lebens erkennen wir die Gegenwart Gottes: Wir leben in der Zeit und erwarten die Auferstehung zur Ewigkeit.

Kyrie

L Wir erleben menschliche Unvollkommenheit und menschliche Schuld.
P Herr, erbarme dich unser.
A Herr, erbarme dich unser.

L Wir erleben menschliche Größe und menschliche Liebe.
P Christus, erbarme dich unser.
A Christus, erbarme dich unser.

L Wir erleben menschliche Zweifel und menschliches Vertrauen.
P Herr, erbarme dich unser.
A Herr, erbarme dich unser.

P Nachlass, Vergebung und Verzeihung unserer Sünden gewähre uns der allmächtige und barmherzige Gott.
A Amen.

Lesejahr B

Fürbitten

P Im Glauben daran, dass Christus aus dieser Welt zu seinem Vater aufgefahren ist, und im Vertrauen auf seine Liebe zu allen Menschen lasst uns beten:

L Dass die Kirche verständliche Worte der Verkündigung findet und den Menschen in der Welt den Weg zum Glauben bereitet. – Herr des Lebens, erhöre uns.
A Herr des Lebens, erhöre uns.

L Dass der Glaube an die Auferstehung den Lebensentwurf vieler Menschen bestimmt in Liebe und Gerechtigkeit. – Herr des Lebens, erhöre uns.
A Herr des Lebens, erhöre uns.

L Dass viele Christinnen und Christen durch ihr Handeln aus dem Glauben ein lebendiges Zeugnis ohne Worte in die Welt tragen. – Herr des Lebens, erhöre uns.
A Herr des Lebens, erhöre uns.

L Dass die Hoffnung auf das Leben nach dieser Zeit im Licht der Erlösung für viele zum Trost wird. – Herr des Lebens, erhöre uns.
A Herr des Lebens, erhöre uns.

L Dass die Menschen der modernen Gesellschaft Zeit finden, über den Sinn des Lebens nachzudenken und mehr für möglich zu halten, als sie beweisen können. – Herr des Lebens, erhöre uns.
A Herr des Lebens, erhöre uns.

P Ehre sei dem Vater und dem Sohn und dem Heiligen Geist.
A Wie im Anfang, so auch jetzt und allezeit und in Ewigkeit. Amen.

7. Sonntag der Osterzeit

Apg 1,15–17.20a.c–26 || 1 Joh 4,11–16 || Joh 17,6a.11b–19

Begrüßung und Einleitung

P Im Namen des Vaters und des Sohnes und des Heiligen Geistes.
A Amen.
L Wir haben die Liebe, die Gott zu uns hat, erkannt und gläubig angenommen.
P Seine Liebe ohne Grenzen und ohne Unterschied sei mit euch.
A Und mit deinem Geiste.
L Gott ist Liebe, und wer in der Liebe bleibt, bleibt in Gott, und Gott bleibt in ihm.
P Der Beistand, den Christus seiner Kirche versprochen hat, führt die Glaubenden in das Wunder und in die grenzenlose Weite der Liebe ein.

Kyrie

L Ewiger Gott, du heiligst uns durch die Wahrheit deines Wortes.
P Herr, erbarme dich unser.
A Herr, erbarme dich unser.

L Du willst, dass die Fülle deiner Freude in uns ist.
P Christus, erbarme dich unser.
A Christus, erbarme dich unser.

L Du bewahrst uns vor Gefangenschaft des Bösen.
P Herr, erbarme dich unser.
A Herr, erbarme dich unser.

P Der allmächtige Gott heilige uns durch sein Wort, durch seine Wahrheit und durch seine Liebe, damit seine Freude in unseren Herzen vollkommen ist durch Christus, unseren Herrn.
A Amen.

Fürbitten

P Zu Gott, der uns durch das Wort der Wahrheit und der Liebe heiligt, lasst uns beten:

L Dass das Gebot der Liebe die Grundsätze von Gewalt und Hass überwindet. – Vater aller Menschen:
A Wir bitten dich, erhöre uns.

L Dass das Wort der Offenbarung die Herzen der Menschen berührt und ihr Leben bestimmt. – Vater aller Menschen:
A Wir bitten dich, erhöre uns.

L Dass die Wahrheit unter den Menschen Platz gewinnt und gegenseitigen Frieden und gegenseitiges Vertrauen ermöglicht. – Vater aller Menschen:
A Wir bitten dich, erhöre uns.

L Dass der Gedanke der Heiligkeit als Grundlage menschlicher Pläne und Ziele Anerkennung findet. – Vater aller Menschen:
A Wir bitten dich, erhöre uns.

L Dass die Menschen rund um den Erdkreis sich ihrer Würde besinnen und Gerechtigkeit für alle pflegen und schützen. – Vater aller Menschen:
A Wir bitten dich, erhöre uns.

P Denn durch Christus sind wir in Wahrheit geheiligt. Er hat uns das Gebot der Liebe hinterlassen. Sein Weg ist Licht und Leben bis in die Ewigkeit.
A Amen.

Pfingstsonntag

Apg 2,1–11 ‖ 1 Kor 12,3b–7.12–13 ‖ Joh 20,19–23

Begrüßung und Einleitung

- P Im Namen des Vaters und des Sohnes und des Heiligen Geistes.
- A Amen.
- L Es gibt verschiedene Gnadengaben, aber nur den einen Geist.
- P Seine Weisheit und seine Kraft seien mit euch.
- A Und mit deinem Geiste.
- L In dem einen Geist wurden wir in der Taufe zu einer Gottesgemeinschaft.
- P Die Unterschiede sind aufgehoben. Christus ist unser Haupt, und der Geist ist die Lebenskraft, die uns trägt und hält.

Kyrie

- L Darum leben wir in Frieden und Versöhnung.
- P Herr, erbarme dich unser.
- A Herr, erbarme dich unser.

- L Darum begegnen wir einander in Respekt und Achtung.
- P Christus, erbarme dich unser.
- A Christus, erbarme dich unser.

- L Darum sind wir weltweit Töchter und Söhne des einen Vaters.
- P Herr, erbarme dich unser.
- A Herr, erbarme dich unser.

- P Nachlass, Vergebung und Verzeihung unserer Sünden gewähre uns der allmächtige und barmherzige Herr.
- A Amen.

Lesejahr B

Fürbitten

P Mit den Aposteln hat Jesus alle Glieder der Kirche ausgesandt, um den Menschen Frieden und Versöhnung zu verkünden und zu bringen. Darum beten wir:

L Zeige den in Gewalt und Wut Gefangenen den Weg in das Licht der Versöhnung. – Herr, erbarme dich.
A Herr, erbarme dich.

L Befreie die in Unversöhnlichkeit und Neid Eingekerkerten zur Freiheit der Barmherzigkeit. – Herr, erbarme dich.
A Herr, erbarme dich.

L Offenbare deiner Kirche weltweit die Wahrheit deiner Botschaft in Güte und Menschlichkeit. – Herr, erbarme dich.
A Herr, erbarme dich.

L Erlöse die endlos Streitenden durch die Gaben des Verstandes und der Erkenntnis. – Herr, erbarme dich.
A Herr, erbarme dich.

L Erfülle unsere Erde in allen Ländern und Kontinenten mit der Lebenskraft des Heiligen Geistes. – Herr, erbarme dich.
A Herr, erbarme dich.

P Ehre sei dem Vater und dem Sohn und dem Heiligen Geist.
A Wie im Anfang, so auch jetzt und allezeit und in Ewigkeit. Amen.

Die Zeit im Jahreskreis

2. Sonntag im Jahreskreis

1 Sam 3,3b–10.19 || 1 Kor 6,13c–15a.17–20 || Joh 1,35–42

Begrüßung und Einleitung

P Im Namen des Vaters und des Sohnes und des Heiligen Geistes.
A Amen.
L Auf die Weisung des greisen Eli antwortete der junge Samuel Gott mit den Worten: „Rede, denn dein Diener hört."
P Gottes Wort, unser Herr Jesus Christus, sei mit euch.
A Und mit deinem Geiste.
P Gott lebt mitten in dieser Welt und ist im Leben jedes einzelnen Menschen gegenwärtig.
L Wir dürfen davon ausgehen, dass Gott uns tagtäglich anspricht und um Gehör bittet.
P Das tägliche Gebet in seinen unendlichen Formen und Möglichkeiten gibt immer neu und aktuell eine ganz persönliche Antwort.

Kyrie

L Rede, Herr, deine Dienerin, dein Diener hört: In deinem Geist begreife ich den Sinn dieses Tages.
P Herr, erbarme dich unser.
A Herr, erbarme dich unser.

L Rede, Herr, deine Dienerin, dein Diener hört: In deinem Geist erkenne ich die Wege meines Lebens.
P Christus, erbarme dich unser.
A Christus, erbarme dich unser.

L Rede, Herr, deine Dienerin, dein Diener hört: In deinem Geist entdecke ich in mir die Kraft des Friedens und der Versöhnung.

P Herr, erbarme dich unser.
A Herr, erbarme dich unser.

P Der allmächtige Gott erbarme sich unser und führe uns zum ewigen Leben.
A Amen.

Fürbitten

P Zu Gott, der uns an jedem Tag unseres Lebens anspricht und beruft, lasst uns beten:

L Dass viele Menschen begreifen, dass sie zu ihrem Leben von Gott gewollt und von Gott berufen sind. – Vater, erbarme dich.
A Vater, erbarme dich.

L Dass die Christinnen und Christen im Gebet den täglichen Kontakt zu Gott suchen und pflegen. – Vater, erbarme dich.
A Vater, erbarme dich.

L Dass junge Menschen zum Dienst als Seelsorgerin und als Seelsorger im Dienst am Menschen und im Dienst an der Gemeinschaft berufen werden. – Vater, erbarme dich.
A Vater, erbarme dich.

L Dass Menschen in Unsicherheit und Zweifel im Gebet neuen Mut und neue Kraft finden. – Vater, erbarme dich.
A Vater, erbarme dich.

L Dass Gott die persönlichen Bitten und Anliegen aller hier Versammelten segne und erhöre. – Vater, erbarme dich.
A Vater, erbarme dich.

P Darum bitten wir durch Christus, unseren Herrn.
A Amen.

3. Sonntag im Jahreskreis

Jona 3,1–5.10 || 1 Kor 7,29–31 || Mk 1,14–20

Begrüßung und Einleitung

P Im Namen des Vaters und des Sohnes und des Heiligen Geistes.
A Amen.
L Die Menschen von Ninive erkannten das Unrecht ihres Handelns und folgten dem Ruf Gottes.
P Seine Kraft und seine Erkenntnis seien mit euch.
A Und mit deinem Geiste.
P Wenn das Wort Gottes dem Menschen unter die Haut geht, ist der Weg zum Herzen frei. Es kommen neue Gedanken auf und das Leben wird besser.
L Ruf in dieses Gotteshaus und in diese Stunde hinein: Gott ist unendlich gnädig und barmherzig. Doch sollen es alle wissen: Hartherzigkeit, Feindschaft und Lüge sind Verhaltensweisen, die das Gute unterdrücken und verhindern.
P Wenn der Wille zum Guten und die Kraft zur Umkehr fehlen, verstummt das Gespräch mit Gott und erkaltet die Wärme der Frohen Botschaft.

Kyrie

L Die Leute von Ninive betrachteten in Ehrlichkeit ihr falsches Handeln.
P Herr, erbarme dich unser.
A Herr, erbarme dich unser.

L Die Leute von Ninive geben ein Bespiel für das Leben in der Gegenwart.
P Christus, erbarme dich unser.
A Christus, erbarme dich unser.

L Die Leute von Ninive erlebten und lebten das Wunder der Bekehrung.
P Herr, erbarme dich unser.
A Herr, erbarme dich unser.

Lesejahr B

P Der allmächtige Gott schenke uns die Vergebung unserer Sünden und den Geist der Umkehr und des Neubeginns durch Christus, unseren Herrn.
A Amen.

Fürbitten

P In der Erinnerung stellt sich Ninive als eine Großstadt dar mit allen Fragen und Problemen, die bis heute aktuell sind. Zu Gott, der an Ninive Barmherzigkeit und Geduld gezeigt hat, lasst uns beten:

L Für die Menschen in den Großstädten unserer Zeit mit den Fragen der Güterverteilung und der Gerechtigkeit. – Vater im Himmel, erhöre uns.
A Vater im Himmel, erhöre uns.

L Für die Menschen in den wohlhabenden Gesellschaften unserer Zeit mit den Fragen des Egoismus und der Gleichgültigkeit. – Vater im Himmel, erhöre uns.
A Vater im Himmel, erhöre uns.

L Für die Menschen in Bildung und Wissenschaft unserer Zeit mit den globalen Fragen der Menschenwürde und des Friedens. – Vater im Himmel, erhöre uns.
A Vater im Himmel, erhöre uns.

L Für die Menschen in den mächtigen Nationen unserer Zeit mit den Fragen der Werteverluste und der Sinnentleerung. – Vater im Himmel, erhöre uns.
A Vater im Himmel, erhöre uns.

L Für die Menschen unserer Zeit und unserer Erde mit den großen Möglichkeiten der Forschung und der Wirtschaft. – Vater im Himmel, erhöre uns.
A Vater im Himmel, erhöre uns.

P Ewiger Vater, die Nachricht an Ninive ist bis in unsere Zeit gültig. In deinem Geist verstehen wir deine Worte und wenden uns dir zu durch Christus, unseren Herrn.
A Amen.

4. Sonntag im Jahreskreis

Dtn 18,15–20 || 1 Kor 7,32–35 || Mk 1,21–28

Begrüßung und Einleitung

P Im Namen des Vaters und des Sohnes und des Heiligen Geistes.
A Amen.
L Christus hat die Lehre vom Reich Gottes mit Vollmacht verkündet.
P Seine Wahrheit und seine Weisheit seien mit euch.
A Und mit deinem Geiste.
P In vielen Bildern und Geschichten weist das Alte Testament in vorausblickender Deutung auf den Messias hin, der als der Sohn Gottes Mensch wurde und unter uns Menschen lebte.
L Und einen Menschen, der nicht auf seine Worte hört, ziehe ich selbst zur Rechenschaft.
P Darin liegt die Lebensverantwortung eines Menschen, dass er vor sich selber und vor Gott seine Entscheidungen, seine Handlungen und seine Unterlassungen ehrlich und wahrhaftig erklärt.

Kyrie

L Rechenschaft abzulegen bedeutet, Verantwortung zu übernehmen.
P Herr, erbarme dich unser.
A Herr, erbarme dich unser.

L Rechenschaft abzulegen bedeutet, der eigenen Person zu begegnen.
P Christus, erbarme dich unser.
A Christus, erbarme dich unser. →

L Rechenschaft abzulegen bedeutet, die Güte Gottes zu erfahren.
P Herr, erbarme dich unser.
A Herr, erbarme dich unser.

P Der allmächtige Gott erleuchte unseren Geist, damit wir die Entscheidungen, die Handlungen und Unterlassungen unseres Lebens vor ihm verantworten und seiner Spur in allem folgen durch Christus, unseren Herrn.
A Amen.

Fürbitten

P Zu Christus, der mit Vollmacht Gottes Wort zu den Menschen getragen hat, lasst uns beten:

L Um verantwortungsbewusstes Handeln der Menschen im Beruf und im persönlichen Leben. – Christus, höre uns.
A Christus, erhöre uns.

L Um ehrliche und wahrhaftige Entscheidungen der Menschen in sozialer Solidarität. – Christus, höre uns.
A Christus, erhöre uns.

L Um Achtsamkeit und Aufmerksamkeit der Menschen, damit sie das Gute im richtigen Augenblick nicht unterlassen. – Christus, höre uns.
A Christus, erhöre uns.

L Um das lebendige Bewusstsein der Menschen, vor sich und vor Gott Rechenschaft für das eigene Leben abzulegen. – Christus, höre uns.
A Christus, erhöre uns.

L Um die Stärkung des Glaubens und der Nächstenliebe der Menschen im täglichen Leben. – Christus, höre uns.
A Christus, erhöre uns.

P Darum bitten wir unseren Herrn, der mit uns Nachsicht übt und uns immer neu durch seine Vergebung aufrichtet bis in die Ewigkeit.
A Amen.

5. Sonntag im Jahreskreis

Ijob 7,1–4.6–7 || 1 Kor 9,16–19.22–23 || Mk 1,29–39

Begrüßung und Einleitung

P Im Namen des Vaters und des Sohnes und des Heiligen Geistes.
A Amen.
L Christus hat die Macht, zu segnen und zu heilen, zu vergeben und aufzurichten.
P Seine Liebe und seine Güte seien mit euch.
A Und mit deinem Geiste.
P Jesus begegnete den Menschen seiner Zeit mit der Kraft seines Wortes, mit der Vollmacht der Sündenvergebung und mit wunderartigen Zeichen und Taten.
L Und er zog durch ganz Galiläa, verkündete in ihren Synagogen und trieb die Dämonen aus.
P Viele Phänomene seiner Zeit wurden dämonisch gedeutet und von diabolischen Kräften abgeleitet. Das Signal unserer Gegenwart zielt darauf ab, das eigene Denken und Handeln zu reflektieren und daraus Schlüsse zu ziehen, die wirklich heilsam und wohltuend sind.

Kyrie

L Gesunde Gedanken sind frei für das Gute und das Vernünftige.
P Herr, erbarme dich unser.
A Herr, erbarme dich unser.

L Gesunde Entscheidungen sind frei von Falschheit und Arglist.
P Christus, erbarme dich unser.
A Christus, erbarme dich unser.

Lesejahr B

L Gesunde Taten sind frei durch gerechte und ehrliche Absichten.
P Herr, erbarme dich unser.
A Herr, erbarme dich unser.

P Der allmächtige Gott befreie uns von jeder Last aus Dunkelheit und Verirrung und führe uns in das Licht seiner Wahrheit und seiner Gerechtigkeit durch Christus, unseren Herrn.
A Amen.

Fürbitten

P Paulus betont nachdrücklich, dass er den Dienst am Evangelium ehrenamtlich leistet. Sein Lohn ist die Teilhabe an der Heilsbotschaft. Darum beten wir:

L Für alle Schwestern und Brüder, die durch ihren ehrenamtlichen Einsatz das Leben der christlichen Gemeinden tragen und prägen. – Christus, schenke ihnen deinen Segen.
A Christus, schenke ihnen deinen Segen.

L Für alle Gemeindeglieder, die über viele Jahre in den Gremien und Verbänden dazu beitragen, dass viele Menschen in der Kirche vor Ort eine Heimat finden. – Christus, schenke ihnen deinen Segen.
A Christus, schenke ihnen deinen Segen.

L Für alle Christinnen und Christen, die einen ehrenamtlichen Dienst in den Gemeinden übernommen haben und diesen mit hohem Kraft- und Zeitaufwand ausführen. – Christus, schenke ihnen deinen Segen.
A Christus, schenke ihnen deinen Segen.

L Für alle Frauen und Männer, die ansprechbar sind, wenn es darauf ankommt, und die mit ihren Fähigkeiten und Möglichkeiten hilfreich und zuverlässig zur Verfügung stehen. – Christus, schenke ihnen deinen Segen.
A Christus, schenke ihnen deinen Segen.

L Für alle Kinder und Jugendlichen, die in der Jugendarbeit und im Altardienst ein mutiges Bekenntnis ihres Glaubens und ihrer Zugehörigkeit zu Christus ablegen. – Christus, schenke ihnen deinen Segen.
A Christus, schenke ihnen deinen Segen.

P Jesus, du gibst dich und deine Liebe zu erkennen im Leben von Menschen, die bereit sind, in deinen Dienst zu treten. Sie werden in deinem Geist zu Hoffnungsbildern auf dem Weg zu Gott durch dich, Christus, unseren Herrn.
A Amen.

6. Sonntag im Jahreskreis

Lev 13,1–2.43ac.44ab.45–46 ‖ 1 Kor 10,31 – 11,1 ‖ Mk 1,40–45

Begrüßung und Einleitung

P Im Namen des Vaters und des Sohnes und des Heiligen Geistes.
A Amen.
L Ein Aussätziger bat Jesus um Heilung. Und Jesus streckte seine Hand aus und heilte ihn.
P Die Güte unseres Herrn Jesus Christus sei mit euch.
A Und mit deinem Geiste.
P Ein Mensch kommt mit einer bestimmten Bitte zu Jesus. Es betrifft seine Lebensumstände, und er hört von Jesus die Worte:
L Ich will – werde rein!
P Der Kontakt zu Gott führt über die Betrachtung der Schrift und über das regelmäßige Gebet in eine freie und persönliche Spiritualität, die Raum bietet für alle Belange des menschlichen Lebens.

Kyrie

L Im persönlichen Gebet lassen wir Gott ein in die Wirklichkeit unseres Lebens.
P Herr, erbarme dich unser.
A Herr, erbarme dich unser.

L In der Betrachtung der Heiligen Schrift überwinden wir Bilder und gelangen zur Wahrheit.
P Christus, erbarme dich unser.
A Christus, erbarme dich unser.

L Im Kontakt mit Gott erfahren wir uns als seine Töchter und Söhne.
P Herr, erbarme dich unser.
A Herr, erbarme dich unser.

P Der allmächtige Gott strecke seine Hand aus und berühre unsere Herzen, damit wir die innere Freiheit und die innere Reinheit in der Vergebung unserer Sünden erlangen durch Christus, unseren Herrn.
A Amen.

Fürbitten

P Zu Christus, der Rettung und Heilung zu den Menschen getragen hat, lasst uns beten:

L Um die Rettung aus Krieg und Gewalt für alle Völker und Staaten unserer Erde. – Herr, erhöre uns.
A Herr, erhöre uns.

L Für alle Kranken und Leidenden, die auf Linderung und Genesung hoffen. – Herr, erhöre uns.
A Herr, erhöre uns.

L Um die Freiheit von Hass und Rache unter allen Menschen und Gemeinschaften. – Herr, erhöre uns.
A Herr, erhöre uns.

L Für alle Benachteiligten unserer Erde und für alle ungerecht
  Behandelten. – Herr, erhöre uns.
A Herr, erhöre uns.

L Um eine Entwicklung in der Kirche, die dem Willen Gottes und
  der Botschaft des Evangeliums entspricht. – Herr, erhöre uns.
A Herr, erhöre uns.

P Denn du, Herr, hast die Macht und die Kraft, zu helfen und zu
  heilen. Dir vertrauen wir in diesem Leben und bis in die
  Ewigkeit.
A Amen.

7. Sonntag im Jahreskreis

Jes 43,18–19.21–22.24b–25 || 2 Kor 1,18–22 || Mk 2,1–12

Begrüßung und Einleitung

P Im Namen des Vaters und des Sohnes und des Heiligen Geistes.
A Amen.
L Christus ist das Ja, das Gott zu allem gesprochen hat.
P Sein Wort der Wahrheit sei mit euch.
A Und mit deinem Geiste.
L Gott hat uns sein Siegel aufgedrückt und als ersten Anteil den
  Geist in unser Herz gegeben.
P Die Botschaft Jesu ist eindeutig: ein gültiges Ja zur Erlösung
  und zum Leben.

Kyrie

L Unser Glaube ist das Fundament unserer Hoffnung.
P Herr, erbarme dich unser.
A Herr, erbarme dich unser.

L Unsere Hoffnung ist der Weg unserer Liebe.
P Christus, erbarme dich unser.
A Christus, erbarme dich unser.

L Unsere Liebe ist die Kraft Gottes in uns.
P Herr, erbarme dich unser.
A Herr, erbarme dich unser.

P Der allmächtige Gott erbarme sich unser. Er lasse uns die Sünden nach und führe uns zum ewigen Leben.
A Amen.

Fürbitten

P Zu Christus, der die Macht hat, Sünden zu vergeben, lasst uns beten:

L Für die Kirche: um die Freiheit von Schuld und Sünde zum Heil und zum Wohl der Menschen. – Jesus, du Halt unseres Lebens:
A Wir bitten dich, erhöre uns.

L Für die Regierenden: um die Erkenntnis von Gut und Böse zum Frieden und zum Leben der Welt. – Jesus, du Halt unseres Lebens:
A Wir bitten dich, erhöre uns.

L Für alle, die Verantwortung tragen: um den Geist der Vernunft und der Gerechtigkeit zur Würde aller, die ihnen anvertraut sind. – Jesus, du Halt unseres Lebens:
A Wir bitten dich, erhöre uns.

L Für die Heranwachsenden: um Vorbilder und Orientierungspunkte, denen sie trauen und folgen können. – Jesus, du Halt unseres Lebens:
A Wir bitten dich, erhöre uns.

L Für alle Menschen: um die Bereitschaft, sich mit der Schuld und den Sünden im eigenen Lebensbereich auseinanderzusetzen. – Jesus, du Halt unseres Lebens:
A Wir bitten dich, erhöre uns.

P Das Wohl der Schöpfung und aller Menschen hängt davon ab, dass ein klares Ja zum Guten gedacht, gesprochen und gelebt

wird. In Gott finden wir die Kraft und den Geist dazu durch Christus, unseren Herrn.
A Amen.

8. Sonntag im Jahreskreis

Hos 2,16b.17b.21–22 ‖ 2 Kor 3,1b–6 ‖ Mk 2,18–22

Begrüßung und Einleitung

P Im Namen des Vaters und des Sohnes und des Heiligen Geistes.
A Amen.
L Paulus schreibt an die Korinther: Unser Brief seid ihr, eingeschrieben in unsere Herzen und von allen Menschen erkannt und gelesen. Unverkennbar seid ihr ein Brief Christi.
P Unser Herr Jesus Christus, dem unser Vertrauen gilt, sei mit euch.
A Und mit deinem Geiste.
L Unsere Befähigung stammt von Gott. Er hat uns fähig gemacht, Diener des Neuen Bundes zu sein.
P Als Dienerinnen und Diener des Neuen Bundes gehen wir durch die Zeit und über diese Erde. Wir bekennen uns zu der Botschaft, die Christus uns gegeben hat.

Kyrie

L Wir leben, weil Gott unser Leben bejaht.
P Herr, erbarme dich unser.
A Herr, erbarme dich unser.

L Wir leben, weil Gott uns erschaffen hat.
P Christus, erbarme dich unser.
A Christus, erbarme dich unser.

L Wir leben, weil Gott uns liebt.
P Herr, erbarme dich unser.
A Herr, erbarme dich unser.   →

Lesejahr B

P Der ewige Gott, der uns in Liebe erschaffen hat, bewahre uns vor Sünde und Schuld und zeige uns den Weg zum ewigen Leben durch Christus, unseren Herrn.
A Amen.

Fürbitten

P Zu Christus, der die alten Worte als gültige Wahrheit verkündet hat, lasst uns beten.

L Dass die Kirche sich in der Freiheit der Erlösten dem Evangelium anschließt und an ihrem Bekenntnis zum Leben weltweit erkennbar ist. – Jesus, du Bote des Friedens:
A Wir bitten dich, erhöre uns.

L Dass alle, die den christlichen Namen tragen, ihr Leben danach ausrichten und den Frieden und die Nächstenliebe bezeugen. – Jesus, du Bote des Friedens:
A Wir bitten dich, erhöre uns.

L Dass alle Religionen dieser Erde einander dazu anregen, dem einen Gott in Geschwisterlichkeit zu begegnen und zu dienen. – Jesus, du Bote des Friedens:
A Wir bitten dich, erhöre uns.

L Dass alle Verbitterten und Enttäuschten zur Freiheit der Versöhnung und der Vergebung gelangen. – Jesus, du Bote des Friedens:
A Wir bitten dich, erhöre uns.

L Dass alle Menschen erfahren, wie sehr sie von Gott gehalten und in ihm geborgen sind. – Jesus, du Bote des Friedens:
A Wir bitten dich, erhöre uns.

P Denn Gott ist immer und überall für uns da. In seiner Liebe offenbart er uns als seine Töchter und Söhne durch Christus, unseren Herrn.
A Amen.

9. Sonntag im Jahreskreis

Dtn 5,12–15 || 2 Kor 4,6–11 || Mk 2,23 – 3,6

Begrüßung und Einleitung

P Im Namen des Vaters und des Sohnes und des Heiligen Geistes.
A Amen.
L Gott, der sprach: „Aus Finsternis soll Licht aufleuchten!", er ist in unseren Herzen aufgeleuchtet.
P Seine Erkenntnis sei mit euch.
A Und mit deinem Geiste.
L Unser Leben kommt von Gott. Er hat uns erschaffen. Er erfüllt uns mit seinem Licht und mit seiner Liebe.
P Die Botschaft Jesu berührt die Herzen der Menschen und lenkt ihren Blick auf das Wesentliche. In seinem Geist wird der Planet Erde zu einem Wohnort des Friedens und der Geschwisterlichkeit.

Kyrie

L Gott ist der Schöpfer und Erhalter unseres Lebens.
P Herr, erbarme dich unser.
A Herr, erbarme dich unser.

L Er schenkt uns die Erkenntnis der Wahrheit.
P Christus, erbarme dich unser.
A Christus, erbarme dich unser.

L In ihm sind wir weltweit als Schwestern und Brüder miteinander verbunden.
P Herr, erbarme dich unser.
A Herr, erbarme dich unser.

P Der allmächtige Gott öffne unseren Blick für das Wesentliche. Er schenke uns die Erkenntnis der Wahrheit und wecke in uns die Freude am Frieden durch Christus, unseren Herrn.
A Amen.

Fürbitten

P Zu Christus, dem Herrn unseres Lebens, lasst uns beten:

L Für alle, die die Wahrheit und die Weisheit suchen und achten. – Jesus, du Licht der Welt:
A Wir bitten dich, erhöre uns.

L Für alle, die das Leben und seine Würde schützen und behüten. – Jesus, du Licht der Welt:
A Wir bitten dich, erhöre uns.

L Für alle, die sich für die Armen und Schwachen einsetzen und ihnen Schwestern und Brüder sind. – Jesus, du Licht der Welt:
A Wir bitten dich, erhöre uns.

L Für alle, die die Gabe der Verständigung und der Versöhnung zum Wohl der Mitmenschen teilen. – Jesus, du Licht der Welt:
A Wir bitten dich, erhöre uns.

L Für alle, die den Geist in sich haben, andere zu trösten und zu ermutigen. – Jesus, du Licht der Welt:
A Wir bitten dich, erhöre uns.

P Du, Herr, offenbarst uns die Wahrheit des Lebens; du lässt uns den Sinn der Schöpfung erkennen; du bist der Freund an unserer Seite in Ewigkeit.
A Amen.

10. Sonntag im Jahreskreis

Gen 3,9–15 || 2 Kor 4,13 – 5,1 || Mk 3,20–35

Begrüßung und Einleitung

P Im Namen des Vaters und des Sohnes und des Heiligen Geistes.
A Amen.
L Wir wissen: Wenn unser irdisches Zelt abgebrochen wird, dann haben wir eine Wohnung von Gott, ein nicht von Menschenhand errichtetes ewiges Haus im Himmel.

P Seine Hoffnung und seine Freude seien mit euch.
A Und mit deinem Geiste.
L Wir glauben an die heilende und segnende Gegenwart Gottes in unserem Leben und in unserer Welt.
P Diese Welt wartet darauf, dass sich die Botschaft des Evangeliums als wahr und zuverlässig erweist.

Kyrie

L Gesucht sind Menschen, die dem Frieden dienen.
P Herr, erbarme dich unser.
A Herr, erbarme dich unser.

L Gesucht sind Menschen, die die Einheit wahren.
P Christus, erbarme dich unser.
A Christus, erbarme dich unser.

L Gesucht sind Menschen, die die Liebe leben.
P Herr, erbarme dich unser.
A Herr, erbarme dich unser.

P Der allmächtige Gott erfülle uns mit der Kraft, unser Leben nach seinem Wort zu entwerfen. Er bewahre uns vor Sünde und Schuld und führe uns zum ewigen Leben durch Christus, unseren Herrn.
A Amen.

Fürbitten

P Zu Christus, der uns im Hause seines Vaters eine Wohnung bereitet hat, lasst uns beten:

L Für alle Obdachlosen und für alle Heimatlosen. – Jesus, du Bruder der Menschen:
A Wir bitten dich, erhöre uns.

L Für alle Ausgeschlossenen und Verstoßenen. – Jesus, du Bruder der Menschen:
A Wir bitten dich, erhöre uns.

L Für alle Entwürdigten und Verachteten. – Jesus, du Bruder der Menschen:
A Wir bitten dich, erhöre uns.

L Für alle Betrogenen und Verletzten. – Jesus, du Bruder der Menschen:
A Wir bitten dich, erhöre uns.

L Für alle, die den Namen Mensch tragen und nach ihrer Wahrheit suchen. – Jesus, du Bruder der Menschen:
A Wir bitten dich, erhöre uns.

P Denn uns Menschen ist unendlich Großes und Gutes möglich im Namen Gottes, in seinem Geist und durch Christus, unseren Herrn.
A Amen.

11. Sonntag im Jahreskreis

Ez 17,22–24 || 2 Kor 5,6–10 || Mk 4,26–34

Begrüßung und Einleitung

P Im Namen des Vaters und des Sohnes und des Heiligen Geistes.
A Amen.
L Denn als Glaubende gehen wir unseren Weg, nicht als Schauende.
P Die Botschaft unseres Herrn Jesus Christus sei mit euch.
A Und mit deinem Geiste.
L Unser Glaube ist das Argument für unsere Hoffnung.
P Unsere Hoffnung ist das Argument für die Wege unseres Lebens.

Kyrie

L Denn in der Hoffnung wissen wir um die Liebe.
P Herr, erbarme dich unser.
A Herr, erbarme dich unser.

L Im Glauben sehen wir die Spur des Lebens.
P Christus, erbarme dich unser.
A Christus, erbarme dich unser.

L Im Vertrauen gehen wir dem Himmelreich entgegen.
P Herr, erbarme dich unser.
A Herr, erbarme dich unser.

P Der allmächtige Gott wecke in uns die Freude an einem Lebensentwurf nach seinem Wort und zeigte uns den Weg seiner Töchter und Söhne durch Christus, unseren Herrn.
A Amen.

Fürbitten

P Zu Gott, der uns als seine Töchter und Söhne angenommen hat, lasst uns beten:

L Um das menschenfreundliche und liebevolle Gesicht der Kirche. – Herr, erhöre uns.
A Herr, erhöre uns.

L Um Würde und Gerechtigkeit für alle Menschen dieser Erde. – Herr, erhöre uns.
A Herr, erhöre uns.

L Um die Bewahrung der Schöpfung und um die Achtung vor dem Leben. – Herr, erhöre uns.
A Herr, erhöre uns.

L Um ein Leben in Liebe und tätiger Solidarität für alle Christinnen und Christen. – Herr, erhöre uns.
A Herr, erhöre uns.

L Um die Befreiung von Krieg, Hass und Gewalt für alle Völker. – Herr, erhöre uns.
A Herr, erhöre uns.

P In deinem Geist, Herr, ist alles Gute möglich und kann noch heute in den Herzen der Menschen Wurzeln schlagen durch Christus, unseren Herrn.
A Amen.

Lesejahr B

12. Sonntag im Jahreskreis

Ijob 38,1.8–11 || 2 Kor 5,14–17 || Mk 4,35–41

Begrüßung und Einleitung

P Im Namen des Vaters und des Sohnes und des Heiligen Geistes.
A Amen.
L In Christus und durch seine Erlösung sind wir eine Neuschöpfung.
P Seine Weite und sein Leben seien mit euch.
A Und mit deinem Geiste.
L Christus hat die Freiheit von Furcht und Angst, von Sünde und Schuld in die Welt getragen.
P Damit ist das Tor zur Neuschöpfung der eigenen Persönlichkeit geöffnet, und ihre Entfaltung ist möglich.

Kyrie

L Das Alte aus Schuld wird zur Neuschöpfung der Vergebung.
P Herr, erbarme dich unser.
A Herr, erbarme dich unser.

L Das Alte aus Zweifel wird zur Neuschöpfung der Hoffnung.
P Christus, erbarme dich unser.
A Christus, erbarme dich unser.

L Das Alte aus Irrtum wird zur Neuschöpfung der Wahrheit.
P Herr, erbarme dich unser.
A Herr, erbarme dich unser.

P Der barmherzige Gott erneuere das Innere unseres Wesens. Er mache uns bereit für den neuen Weg seiner Botschaft und befreie uns von Selbstsucht und Selbstgerechtigkeit durch Christus, unseren Herrn.
A Amen.

Fürbitten

P Zu Gott, durch den wir in Christus nach seinem Bild neugeschaffen wurden, lasst uns beten.

L Dass die Glaubenden die Freiheit der Töchter und Söhne annehmen und darin leben. – Schöpfer des Himmels und der Erde:
A Wir bitten dich, erhöre uns.

L Dass die Glieder der Kirche miteinander in Einheit leben und Unterschiede und Veränderungen aushalten. – Schöpfer des Himmels und der Erde:
A Wir bitten dich, erhöre uns.

L Dass das Miteinander in der Kirche und ihren Gemeinden durch Rücksicht und Wertschätzung geprägt wird. – Schöpfer des Himmels und der Erde:
A Wir bitten dich, erhöre uns.

L Dass die Menschen weltweit zueinanderfinden und gemeinsam an einer neuen Weltordnung arbeiten. – Schöpfer des Himmels und der Erde:
A Wir bitten dich, erhöre uns.

L Dass die Notleidenden Menschen finden, die ihnen in tätiger Nächstenliebe zur Seite stehen. – Schöpfer des Himmels und der Erde:
A Wir bitten dich, erhöre uns.

P Denn das Neue, das du in die Herzen der Menschen legst, ist die Möglichkeit zum Guten. An deiner Seite ist alles möglich im Heiligen Geist durch Christus, unseren Herrn.
A Amen.

13. Sonntag im Jahreskreis

Weish 1,13–15; 2,23–24 || 2 Kor 8,7.9.13–17 || Mk 5,21–43

Begrüßung und Einleitung

- P Im Namen des Vaters und des Sohnes und des Heiligen Geistes.
- A Amen.
- L Er, der reich war, wurde euretwegen arm, um euch durch seine Armut reich zu machen.
- P Der Reichtum seiner Liebe sei mit euch.
- A Und mit deinem Geiste.
- L In der Spur Jesu finden sich immer neu und immer wieder die Worte: Sei ohne Furcht. Glaube nur!
- P Daraus schöpft der glaubende Mensch die Hoffnung, die ihn ermutigt, das ganze Leben im Geist der Frohen Botschaft zu gestalten.

Kyrie

- L Jesus befreit von Angst und Furcht, von Zweifel und Unsicherheit.
- P Herr, erbarme dich unser.
- A Herr, erbarme dich unser.

- L Er richtet die Totgesagten wieder auf und führt sie ins Leben zurück.
- P Christus, erbarme dich unser.
- A Christus, erbarme dich unser.

- L Er heilt auch die Wunden aus Schuld und Sünde.
- P Herr, erbarme dich unser.
- A Herr, erbarme dich unser.

- P In Christus erkennen wir die Liebe Gottes zu den Menschen. Er macht uns frei und öffnet die Augen unserer Herzen für den weiten Blick in die Wahrheit bis in die Ewigkeit.
- A Amen.

Fürbitten

P Zu Christus, dem König unseres Lebens, lasst uns voller Hoffnung gemeinsam beten:

L Wir denken an alle Kranken und Leidenden und empfehlen sie dem Beistand Gottes. – Jesus, du Bruder aller Menschen:
A Wir bitten dich, erhöre uns.

L Wir denken an die Menschen in unserer Nachbarschaft und in unserer Stadt und wünschen ihnen den Frieden und von Herzen alles Gute. – Jesus, du Bruder aller Menschen:
A Wir bitten dich, erhöre uns.

L Wir denken an die Menschen in den Flüchtlingslagern und auf der Flucht und hoffen mit ihnen auf ein Leben in Geborgenheit. – Jesus, du Bruder aller Menschen:
A Wir bitten dich, erhöre uns.

L Wir denken an die Menschen, die im Straßenverkehr unterwegs sind, und bitten für sie um Sicherheit und Vorsicht. – Jesus, du Bruder aller Menschen:
A Wir bitten dich, erhöre uns.

L Wir beten für alle, die auf ein gutes Wort warten und sich nach Versöhnung sehnen. – Jesus, du Bruder aller Menschen:
A Wir bitten dich, erhöre uns.

P Jesus, du hast in unserer Welt Spuren deiner Liebe gelegt. Gib, dass wir sie nicht zertreten, sondern dass wir sie finden und ihnen folgen. Denn sie zeigen uns den Weg zum Reich deines Vaters in Ewigkeit.
A Amen.

Lesejahr B

14. Sonntag im Jahreskreis

Ez 1,28b – 2,5 || 2 Kor 12,7–10 || Mk 6,1b–6

Begrüßung und Einleitung

P Im Namen des Vaters und des Sohnes und des Heiligen Geistes.
A Amen.
L Er aber antwortete mir: Meine Gnade genügt dir; denn die Kraft wird in der Schwachheit vollendet.
P Der Beistand unseres Herrn Jesus Christus sei mit euch.
A Und mit deinem Geiste.
L Paulus vertraut auf Gott. Er stellt sein Leben unter seinen Schutz. Er lebt in der Gegenwart Gottes.
P Als Menschen begegnen wir eigenen und fremden Fehlern und Unvollkommenheiten. In Gott erfahren wir Geduld und Barmherzigkeit.

Kyrie

L So trage ich meine Unvollkommenheit und meine Fehler vor Gott.
P Herr, erbarme dich unser.
A Herr, erbarme dich unser.

L So bitte ich für meine Schuld und für meine Sünden um Vergebung.
P Christus, erbarme dich unser.
A Christus, erbarme dich unser.

L So lebe ich in seiner Gnade und in seiner Kraft.
P Herr, erbarme dich unser.
A Herr, erbarme dich unser.

P Gott ist in dieser Welt und in dieser Zeit gegenwärtig. Er erbarme sich unserer Schwachheit und schenke uns die Gnade seiner Kraft durch Christus, unseren Herrn.
A Amen.

Fürbitten

P Zu Jesus, der den Unglauben seiner Hörerschaft
wahrgenommen und benannt hat, lasst uns beten:

L Um eine zeitgemäße und ehrliche Verkündigung der Frohen
Botschaft. – Jesus, erhöre uns.
A Jesus, erhöre uns.

L Um den Respekt vor Andersgläubigen und Anderslebenden. –
Jesus, erhöre uns.
A Jesus, erhöre uns.

L Um Geduld und Herzensweite angesichts fremder Unvollkommenheiten. – Jesus, erhöre uns.
A Jesus, erhöre uns.

L Um die Erkenntnis der eigenen Stärken und Schwächen im
Denken der Menschen. – Jesus, erhöre uns.
A Jesus, erhöre uns.

L Um Frieden und Versöhnung für alle Völker dieser Erde. –
Jesus, erhöre uns.
A Jesus, erhöre uns.

P Denn deine Weisheit, Herr, ist der Weg zur Wahrheit; und
deine Wahrheit ist der Segen für alle Menschen in dieser Zeit
und bis in die Ewigkeit.
A Amen.

15. Sonntag im Jahreskreis

Am 7,12–15 || Eph 1,3–10 || Mk 6,7–13

Begrüßung und Einleitung

P Im Namen des Vaters und des Sohnes und des Heiligen Geistes.
A Amen.
L Denn in ihm hat er uns erwählt vor der Grundlegung der Welt.
P Der Herr sei mit euch.
A Und mit deinem Geiste. →

L Wir leiten die Entstehung des Universums und alles, was sich im Laufe der Evolution daraus entwickelt hat, von Gott ab.
P Obwohl er für uns unsichtbar ist, fühlen wir in uns die Lebenskraft seiner Offenbarung. Wir wissen um das Gute und um die Liebe.

Kyrie

L Wir können in vollem Bewusstsein die Entscheidung für den Frieden treffen.
P Herr, erbarme dich unser.
A Herr, erbarme dich unser.

L Wir können allen Ernstes und mit Freude für das Gute eintreten.
P Christus, erbarme dich unser.
A Christus, erbarme dich unser.

L Wir können Wunder der Liebe und der Versöhnung vollbringen.
P Herr, erbarme dich unser.
A Herr, erbarme dich unser.

P Gott, der uns von Anfang an als seine Töchter und Söhne erwählt hat, heilige unsere Worte, Taten und Wege, damit unsere Ebenbildlichkeit mit unserem Schöpfer vor der Schöpfung offenbar wird durch Christus, unseren Herrn.
A Amen.

Fürbitten

P Zu Christus, der die Macht über die unreinen Geister hat, lasst uns beten:

L Dass die Welt frei wird vom Ungeist der Rücksichtslosigkeit und der Gewalt. – Christus, höre uns.
A Christus, erhöre uns.

L Dass die Verfolgten und Ausgegrenzten erlöst werden vom Ungeist des Fanatismus und der Vorurteile. – Christus, höre uns.
A Christus, erhöre uns.

L Dass die Kirche gereinigt wird von dem unreinen Geist der Herzenshärte und der Unbarmherzigkeit. – Christus, höre uns.
A Christus, erhöre uns.

L Dass unsere Kinder und Jugendlichen beschützt werden vor dem Ungeist schlechter und schädigender Einflüsse. – Christus, höre uns.
A Christus, erhöre uns.

L Dass die Welt erfüllt wird vom Heiligen Geist der Geschwisterlichkeit und des Friedens. – Christus, höre uns.
A Christus, erhöre uns.

P Denn im Heiligen Geist wird alles Gute gelingen. Im Heiligen Geist finden die Menschen zu einem Leben in Gerechtigkeit und Wahrheit durch Christus, unseren Herrn.
A Amen.

16. Sonntag im Jahreskreis

Jer 23,1–6 ‖ Eph 2,13–18 ‖ Mk 6,30–34

Begrüßung und Einleitung

P Im Namen des Vaters und des Sohnes und des Heiligen Geistes.
A Amen.
L Denn er, Christus Jesus, ist unser Friede. Er vereinigte die beiden Teile und riss die trennende Wand der Feindschaft in seinem Fleisch nieder.
P Die Fülle seiner Freude und seines Lichtes sei mit euch.
A Und mit deinem Geiste. →

L Die Herrlichkeit und das Licht Gottes sind mehr als das Leuchten irdischer Kostbarkeiten: In ihnen entdecken wir die Wahrheit und die Freude.
P Gott ist in unserem Leben gegenwärtig. Zu jeder Zeit und an jedem Ort erfüllt er die Wirklichkeit mit seiner Weisheit und seiner Wahrheit.

Kyrie

L Im Glauben bekennen wir die Wahrheit des Friedens.
P Herr, erbarme dich unser.
A Herr, erbarme dich unser.

L Im Glauben bekennen wir die Weisheit der Liebe.
P Christus, erbarme dich unser.
A Christus, erbarme dich unser.

L Im Glauben bekennen wir das Wirken des Geistes.
P Herr, erbarme dich unser.
A Herr, erbarme dich unser.

P Denn wir leben in dieser Welt mit dem freien Blick auf die Herrlichkeit Gottes. Er ist da und beschenkt uns mit seinem Segen und mit seiner Barmherzigkeit durch Christus, unseren Herrn.
A Amen.

Fürbitten

P Christus ist unter uns. Er ist für uns die Hoffnung auf Herrlichkeit. Zu ihm beten wir:

L Um die Herrlichkeit des Friedens für alle Völker und für alle Menschen dieser Erde. – Christus, du Freund der Menschen:
A Wir bitten dich, erhöre uns.

L Um die Herrlichkeit der Nächstenliebe in der Begegnung von Menschen aller Generationen und Nationen. – Christus, du Freund der Menschen:
A Wir bitten dich, erhöre uns.

L Um die Herrlichkeit der Treue für alle Schwestern und Brüder, die in Liebe und Freundschaft miteinander verbunden sind. – Christus, du Freund der Menschen:
A Wir bitten dich, erhöre uns.

L Um die Herrlichkeit der Gerechtigkeit für alle, denen Unrecht geschieht und die darauf angewiesen sind, dass Menschen ihnen zur Seite stehen. – Christus, du Freund der Menschen:
A Wir bitten dich, erhöre uns.

L Um die Herrlichkeit der geistigen und körperlichen Gesundheit für alle, die ihre Grenzen und ihre Unvollkommenheit erleben. – Christus, du Freund der Menschen:
A Wir bitten dich, erhöre uns.

P Denn deine Herrlichkeit bedeutet für uns das Leben und die Freude in der Überfülle deiner Liebe. Dir schenken wir unser Vertrauen bis in die Ewigkeit.
A Amen.

17. Sonntag im Jahreskreis

2 Kön 4,42–44 || Eph 4,1–6 || Joh 6,1–15

Begrüßung und Einleitung

P Im Namen des Vaters und des Sohnes und des Heiligen Geistes.
A Amen.
L Seid demütig, friedfertig und geduldig, ertragt einander in Liebe.
P Die Kraft unseres Herrn Jesus Christus sei mit euch.
A Und mit deinem Geiste.
L Die Glaubensentscheidung bewährt sich im alltäglichen Leben: dort, wo es darauf ankommt, an der Seite unseres Herrn zu denken und zu handeln.
P So wird jeder Tag zu einem Neubeginn und jede menschliche Begegnung zu einem Meilenstein.

Kyrie

L In der Demut beginnt der Weg in der Absage an die Überheblichkeit.
P Herr, erbarme dich unser.
A Herr, erbarme dich unser.

L In der Friedfertigkeit erkennen wir die Kraft zur Versöhnung.
P Christus, erbarme dich unser.
A Christus, erbarme dich unser.

L In der Geduld gelingt der Blick auf die Einzigartigkeit aller Geschöpfe.
P Herr, erbarme dich unser.
A Herr, erbarme dich unser.

P Der allmächtige Gott lehre uns die Wege der Liebe und der Geschwisterlichkeit. Er beschenke uns mit der Freude am Guten und sei immer an unserer Seite in Christus, unserem Herrn.
A Amen.

Fürbitten

P Jesus sättigte eine große Menge und gab vielen Menschen Brot gegen den körperlichen Hunger. So setzte er ein Zeichen für die Nahrung der Seele. Darum beten wir:

L Für alle Kinder und Jugendlichen um die Speise für den Geist, die ihnen den Weg in ein gelingendes Leben zeigt. – Jesus, erbarme dich.
A Jesus, erbarme dich.

L Für alle Familien und Generationen um die Speise der Verbundenheit und der Liebe, die ihnen Rückhalt und Lebensfreude gibt. – Jesus, erbarme dich.
A Jesus, erbarme dich.

L Für den Papst und die Bischöfe um die Speise der Weisheit und der Menschenfreundlichkeit, die ihnen das Vertrauen der Menschen bereitet. – Jesus, erbarme dich.
A Jesus, erbarme dich.

L Für die Regierenden in aller Welt um die Speise der Wahrheit und der Gerechtigkeit, die dem Wohl der ihnen Anvertrauten dient. – Jesus, erbarme dich.
A Jesus, erbarme dich.

L Für alle Kranken und Leidenden um die Speise der Mitmenschlichkeit und der Herzlichkeit, die sie wie ein Medikament zur Genesung begleitet. – Jesus, erbarme dich.
A Jesus, erbarme dich.

P Der allmächtige Gott lenkt unseren Blick auf das Wesentliche und führt uns ein in die Freude des Glaubens und der Hoffnung durch Christus, unseren Herrn.
A Amen.

18. Sonntag im Jahreskreis

Ex 16,2–4.12–15 ‖ Eph 4,17.20–24 ‖ Joh 6,24–35

Begrüßung und Einleitung

P Im Namen des Vaters und des Sohnes und des Heiligen Geistes.
A Amen.
L Christus hat die Wahrheit des Schöpfers zu den Menschen getragen.
P Sein Wort und seine Botschaft seien mit euch.
A Und mit deinem Geiste.
L Worte des heiligen Paulus: Legt den alten Menschen des früheren Lebenswandels ab und lasst euch erneuern durch den Geist in eurem Denken!
P Er fährt fort: Zieht den neuen Menschen an, der nach dem Bild Gottes geschaffen ist in wahrer Gerechtigkeit und Heiligkeit!

Kyrie

L So leben wir im Habitus der Gerechtigkeit.
P Herr, erbarme dich unser.
A Herr, erbarme dich unser.

L So bezeugen wir die Kraft der Wahrheit.
P Christus, erbarme dich unser.
A Christus, erbarme dich unser.

L So überwinden wir die Versuchung von Schuld und Sünde.
P Herr, erbarme dich unser.
A Herr, erbarme dich unser.

P Gott, der Schöpfer des Himmels und der Erde, hat uns in Christus neugeschaffen. Wir sind ihm ähnlich als seine Töchter und Söhne in Ewigkeit.
A Amen.

Fürbitten

P Jesus ist das Brot des Lebens und die Quelle alles Guten. Zu ihm kommen wir mit unseren Gebeten, Sorgen und Anliegen:

L Wir beten für alle, die von anderen unterdrückt und an den Rand gedrängt werden, um Kraft und Gerechtigkeit. – Jesus, du Bruder aller Menschen:
A Wir bitten dich, erhöre uns.

L Wir beten für alle, die persönlicher Schuld und persönlichem Versagen nicht aus eigener Kraft entsagen können, um den Mut des Heiligen Geistes. – Jesus, du Bruder aller Menschen:
A Wir bitten dich, erhöre uns.

L Wir beten für alle, die zu wenig Zeit füreinander haben, um Ruhe und um einen entspannten Neubeginn. – Jesus, du Bruder aller Menschen:
A Wir bitten dich, erhöre uns.

L Wir beten für alle, die sich selbst als gering und nutzlos empfinden, um den freien Blick auf den Wert und die Würde der eigenen Person. – Jesus, du Bruder aller Menschen:
A Wir bitten dich, erhöre uns.

L Wir beten für alle, die die eigene Schuld nicht einsehen können und nicht einsehen wollen, um das Geschenk der Wahrheit und des Vertrauens. – Jesus, du Bruder aller Menschen:
A Wir bitten dich, erhöre uns.

P Denn du zeigst uns Menschen den Menschenweg und gibst uns deinen Geist als Beistand und Helfer in diesem Leben und in dieser Welt bis in die Ewigkeit.
A Amen.

19. Sonntag im Jahreskreis

1 Kön 19,4–8 ‖ Eph 4,30 – 5,2 ‖ Joh 6,41–51

Begrüßung und Einleitung

P Im Namen des Vaters und des Sohnes und des Heiligen Geistes.
A Amen.
L Gott hat uns durch Christus vergeben.
P Seine Barmherzigkeit sei mit euch.
A Und mit deinem Geiste.
L Worte des heiligen Paulus: Seid gütig zueinander, seid barmherzig, vergebt einander, wie auch Gott euch in Christus vergeben hat.
P Das Leben in Christus ist geprägt von liebevollen Möglichkeiten menschlichen Miteinanders. Im Blick auf diesen Glaubensstil rufen wir Gottes Erbarmen an:

Kyrie

L Denn wir sind seine geliebten Töchter und Söhne.
P Herr, erbarme dich unser.
A Herr, erbarme dich unser.

L Wir sind zur Einheit und zum Frieden berufen.
P Christus, erbarme dich unser.
A Christus, erbarme dich unser.

L Unsere Schuld und unsere Sünden werden vergeben und finden Versöhnung.
P Herr, erbarme dich unser.
A Herr, erbarme dich unser.

P Der allmächtige Gott erbarme sich unser. Er lasse uns die Sünden nach und führe uns zum ewigen Leben.
A Amen.

Fürbitten

P Christus spricht: Ich bin das lebendige Brot, das vom Himmel herabgekommen ist. Er ermutigt uns, im Vertrauen auf seine Liebe unsere Anliegen auszusprechen und zu beten:

L Wir beten darum, dass die Glieder der Kirche mit dem Papst und den Bischöfen Schülerinnen und Schüler der Wahrheit und der Weisheit werden. – Christus, erbarme dich.
A Christus, erbarme dich.

L Wir beten darum, dass die Eucharistie für alle christlichen Kirchen zum Mahl der Einheit und der Geschwisterlichkeit wird. – Christus, erbarme dich.
A Christus, erbarme dich.

L Wir beten darum, dass alle Religionen der Erde sich zu einem Bündnis des Friedens und der Gerechtigkeit zusammenschließen. – Christus, erbarme dich.
A Christus, erbarme dich.

L Wir beten darum, dass alle Menschen einsehen, wie menschenunwürdig die Gewalt ist: in jeder Form und zu jeder Zeit. – Christus, erbarme dich.
A Christus, erbarme dich.

L Wir beten darum, dass die reichen Völker dieser Erde den Armen zur Seite stehen und jede Ausbeutung beenden. – Christus, erbarme dich.
A Christus, erbarme dich.

P Denn die Schöpfung ist gut, und der Mensch ist Ebenbild Gottes. Im Heiligen Geist kann Neues entstehen auf dem Weg zur Veränderung und zur Vollendung in Ewigkeit.
A Amen.

20. Sonntag im Jahreskreis

Spr 9,1–6 || Eph 5,15–20 || Joh 6,51–58

Begrüßung und Einleitung

P Im Namen des Vaters und des Sohnes und des Heiligen Geistes.
A Amen.
L Sagt Gott, dem Vater, jederzeit Dank für alles im Namen unseres Herrn Jesus Christus! Er bestimmt den Gruß zu dieser Feier:
P Der Herr sei mit euch.
A Und mit deinem Geiste.
L Paulus ermutigt die Epheser mit den Worten: Achtet also sorgfältig darauf, wie ihr euer Leben führt.
P Das Leben aus dem Glauben hat das Profil aus freundlicher Menschlichkeit und zuverlässiger Solidarität. In diesem Geist beten wir:

Kyrie

L Denn wir sind berufen zur Gestaltung dieser Welt.
P Herr, erbarme dich unser.
A Herr, erbarme dich unser.

L Wir sind berufen zur Bewahrung der Schöpfung.
P Christus, erbarme dich unser.
A Christus, erbarme dich unser.

L Wir sind berufen zum ewigen Leben.
P Herr, erbarme dich unser.
A Herr, erbarme dich unser.

P Der Geist erfülle unser Denken. Er bestimme unsere Entscheidungen und heilige unsere Taten durch Christus, unseren Herrn.
A Amen.

Fürbitten

P Wir verfügen über die grenzenlosen Kräfte, die uns der Geist verleiht. In ihm beten wir:

L Für die Schwachen und Benachteiligten dieser Erde um Zuwendung und schützende Hilfe. – Christus, du Brot des Lebens:
A Wir bitten dich, erhöre uns.

L Für die Reichen und Wohlhabenden dieser Welt um Barmherzigkeit und Großherzigkeit. – Christus, du Brot des Lebens:
A Wir bitten dich, erhöre uns.

L Für die kriegführenden Nationen unserer Zeit um Besinnung und Einhalt. – Christus, du Brot des Lebens:
A Wir bitten dich, erhöre uns.

L Für alle, die in unserer Stadt zu Hause sind, um Sicherheit und um tätige Gastlichkeit. – Christus, du Brot des Lebens:
A Wir bitten dich, erhöre uns.

L Für alle Schwestern und Brüder im Ehrenamt und im Dienst der Caritas um Ermutigung und Ausdauer. – Christus, du Brot des Lebens:
A Wir bitten dich, erhöre uns.

P Gott hat uns mutwillig und bewusst in dieses Leben gerufen. In seinem Geist und in seiner Kraft ist alles Gute möglich durch Christus, unseren Herrn.
A Amen.

21. Sonntag im Jahreskreis

Jos 24,1–2a.15–17.18b || Eph 5,21–32 || Joh 6,60–69

Begrüßung und Einleitung

P Im Namen des Vaters und des Sohnes und des Heiligen Geistes.
A Amen.
L Der Epheserbrief beschreibt die gesellschaftlichen Gegebenheiten seiner Zeit im Licht Christi.
P Seine Liebe sei mit euch.
A Und mit deinem Geiste.
L Aus christlicher Sicht ergeben sich machtfreie und menschenwürdige Verhaltensweisen im gesellschaftlichen Miteinander.
P Die Worte des Epheserbriefes betonen den Wert der Liebe an in allen menschlichen Begegnungsformen. Als Beispiel gilt das Verhältnis Christi zu seiner Kirche.

Kyrie

L Herr Jesus Christus, du begegnest den Menschen in ewiger Freundschaft.
P Herr, erbarme dich unser.
A Herr, erbarme dich unser.

L Du hast Worte des ewigen Lebens.
P Christus, erbarme dich unser.
A Christus, erbarme dich unser. →

L Du bist für uns Freund und Bruder.
P Herr, erbarme dich unser.
A Herr, erbarme dich unser.

P Der allmächtige Gott führe uns ein in die Wahrheit seiner Worte, in die Gerechtigkeit seines Gebotes und in die Freiheit seiner Töchter und Söhne durch Christus, unseren Herrn.
A Amen.

Fürbitten

P Herr Jesus Christus, du hast Worte des ewigen Lebens. Darum bleiben wir bei dir und legen unsere Anliegen auf deinen Altar:

L Stehe den Liebenden zur Seite und offenbare ihnen den unschätzbaren Wert jedes Menschen. – Jesus, erbarme dich unser.
A Jesus, erbarme dich unser.

L Segne die Eheleute auf ihrem Weg durch die Gegenwart und offenbare ihnen die Fülle deiner Liebe. – Jesus, erbarme dich unser.
A Jesus, erbarme dich unser.

L Bewahre die Völker vor Machtmissbrauch und Bestechlichkeit und schenke den Mächtigen aller Bereiche deine Weisheit. – Jesus, erbarme dich unser.
A Jesus, erbarme dich unser.

L Schenke den Familien deinen Frieden und lass in ihnen alles Gute wachsen, was der gegenseitigen Liebe entspricht. – Jesus, erbarme dich unser.
A Jesus, erbarme dich unser.

L Erneuere deine Kirche und berufe in ihr Frauen und Männer, die den Glauben in dieser Zeit und in dieser Welt als Botschaft der Hoffnung verkünden und bezeugen. – Jesus, erbarme dich unser.
A Jesus, erbarme dich unser.

P Deine Worte klingen in der Auseinandersetzung hart. Aber sie bringen in der Wirklichkeit das Leben bis in die Ewigkeit.
A Amen.

22. Sonntag im Jahreskreis

Dtn 4,1–2.6–8 || Jak 1,17–18.21b–22.27 || Mk 7,1–8.14–15.21–23

Begrüßung und Einleitung

P Im Namen des Vaters und des Sohnes und des Heiligen Geistes.
A Amen.
L Jede gute Gabe und jedes vollkommene Geschenk kommt von oben herab, vom Vater der Gestirne, bei dem es keine Veränderung oder Verfinsterung gibt.
P Die Gnade seines Sohnes, unseres Herrn Jesus Christus, sei mit euch.
A Und mit deinem Geiste.
L Der wahre und eigentliche Gottesdienst der Kirche und ihrer Glieder besteht in der Sorge um die Armen.
P Sie hat Jesus uns anvertraut. Ihnen im Gebet und in tätiger Nächstenliebe weltweit verbunden zu sein, ist die tiefste Berufung der Christenheit.

Kyrie

L Als Christinnen und Christen sind wir die Anwälte der Armen.
P Herr, erbarme dich unser.
A Herr, erbarme dich unser.

L Als Christinnen und Christen erkennen wir in ihnen unsere Schwestern und Brüder.
P Christus, erbarme dich unser.
A Christus, erbarme dich unser. →

L Als Christinnen und Christen stehen wir ihnen mit den
  Möglichkeiten unseres Lebens zur Seite.
P Herr, erbarme dich unser.
A Herr, erbarme dich unser.

P Der allmächtige Gott öffne unsere Herzen. Er führe unsere
  Gedanken und Worte zu wahren Taten der Nächstenliebe und
  wecke unsere Sinne für die Armut unserer Welt.
A Amen.

Fürbitten

P Christus übt deutliche Kritik: Ihr gebt Gottes Gebot preis und
  haltet euch an die Überlieferung der Menschen. Darum beten
  wir:

L Gottes Gebot ist der Friede: Möge in allen christlichen
  Gemeinschaften Versöhnung und Vergebung herrschen. –
  Christus, schenke uns den Frieden.
A Christus, schenke uns den Frieden.

L Gottes Gebot ist die Einheit: Möge in allen Pfarreien und
  Gemeinden die Bereitschaft zur Einheit bestehen und blühen. –
  Christus, führe uns zur Einheit.
A Christus, führe uns zur Einheit.

L Gottes Gebot ist die Sorge um die Armen: Mögen die
  Menschen weltweit ihre Kräfte gegen den Hunger und gegen
  jede Not einsetzen. – Christus, stärke uns zur Hilfe.
A Christus, stärke uns zur Hilfe.

L Gottes Gebot ist die Wahrheit: Möge jedes persönliche Leben
  von jeder Lüge und von jeder Halbwahrheit entlastet sein. –
  Christus, befreie uns zur Wahrheit.
A Christus, befreie uns zur Wahrheit.

L Gottes Gebot ist die Liebe: Mögen alle Menschen begreifen,
  wie wertvoll und kostbar ein Leben in Liebe und Gerechtigkeit
  ist, zum Wohl aller. – Christus, erfülle uns mit deiner Liebe.
A Christus, erfülle uns mit deiner Liebe.

P Denn Gottes Gebot ist der Schlüssel zur Freiheit der Menschenwürde. In ihr gelingt der Aufbruch in eine neue und gesegnete Zeit durch Christus, unseren Herrn.
A Amen.

23. Sonntag im Jahreskreis

Jes 35,4–7a || Jak 2,1–5 || Mk 7,31–37

Begrüßung und Einleitung

P Im Namen des Vaters und des Sohnes und des Heiligen Geistes.
A Amen.
L Christus ist der Herr der Herrlichkeit.
P Das Licht seiner Wahrheit und seiner Gerechtigkeit sei mit euch.
A Und mit deinem Geiste.
L Vor Gott zählt die Würde jedes Menschen. Er lässt nicht einen Einzigen verlorengehen.
P Wer kommt, der gilt. Frei von jedem äußeren Ansehen der Person ist vor Gott jeder Mensch einmalig und unaustauschbar.

Kyrie

L In Gott erlernen wir das Hören bis in die Wurzel unseres Herzens.
P Herr, erbarme dich unser.
A Herr, erbarme dich unser.

L In Gott erlernen wir das Sehen bis in die Wahrheit und zum Verstehen.
P Christus, erbarme dich unser.
A Christus, erbarme dich unser.

L In Gott erlernen wir die Sprache mit Worten der Gerechtigkeit und des Friedens.
P Herr, erbarme dich unser.
A Herr, erbarme dich unser.

P Der barmherzige Gott nehme uns auf in die Schule seiner Güte. Er führe uns zum Selbstbewusstsein des Guten und bewahre uns vor Angst und Verzweiflung durch Christus, unseren Herrn.
A Amen.

Fürbitten

P Christus rief dem Taubstummen entgegen: Effata! Das bedeutet: Öffne dich! Im Vertrauen auf seine Kraft bitten wir ihn:

L Für alle Menschen, die die Wahrheit nicht hören wollen und sich ihr verschließen. - Herr, erbarme dich.
A Herr, erbarme dich.

L Für alle, die die Wahrheit nicht sehen wollen und von ihr die Augen abwenden. - Herr, erbarme dich.
A Herr, erbarme dich.

L Für alle Schwestern und Brüder, die körperlich und geistig eingeschränkt und in ihrem Leben behindert sind. - Herr, erbarme dich.
A Herr, erbarme dich.

L Für alle Kranken und Leidenden und für alle, die in ihrem Leben geistige und körperliche Grenzen erfahren. - Herr, erbarme dich.
A Herr, erbarme dich.

L Für alle Menschen, die die Möglichkeiten und die Fähigkeiten besitzen, anderen zu helfen und ihnen zur Seite zu stehen. - Herr, erbarme dich.
A Herr, erbarme dich.

P Denn unter deinem Segen, Herr, ist Wunderbares möglich. Heute, an diesem Tag und zu jeder Zeit, die du uns gibst, bis in die Ewigkeit.
A Amen.

24. Sonntag im Jahreskreis

Jes 50,5–9a || Jak 2,14–18 || Mk 8,27–35

Begrüßung und Einleitung

P Im Namen des Vaters und des Sohnes und des Heiligen Geistes.
A Amen.
L Der Jakobusbrief beschreibt die enge Verbindung zwischen Glauben und guten Taten. Damit lenkt er den Blick auf die Spuren Jesu.
P Seine Barmherzigkeit sei mit euch.
A Und mit deinem Geiste.
L Glaube und tätige Nächstenliebe gehören zusammen. Dieses Miteinander ist Hoffnung für die Armen und Licht für die Welt.
P Es geht nicht um Macht und Weltherrschaft, sondern um die Gesundheit der gesamten Schöpfung.

Kyrie

L Denn in den Spuren unseres Herrn finden wir den Frieden.
P Herr, erbarme dich unser.
A Herr, erbarme dich unser.

L In seinen Spuren stehen wir den Armen zur Seite.
P Christus, erbarme dich unser.
A Christus, erbarme dich unser.

L In seinen Spuren bewahren wir die Schöpfung für alle Menschen.
P Herr, erbarme dich unser.
A Herr, erbarme dich unser.

P Der Herr offenbare uns die Bedeutung des Lebens. Er befreie uns von Gedankenlosigkeit und Gleichgültigkeit und führe uns zur Einheit seiner Schwestern und Brüder in Ewigkeit.
A Amen.

Fürbitten

P Christus offenbart uns die Gedanken Gottes. Er führt uns ein in den Wert des Lebens. Im Vertrauen auf seine Botschaft beten wir:

L Um Gottvertrauen in der Kirche und um Barmherzigkeit in allen Entscheidungen. – Jesus, höre uns.
A Jesus, erhöre uns.

L Um Furchtlosigkeit in den christlichen Gemeinden und um Frieden auch in Meinungsverschiedenheiten. – Jesus, höre uns.
A Jesus, erhöre uns.

L Um die Weisheit im Glaubensleben aller Christinnen und Christen und um ein liebenswertes Zeugnis im Licht der Frohen Botschaft. – Jesus, höre uns.
A Jesus, erhöre uns.

L Um die Freude an der Frohen Botschaft bei den Kindern und Jugendlichen und um den Geist freier und weiter Nächstenliebe. – Jesus, höre uns.
A Jesus, erhöre uns.

L Um Heil und Segen für alle Suchenden und um den Beistand des Heiligen Geistes in Zweifeln und Unsicherheiten. – Jesus, höre uns.
A Jesus, erhöre uns.

P Denn wir gewinnen das wahre Leben im Rat des Evangeliums. Im Heiligen Geist werden seine Worte zu Wegweisern einer gerechten Welt.
A Amen.

25. Sonntag im Jahreskreis

Weish 2,1a.12.17–20 || Jak 3,16 – 4,3 || Mk 9,30–37

Begrüßung und Einleitung

P Im Namen des Vaters und des Sohnes und des Heiligen Geistes.
A Amen.
L Die Weisheit von oben ist voller Erbarmen und reich an guten Früchten. In ihr erkennen wir die Gegenwart Gottes.
P Sein Segen sei mit euch.
A Und mit deinem Geiste.
L Der Jakobusbrief hält den Spiegel negativer Möglichkeiten vor.
P Im Geist der Weisheit gewinnt das Gute die Oberhand. Der Menschheit ist unendlich mehr an Gutem möglich, als ein Blick in ihre Geschichte erahnen lässt.

Kyrie

L In der Weisheit erschließen sich Wege des Friedens.
P Herr, erbarme dich unser.
A Herr, erbarme dich unser.

L In der Weisheit offenbaren sich Kräfte der Geschwisterlichkeit.
P Christus, erbarme dich unser.
A Christus, erbarme dich unser.

L In der Weisheit öffnen sich Herzen zur Vergebung und zur Versöhnung.
P Herr, erbarme dich unser.
A Herr, erbarme dich unser.

P Der barmherzige Gott sende uns den Geist der Weisheit, damit wir den Wert des Lebens erkennen und die Würde der Schöpfung schützen und behüten durch Christus, unseren Herrn.
A Amen.

Fürbitten

P Wer der Erste sein will, soll der Letzte von allen und der Diener aller sein. Zu Christus, der diese Worte gesprochen hat, lasst uns beten:

L Für die Kirche: um die Freiheit von falschem Ehrgeiz, Überheblichkeit und Stolz. – Jesus, steh uns bei!
A Jesus, steh uns bei!

L Für die Staaten: um die Freiheit von Radikalismus, Korruption und Betrug. – Jesus, steh uns bei!
A Jesus, steh uns bei!

L Für die Familien: um den Geist der Weisheit in einem gesegneten Miteinander. – Jesus, steh uns bei!
A Jesus, steh uns bei!

L Für die Lehrerinnen und Lehrer: um den freien Blick auf den Wert der Einzelnen und um die Würdigung ihres Könnens und ihrer Arbeit. – Jesus, steh uns bei!
A Jesus, steh uns bei!

L Für alle Seelsorgerinnen und Seelsorger: um Ausdauer und Freude in der Verkündigung der Frohen Botschaft. – Jesus, steh uns bei!
A Jesus, steh uns bei!

P Denn wir leben unter der schützenden Hand Gottes und dürfen von ihm alles Gute erwarten durch Christus, unseren Herrn.
A Amen.

26. Sonntag im Jahreskreis

Num 11,25–29 ‖ Jak 5,1–6 ‖ Mk 9,38–43.45.47–48

Begrüßung und Einleitung

P Im Namen des Vaters und des Sohnes und des Heiligen Geistes.
A Amen.
L Der Jakobusbrief klagt die soziale Ungerechtigkeit jener Zeit an, in der auch Christus in dieser Welt gelebt hat.
P Seine Güte und seine Gerechtigkeit seien mit euch.
A Und mit deinem Geiste.
L Die Geschichte ist eine schwache Lehrmeisterin. Die weltumspannende Menschheit nimmt nur langsam und eher ungern Lehren aus ihrer Erfahrung an.
P Jesus findet im Markusevangelium deutliche Worte. Er vergleicht soziale Vergehen mit kriminellen Handlungen.

Kyrie

L Unser Leben ist zu schade für das Böse.
P Herr, erbarme dich unser.
A Herr, erbarme dich unser.

L Unsere Zeit ist zu kurz für Unfrieden.
P Christus, erbarme dich unser.
A Christus, erbarme dich unser.

L Unsere Welt ist zu kostbar für Ausbeutung.
P Herr, erbarme dich unser.
A Herr, erbarme dich unser.

P Der allmächtige Gott lasse uns in seinem Geist Lehren aus der eigenen Geschichte ziehen. Er zeige uns Möglichkeiten, aus dem Glauben zu leben, und den Weg in eine gesegnete Zukunft durch Christus, unseren Herrn.
A Amen.

Fürbitten

P Herr Jesus Christus, die Worte deiner Botschaft wecken unsere Aufmerksamkeit und mahnen uns zur Sorgfalt. Darum beten wir:

L Wirke in deiner Kirche das Wunder der Erneuerung und mache sie zur Dienerin am Wohl und am Heil aller Menschen. – Christus, höre uns.
A Christus, erhöre uns.

L Wirke in den Herzen der Glaubenden das Wunder der Nächstenliebe und lass sie ohne Furcht und im Vertrauen auf dich einen guten Beitrag in der Gesellschaft leisten. – Christus, höre uns.
A Christus, erhöre uns.

L Wirke in den Herzen der Traurigen das Wunder deines Lichtes und zeige ihnen an deiner Seite die Freude neuer Hoffnung. – Christus, höre uns.
A Christus, erhöre uns.

L Wirke in den Herzen der Zerstrittenen das Wunder deines Friedens und schenke ihnen Worte der Versöhnung und der Vergebung. – Christus, höre uns.
A Christus, erhöre uns.

L Wirke in den Herzen der Liebenden das Wunder deiner Behutsamkeit und offenbare ihnen deine Gegenwart. – Christus, höre uns.
A Christus, erhöre uns.

P Denn mit dir und an deiner Seite lernen wir aus der Geschichte und bauen in deinem Geist gemeinsam an einer neuen Welt mit dir, Christus, unserem Herrn.
A Amen.

27. Sonntag im Jahreskreis

Gen 2,18–24 || Hebr 2,9–11 || Mk 10,2–16

Begrüßung und Einleitung

- P Im Namen des Vaters und des Sohnes und des Heiligen Geistes.
- A Amen.
- L Christus nennt uns Menschen seine Schwestern und Brüder.
- P Seine Nähe und seine Liebe seien mit euch.
- A Und mit deinem Geiste.
- L Aufgrund von Starrsinn und Herzenshärte der Menschen sind zu allen Zeiten Gebote notwendig.
- P In dem Augenblick, in dem diese Verhaltensweisen abgelegt werden, genügt in allen Bereichen der Gedanke der Liebe.

Kyrie

- L Liebe führt im Alltag zu Rücksichtnahme und Gerechtigkeit.
- P Herr, erbarme dich unser.
- A Herr, erbarme dich unser.

- L Liebe führt unter den Völkern zu Frieden und Einheit.
- P Christus, erbarme dich unser.
- A Christus, erbarme dich unser.

- L Liebe führt im Weltgeschehen zu sozialem Verhalten und Menschlichkeit.
- P Herr, erbarme dich unser.
- A Herr, erbarme dich unser.

- P Der allmächtige Gott befreie uns von der Notwendigkeit ungezählter Gesetze und Gebote. Er befreie uns zum Selbstverständnis der Liebe und beschenke uns mit den Gaben seines Geistes durch Christus, unseren Herrn.
- A Amen.

Fürbitten

P Zu Christus, der seine Hörerschaft vor Starrsinn und Herzenshärte warnt, lasst uns voller Hoffnung beten:

L Um die Freiheit aller im Straßenverkehr von Unhöflichkeit, Unvorsicht und Rücksichtslosigkeit. – Jesus, erbarme dich.
A Jesus, erbarme dich.

L Um die Freiheit aller in den Familien und Freundeskreisen von Starrsinn, Unversöhnlichkeit und Engherzigkeit. – Jesus, erbarme dich.
A Jesus, erbarme dich.

L Um die Freiheit aller Entscheidungsträger von Herzenshärte, Brutalität und Überheblichkeit. – Jesus, erbarme dich.
A Jesus, erbarme dich.

L Um die Freiheit aller Menschen überall auf der Welt für Solidarität, Mitgefühl und Geschwisterlichkeit. – Jesus, erbarme dich.
A Jesus, erbarme dich.

L Um die Freiheit aller Glaubenden in allen Religionen für Gottvertrauen, Nächstenliebe und ein offenes Aufeinander-Zugehen. – Jesus, erbarme dich.
A Jesus, erbarme dich.

P Denn in Christus entdecken wir die Ermutigung für alles Gute. Er ist uns auf dem menschlichen Weg vorausgegangen und lädt uns ein, ihm zu folgen.
A Amen.

28. Sonntag im Jahreskreis

Weish 7,7–11 || Hebr 4,12–13 || Mk 10,17–30

Begrüßung und Einleitung

P Im Namen des Vaters und des Sohnes und des Heiligen Geistes.
A Amen.
L Jesus sah die Menschen an und sagte: Für Gott ist alles möglich.
P Seine Kraft sei mit euch.
A Und mit deinem Geiste.
L Die Grenzenlosigkeit Gottes ist das Hoffnungssignal für die Schöpfung.
P Im Erleben von Anfang und Ende, von Einschränkungen und Unvollkommenheit öffnet das Vertrauen auf Gott neues Denken.

Kyrie

L In ihm ist vieles möglich, was sich dem menschlichen Denken verschließt.
P Herr, erbarme dich unser.
A Herr, erbarme dich unser.

L In ihm ist vieles möglich, was die Berechnungen der Menschen überragt.
P Christus, erbarme dich unser.
A Christus, erbarme dich unser.

L In ihm ist vieles möglich, was Menschen frei macht und erlöst.
P Herr, erbarme dich unser.
A Herr, erbarme dich unser.

P Der allmächtige Gott zeige uns die Wege seiner Möglichkeiten. Er bewahre uns vor Mutlosigkeit und Furcht und befreie unsere Herzen zur Hoffnung durch Christus, unseren Herrn.
A Amen.

Fürbitten

P Allmächtiger Gott, für dich ist alles möglich. Im Glauben daran kommen wir zu dir und bitten dich:

L Auch wenn wir den Frieden in dieser Welt für unmöglich erachten, beschreibt uns deine Weisheit Wege zur Versöhnung. – Vater, erbarme dich.
A Vater, erbarme dich.

L Auch wenn wir die Vergänglichkeit aller Dinge und aller Lebenslagen erfahren, verspricht uns deine Botschaft Auferstehung und Rettung. – Vater, erbarme dich.
A Vater, erbarme dich.

L Auch wenn wir tagtäglich eigene und fremde Grenzen wahrnehmen, finden wir in dir den Mut, Gutes immer neu zu wagen. – Vater, erbarme dich.
A Vater, erbarme dich.

L Auch wenn wir menschliches Leid und menschliche Ungerechtigkeit rund um den Erdball sehen, glauben wir an deine Kraft zu heilen und zu erlösen. – Vater, erbarme dich.
A Vater, erbarme dich.

L Auch wenn wir unvollkommen sind und im Lauf des Lebens schuldig werden, schenkst du uns deine Liebe und deine Barmherzigkeit. – Vater, erbarme dich.
A Vater, erbarme dich.

P Für uns Menschen ist vieles unmöglich; doch für dich, Vater, ist alles möglich. Daran glauben wir und darauf vertrauen wir durch Christus, unseren Herrn.
A Amen.

29. Sonntag im Jahreskreis

Jes 53,10–11 || Hebr 4,14–16 || Mk 10,35–45

Begrüßung und Einleitung

P Im Namen des Vaters und des Sohnes und des Heiligen Geistes.
A Amen.
L In Gott finden wir Gnade und Erbarmen und Hilfe zur rechten Zeit.
P Sein Schutz und seine Liebe seien mit euch.
A Und mit deinem Geiste.
L Wir beschreiben mit den Worten unserer Sprache und in den Bildern unserer Erfahrung das Unsichtbare.
P So wird das Unsichtbare zur Quelle unserer Hoffnung und zur Grundlage unseres Lebens.

Kyrie

L In der Gnade erfahren wir die verzeihende Güte Gottes.
P Herr, erbarme dich unser.
A Herr, erbarme dich unser.

L In der Güte erkennen wir die Menschenfreundlichkeit unseres Schöpfers.
P Christus, erbarme dich unser.
A Christus, erbarme dich unser.

L In der Menschenfreundlichkeit des Vaters werden wir erfüllt mit Geist und Leben.
P Herr, erbarme dich unser.
A Herr, erbarme dich unser.

P Der allmächtige Gott erbarme sich unser. Er lasse uns die Sünden nach und führe uns zum ewigen Leben.
A Amen.

Fürbitten

P Herr Jesus Christus, du bist Mensch geworden, um den Menschen zu dienen und dein Leben als Lösegeld für viele hinzugeben. Wir bitten dich:

L Löse durch dein Beispiel alle Fesseln aus Befangenheit, Vorurteil und Ungerechtigkeit. – Jesus, Erlöser der Welt:
A Wir bitten dich, erhöre uns.

L Löse in deiner Kirche die Ketten der Starrheit, des Eigensinns und der Verschlossenheit. – Jesus, Erlöser der Welt:
A Wir bitten dich, erhöre uns.

L Löse unter den Völkern die unlösbaren Konflikte und führe sie durch deinen Geist in das Licht der Freude. – Jesus, Erlöser der Welt:
A Wir bitten dich, erhöre uns.

L Löse in den Schwestern und Brüdern, die in belastender Sorge leben, den Druck aus Angst und Schuld. – Jesus, Erlöser der Welt:
A Wir bitten dich, erhöre uns.

L Löse in Familien und Freundeskreisen starre Fronten der Verfeindung und schenke ihnen immer wieder neu das Glück einer gelungenen Gemeinschaft. – Jesus, Erlöser der Welt:
A Wir bitten dich, erhöre uns.

P Du bist unser Erlöser. Du bringst Licht in jedes Dunkel. Du bist die Hoffnung und die Zukunft der gesamten Schöpfung – heute und in der Ewigkeit.
A Amen.

30. Sonntag im Jahreskreis

Jer 31,7–9 || Hebr 5,1–6 || Mk 10,46–52

Begrüßung und Einleitung

P Im Namen des Vaters und des Sohnes und des Heiligen Geistes.
A Amen.
L Da sagte Jesus zu ihm: Geh! Dein Glaube hat dich gerettet.
P Unser Herr Jesus Christus, der den Blinden geheilt hat, sei mit euch.
A Und mit deinem Geiste.
P Jesus fragte den blinden Bartimäus:
L Was willst du, dass ich dir tue?
P Der Blinde antwortete:
L Rabbuni, ich möchte sehen können.
P Zu unserem Herrn, der die Macht hat, zu heilen, beten wir im Vertrauen auf seine Liebe zu den Menschen.

Kyrie

L In dir sehen unsere Augen und verstehen unsere Herzen.
P Herr, erbarme dich unser.
A Herr, erbarme dich unser.

L In dir hören unsere Ohren und erkennt unser Verstand.
P Christus, erbarme dich unser.
A Christus, erbarme dich unser.

L In dir spricht unser Mund und verkündet deine Botschaft.
P Herr, erbarme dich unser.
A Herr, erbarme dich unser.

P Der allmächtige Gott segne unsere Sinne. Er heile unsere Gedanken und begleite unser Leben durch Christus, unseren Herrn.
A Amen.

Fürbitten

P Der blinde Bartimäus ist aufgesprungen und hat seinen ganzen Besitz von sich geworfen. So war er frei für die heilsame Begegnung mit Christus. Zu ihm beten wir:

L Für unseren Papst N.N. um einen freien, weiten Blick für die Wahrheit und die Menschen in aller Welt. – Christus, höre uns.
A Christus, erhöre uns.

L Für die Gemeinschaft der Bischöfe um ein feines Gehör für die Belange der Menschen, denen sie dienen. – Christus, höre uns.
A Christus, erhöre uns.

L Für die Regierenden um die Wahrheit ihrer Worte und um die Gerechtigkeit ihres Handelns. – Christus, höre uns.
A Christus, erhöre uns.

L Für die Familien um die Wachsamkeit der Sinne für die Belange ihrer Mitmenschen und um Achtsamkeit im täglichen Miteinander. – Christus, höre uns.
A Christus, erhöre uns.

L Für die Verantwortlichen in Bildung und Gesellschaft um einen gesunden Weitblick und um die Wahrung der Menschenwürde zu jeder Zeit. – Christus, höre uns.
A Christus, erhöre uns.

P Herr Jesus Christus, dein Wort ist unsere Hoffnung und dein Segen ist unser Leben. Dein Weg führt uns nach Hause in das Reich deines Vaters in Ewigkeit.
A Amen.

31. Sonntag im Jahreskreis

Dtn 6,2–6 || Hebr 7,23–28 || Mk 12,28b–34

Begrüßung und Einleitung

P Im Namen des Vaters und des Sohnes und des Heiligen Geistes.
A Amen.
L Mit Christus hat eine endgültige Verbindlichkeit begonnen.
P Sein Wort und seine Botschaft seien mit euch.
A Und mit deinem Geiste.
L In Christus sind wir ein Volk von Priestern. In ihm gelangen wir zur Vollendung.
P Er hat Zeichen gesetzt und Wege gezeigt, die frei sind von Falschheit und Irrtum.

Kyrie

L Deine Wahrheit, Herr, ist die Liebe.
P Herr, erbarme dich unser.
A Herr, erbarme dich unser.

L Deine Gerechtigkeit ist die Treue.
P Christus, erbarme dich unser.
A Christus, erbarme dich unser.

L Deine Botschaft ist der Friede.
P Herr, erbarme dich unser.
A Herr, erbarme dich unser.

P Der allmächtige Gott sende seinen Geist in unsere Gemeinschaft. Er führe uns zur Einheit und zur Geschwisterlichkeit und heilige unsere Schritte in den Spuren seines Sohnes Jesus Christus, unseres Herrn.
A Amen.

Lesejahr B

Fürbitten

P Christus hat alle Gesetze und die Lehre aller Propheten im Gebot der Liebe zusammengefasst. Wir leben in seinen Spuren und erbitten seine Hilfe:

L Für alle Christinnen und Christen um Stärkung und Vollendung im Glauben. – Jesus, steh uns bei.
A Jesus, steh uns bei.

L Für unseren Papst N.N. und die Gemeinschaft der Bischöfe um Wahrheit und Klarheit in der Verkündigung. – Jesus, steh uns bei.
A Jesus, steh uns bei.

L Für alle Seelsorgerinnen und Seelsorger um die Freude an ihrem Beruf und um den Beistand des Geistes in ihrem Wirken. – Jesus, steh uns bei.
A Jesus, steh uns bei.

L Für alle Katechetinnen und Katecheten um begeisternde Ideen zur Vermittlung ihrer Lehre. – Jesus, steh uns bei.
A Jesus, steh uns bei.

L Für alle Getauften um ein immer tieferes Hineinwachsen in das Leben der Kirche und in die Wahrheit des Glaubens. – Jesus, steh uns bei.
A Jesus, steh uns bei.

P Von dir, Herr, lernen wir das Leben; du bist uns Menschen Wegweiser und Vorbild; dem Klang deiner Stimme können wir vertrauen bis in die Ewigkeit.
A Amen.

32. Sonntag im Jahreskreis

1 Kön 17,10–16 || Hebr 9,24–28 || Mk 12,38–44

Begrüßung und Einleitung

P Im Namen des Vaters und des Sohnes und des Heiligen Geistes.
A Amen.
L Christus ist Mensch geworden, um Licht in jedes Dunkel zu bringen; um alles Gute im Menschen wachzurufen:
P Seine Wahrheit sei mit euch.
A Und mit deinem Geiste.
L Der *Buchstabe* der Schrift wird leicht zum Gegenstand der persönlichen Deutung und der jeweils vorteilhaften Auslegung.
P Der *Sinn* der Schrift erschließt sich in der bewussten und entschiedenen Wahrnehmung der Gegenwart des Herrn.

Kyrie

L In aller Klarheit nennst du, Herr, das Gebot der Gottesliebe.
P Herr, erbarme dich unser.
A Herr, erbarme dich unser.

L In aller Klarheit stellst du daneben die Liebe zum Nächsten.
P Christus, erbarme dich unser.
A Christus, erbarme dich unser.

L In aller Klarheit rufst du auf zur Einheit und zum Frieden.
P Herr, erbarme dich unser.
A Herr, erbarme dich unser.

P Der allmächtige Gott führe uns ein in den Sinn der Schrift. Er zeige uns den Weg zur Wahrheit und wecke in uns die Freude an einem Leben ohne Schuld und Sünde durch Christus, unseren Herrn.
A Amen.

Fürbitten

P Am Beispiel der armen Witwe, die ihren ganzen Besitz in den Opferkasten warf, zeigt Jesus den Wert des Glaubens aus vollem Herzen. So beten wir:

L Dass die Herzen der Wohlhabenden offenstehen für die Armen und Schwachen dieser Zeit. – Herr, erhöre uns.
A Herr, erhöre uns.

L Dass die Herzen der Einflussreichen offenstehen für die Hilfebedürftigen und Ohnmächtigen. – Herr, erhöre uns.
A Herr, erhöre uns.

L Dass die Herzen der Glaubenden offenstehen für das Gottvertrauen und ein Leben in Hoffnung. – Herr, erhöre uns.
A Herr, erhöre uns.

L Dass die Herzen der Verfeindeten offenstehen zur Vergebung und Versöhnung. – Herr, erhöre uns.
A Herr, erhöre uns.

L Dass die Herzen der Völker offenstehen für Gastlichkeit und Geschwisterlichkeit. – Herr, erhöre uns.
A Herr, erhöre uns.

P Herr, du hast uns das Heute anvertraut: die Menschen, die heute leben; die Erde, die sich heute dreht; die Zeit, die heute gilt. Mit dir können wir daraus das Beste werden lassen.
A Amen.

33. Sonntag im Jahreskreis

Dan 12,1–3 || Hebr 10,11–14.18 || Mk 13,24–32

Begrüßung und Einleitung

P Im Namen des Vaters und des Sohnes und des Heiligen Geistes.
A Amen.
L Durch den menschlichen Weg, den Jesus gegangen ist, sind die Sünden der Welt hinweggenommen und vergeben.

P Seine Gnade und sein Erbarmen seien mit euch.
A Und mit deinem Geiste.
L Die Worte der Hoffnung, der Vergebung, des Friedens und der Erlösung gelten für die Ewigkeit.
P Es erfüllt das Leben mit seinem eigentlichen Sinn, danach zu leben und Christus in allem ähnlich zu werden.

Kyrie

L Die Sünde in ihrer bedrückenden Gestalt ist machtlos und überwunden.
P Herr, erbarme dich unser.
A Herr, erbarme dich unser.

L Das Böse in seinen vielfältigen Formen existiert nur dort, wo Menschen es zulassen.
P Christus, erbarme dich unser.
A Christus, erbarme dich unser.

L Die Freiheit der Menschen und der gesamten Schöpfung von Sünde und Schuld ist die Gabe der Erlösung.
P Herr, erbarme dich unser.
A Herr, erbarme dich unser.

P Der allmächtige Gott erbarme sich unser. Er lasse uns die Sünden nach und führe uns zum ewigen Leben.
A Amen.

Fürbitten

P Christus hat uns eine Freiheit gebracht, die uns in die Lage versetzt, für das Gute zu leben und ohne Sünde zu sein. Darum beten wir:

L Wir bitten um die Erkenntnis aller Menschen, wie unsinnig und unwürdig alles Sündhafte ist. – Jesus, Erlöser der Welt:
A Wir bitten dich, erhöre uns.   →

L Wir bitten um die Einsicht aller Menschen, dass Versöhnung und Friede lebenswerter sind als Hass und Gewalt. – Jesus, Erlöser der Welt:
A Wir bitten dich, erhöre uns.

L Wir bitten um die Weisheit aller Menschen in der bewussten Entscheidung für seine Gebote. – Jesus, Erlöser der Welt:
A Wir bitten dich, erhöre uns.

L Wir bitten um die Vernunft aller Menschen in der Bewahrung der Schöpfung und im Entwurf ihrer Zeit. – Jesus, Erlöser der Welt:
A Wir bitten dich, erhöre uns.

L Wir bitten um die Liebe aller Menschen in der Begegnung miteinander und mit allem, was lebt. – Jesus, Erlöser der Welt:
A Wir bitten dich, erhöre uns.

P So dürfen wir als freie Töchter und Söhne dem menschlichen Weg folgen, den unser Bruder Jesus Christus uns vorangegangen ist, bis zur Vollendung in der Ewigkeit.
A Amen.

Christkönigssonntag

Dan 7,2a.13b–14 || Offb 1,5b–8 || Joh 18,33b–37

Begrüßung und Einleitung

P Im Namen des Vaters und des Sohnes und des Heiligen Geistes.
A Amen.
L Jesus ist der König, dessen Macht frei ist von den Gesetzen dieser Welt.
P Seine Wahrheit sei mit euch.
A Und mit deinem Geiste.
L Christus, der König, hat uns zu einem Königreich gemacht und zu Priestern vor Gott, seinem Vater.
P Das gilt für alle Menschen ohne Einschränkung und Unterscheidung.

Kyrie

L Du, Herr, hast uns die Königswürde verliehen, damit wir unsere Kraft und unsere Möglichkeiten für dein Reich einsetzen.
P Herr, erbarme dich unser.
A Herr, erbarme dich unser.

L Du hast uns das Priesteramt anvertraut, damit wir dein Evangelium in die Welt tragen.
P Christus, erbarme dich unser.
A Christus, erbarme dich unser.

L Du hast uns in deinen Dienst gerufen, damit wir in der Gleichheit deiner Schwestern und Brüder deine Wahrheit vor der Welt bezeugen.
P Herr, erbarme dich unser.
A Herr, erbarme dich unser.

P Nachlass, Vergebung und Verzeihung unserer Sünden gewähre uns der allmächtige und barmherzige Gott.
A Amen.

Fürbitten

P Herr Jesus Christus, Sohn des ewigen Vaters und König des Himmels und der Erde, im Vertrauen auf deine Gerechtigkeit und auf deine Liebe zu allen Menschen bitten wir dich:

L Für den Papst und die Bischöfe und für alle, die zum Dienst in der Kirche bestellt sind, um herzliche Freude im Dienst am Evangelium. – Du König des Himmels und der Erde:
A Wir bitten dich, erhöre uns.

L Für alle Regierenden und für alle Mächtigen dieser Erde in dieser Zeit um die Kraft und die Größe der Gerechtigkeit und der Menschenfreundlichkeit. – Du König des Himmels und der Erde:
A Wir bitten dich, erhöre uns.

L Für alle Einflussreichen und Vorgesetzten um Geduld und Respekt in der Begegnung mit denen, die ihrer Verantwortung unterstehen. – Du König des Himmels und der Erde:
A Wir bitten dich, erhöre uns.

L Für alle Schwestern und Brüder in den Familien um gegenseitige Liebe und zuverlässige Treue. – Du König des Himmels und der Erde:
A Wir bitten dich, erhöre uns.

L Für alle Ehrgeizigen und Erfolgshungrigen um gesunden Menschenverstand und um das richtige Maß im Einsatz ihrer Möglichkeiten. – Du König des Himmels und der Erde:
A Wir bitten dich, erhöre uns.

P Ehre sei dem Vater und dem Sohn und dem Heiligen Geist.
A Wie im Anfang, so auch jetzt und allezeit und in Ewigkeit. Amen.

Weitere Anlässe

Dreifaltigkeitssonntag

Dtn 4,32–34.39–40 ‖ Röm 8,14–17 ‖ Mt 28,16–20

Begrüßung und Einleitung

P Im Namen des Vaters und des Sohnes und des Heiligen Geistes.
A Amen.
L In der Dreifaltigkeit erkennen wir den einen Gott, der sich uns in drei Personen offenbart.
P Sein Segen und seine Barmherzigkeit seien mit euch.
A Und mit deinem Geiste.
L Ihr habt den Geist empfangen, der uns zu Töchtern und Söhnen macht, den Geist, in dem wir Gott unseren Vater nennen.
P Damit beschreibt sich unser Wesen: Wir kommen von ihm, wir sind ihm ähnlich und wissen in ihm das Ziel unseres Lebens.

Kyrie

L In dem einen dreifaltigen Gott sind wir zur Einheit berufen.
P Herr, erbarme dich unser.
A Herr, erbarme dich unser.

L In der Taufe auf die Heilige Dreifaltigkeit sind wir erfüllt von seiner Barmherzigkeit.
P Christus, erbarme dich unser.
A Christus, erbarme dich unser.

L Im Glauben an seine Wahrheit finden wir Hoffnung und Kraft.
P Herr, erbarme dich unser.
A Herr, erbarme dich unser.

P Nachlass, Vergebung und Verzeihung unserer Sünden gewähre uns der allmächtige und barmherzige Gott.
A Amen.

Fürbitten

P Zu dem einen Gott, der sich uns in drei Personen zu erkennen gibt, lasst uns beten:

L Dass alle Getauften in ihrem Leben der Würde als Töchter und Söhne des einen Vaters gerecht werden. – Dreifaltiger Gott:
A Wir bitten dich, erhöre uns.

L Dass die Welt von der Barmherzigkeit und der Nächstenliebe berührt wird und sich im Blick auf ihren Schöpfer erneuert. – Dreifaltiger Gott:
A Wir bitten dich, erhöre uns.

L Dass die Versuchung zur Gewalt und zur Lüge überwunden wird und alle Menschen in Frieden und Wahrheit zueinanderfinden. – Dreifaltiger Gott:
A Wir bitten dich, erhöre uns.

Lesejahr B

L Dass die Botschaft des dreifaltigen Gottes vom Frieden und von der Versöhnung die Herzen der Menschen erreicht. – Dreifaltiger Gott:
A Wir bitten dich, erhöre uns.

L Dass die Menschen immer mehr die Kraft finden und zu der Bereitschaft gelangen, sich von jeder Sünde abzuwenden. – Dreifaltiger Gott:
A Wir bitten dich, erhöre uns.

P Ehre sei dem Vater und dem Sohn und dem Heiligen Geist.
A Wie im Anfang, so auch jetzt und allezeit und in Ewigkeit. Amen.

Fronleichnam

Ex 24,3–8 || Hebr 9,11–15 || Mk 14,12–16.22–26

Begrüßung und Einleitung

P Im Namen des Vaters und des Sohnes und des Heiligen Geistes.
A Amen.
L Christus ist gekommen als Hohepriester der künftigen Zeiten mit einer Erlösung für die Ewigkeit.
P Sein Segen und seine Gnade seien mit euch.
A Und mit deinem Geiste.
L Christus ist der Mittler des neuen Bundes.
P Dieser neue Bund steht auf ewig. In ihm wird die gesamte Schöpfung in der Barmherzigkeit Gottes zur Vollendung geführt.

Kyrie

L In der Barmherzigkeit Gottes erkennen wir seine uneingeschränkte Solidarität mit allen Menschen.
P Herr, erbarme dich unser.
A Herr, erbarme dich unser.

L In der Gnade Gottes erfahren wir seine stärkende Kraft in der Wirklichkeit des alltäglichen Lebens.
P Christus, erbarme dich unser.
A Christus, erbarme dich unser.

L In der Sündenvergebung Gottes erleben wir seine grenzenlose Liebe zu seinen Töchtern und Söhnen.
P Herr, erbarme dich unser.
A Herr, erbarme dich unser.

P Nachlass, Vergebung und Verzeihung unserer Sünden gewähre uns der allmächtige und barmherzige Gott.
A Amen.

Fürbitten

P Im Brot und im Wein des Abendmahles hat Christus sich selber den Menschen in die Hand gegeben. Ihn, dessen Liebe ewig ist, bitten wir:

L Für alle Bürgerinnen und Bürger unserer Stadt um Schutz und Segen zu jeder Zeit und um Gastlichkeit für alle Hilfesuchenden. – Jesus, du Freund aller Menschen:
A Wir bitten dich, erhöre uns.

L Für die Polizistinnen und Polizisten unserer Stadt um Anerkennung und Respekt und um die Bewahrung vor jeder Gefahr. – Jesus, du Freund aller Menschen:
A Wir bitten dich, erhöre uns.

L Für die Pflegerinnen und Pfleger, für die Ärztinnen und Ärzte unserer Stadt um Dank und Wahrnehmung ihres Einsatzes und um Kraft in ihrem Beruf. – Jesus, du Freund aller Menschen:
A Wir bitten dich, erhöre uns.

L Für alle Schwestern und Brüder in Verwaltung und Dienstleistung unserer Stadt um Bestätigung in ihrer Arbeit und um Ausdauer in ihren Aufgaben. – Jesus, du Freund aller Menschen:
A Wir bitten dich, erhöre uns.

L Für alle Lehrerinnen und Lehrer unserer Stadt um Freude und Weisheit in der Weitergabe von Bildung und Lebenswerten. – Jesus, du Freund aller Menschen:
A Wir bitten dich, erhöre uns.

P Ehre sei dem Vater und dem Sohn und dem Heiligen Geist.
A Wie im Anfang, so auch jetzt und allezeit und in Ewigkeit. Amen.

Allerheiligen

Offb 7,2–4.9–14 ‖ 1 Joh 3,1–3 ‖ Mt 5,1–12a

Begrüßung und Einleitung

P Im Namen des Vaters und des Sohnes und des Heiligen Geistes.
A Amen.
L Wir glauben daran, dass die Heiligen bei Gott sind und dass unsere Verstorbenen in der Gemeinschaft mit ihnen im Reich des Vaters leben.
P Seine Barmherzigkeit sei mit euch.
A Und mit deinem Geiste.
L Im Evangelium dieser heiligen Messe werden die Seligpreisungen Jesu in der Heiligen Schrift verkündet.
P Der Kirchenvater Origenes (185–254) sieht in der Begegnung mit der Bibel einen dreifachen Schriftsinn: das Festhalten am Buchstaben – mit der Gefahr der Oberflächlichkeit; das Erkennen des moralischen Rates als Eindringen in den Sinn der Worte; und schließlich den Gedankenschritt vom Sichtbaren zum Unsichtbaren in allegorischer Deutung, also im Verständnis der Aussage in einem übertragenen Sinn.

Kyrie

L Dein Wort, Herr, ist mehr als der Buchstabe und freier als das geschriebene Wort.
P Herr, erbarme dich unser.
A Herr, erbarme dich unser.

L Deine Botschaft greift tiefer als die Gesetze der Menschen und ist die Sprache der Heiligen.
P Christus, erbarme dich unser.
A Christus, erbarme dich unser.

L Deine Wahrheit erschließt sich in Bildern und erklärt in der Begegnung mit dem Sichtbaren das Unsichtbare.
P Herr, erbarme dich unser.
A Herr, erbarme dich unser.

P Der allmächtige Gott lehre uns die Gedanken der Heiligen; er führe uns ein in ihre Sprache und zeige uns ihre Wege im Heiligen Geist durch Christus, unseren Herrn.
A Amen.

Fürbitten

P Jesus Christus, Herr und König aller Heiligen, du hast uns die Botschaft deiner Liebe und deines Friedens als Erbe hinterlassen. Im Vertrauen auf deine Wahrheit beten wir:

L Befreie alle Menschen von der Abhängigkeit des Buchstabens in der Heiligen Schrift und bewahre sie vor Fanatismus und Rechthaberei. – Herr und König aller Heiligen:
A Wir bitten dich, erhöre uns.

L Führe die Glaubenden ein in den Sinn deiner Botschaft, damit sie die Tiefe und die Weite deiner Nachricht verstehen. – Herr und König aller Heiligen:
A Wir bitten dich, erhöre uns.

L Offenbare den Suchenden durch sichtbare Bilder des Lebens und der persönlichen Erfahrung das Tor zur inneren Erkenntnis des Unsichtbaren. – Herr und König aller Heiligen:
A Wir bitten dich, erhöre uns.

L Schenke jedem Menschen die Erfahrung, dass er in dir und durch dich heilig ist, und wecke in allen die Freude an einem Leben mit dir. – Herr und König aller Heiligen:
A Wir bitten dich, erhöre uns.

L Schenke unseren Verstorbenen die Freude deines Lichtes und führe sie in die ewigen Wohnungen deines Vaters. – Herr und König aller Heiligen:
A Wir bitten dich, erhöre uns.

P Ehre sei dem Vater und dem Sohn und dem Heiligen Geist.
A Wie im Anfang, so auch jetzt und allezeit und in Ewigkeit. Amen.

LESEJAHR C

Die weihnachtliche Zeit

1. Adventssonntag

Jer 33,14–16 ∥ 1 Thess 3,12 – 4,2 ∥ Lk 21,25–28.34–36

Musik zum Einzug

Wir sagen euch an den lieben Advent (1. Kerze wird angezündet.)

Begrüßung und Einleitung

P Im Namen des Vaters und des Sohnes und des Heiligen Geistes.
A Amen.
P Unser Herr Jesus Christus, der uns mit der Kraft seiner Liebe erfüllt, sei mit euch!
A Und mit deinem Geiste.
P Jeder Mensch ist von der Liebe Gottes berührt. Darum darf jeder Mensch seine persönliche Ähnlichkeit zu Gott ahnen, denken und leben.
L Euch aber lasse der Herr wachsen und reich werden in der Liebe zueinander und zu allen, damit ihr gefestigt werdet und geheiligt vor Gott.
P In der Adventszeit werden die Tore der Erinnerung geöffnet: Der Mensch ist geschaffen nach Gottes Abbild. Die Menschen sind Töchter und Söhne Gottes.

Kyrie

P Darum möge alles Gute in uns wachsen. – Herr, erbarme dich unser.
A Herr, erbarme dich unser.

P Darum möge alles Heilige in uns stark werden. – Christus, erbarme dich unser.
A Christus, erbarme dich unser.

P Darum möge alles Göttliche in uns offenbar werden. – Herr, erbarme dich unser.
A Herr, erbarme dich unser.

P Der allmächtige Gott erfülle uns mit dem Geist seiner Töchter und Söhne. Er schenke dem Guten in uns Wachstum und zeige uns die Wege des Segens durch Christus, unseren Herrn.
A Amen.

Fürbitten

P Weil wir Töchter und Söhne des allmächtigen Gottes sind, des Vaters aller Menschen, dürfen wir beten:

L Für unseren Papst in seinem Bemühen um die Heiligung und um die Erneuerung der Kirche. – Ewiger Vater:
A Wir bitten dich, erhöre uns.

L Für die Schwestern und Brüder, denen der Glaube und die Kraft des Gebetes fehlen. – Ewiger Vater:
A Wir bitten dich, erhöre uns.

L Für die Menschen, die sich einsam und verlassen fühlen. – Ewiger Vater:
A Wir bitten dich, erhöre uns.

L Für die Kinder und Jugendlichen unserer Pfarrei in ihrem Fragen und Suchen nach Sinn und Wahrheit. – Ewiger Vater:
A Wir bitten dich, erhöre uns.

L Für alle Familien, die unter der Last der Unversöhnlichkeit
und des Unfriedens leiden. – Ewiger Vater:
A Wir bitten dich, erhöre uns.

P Im Vertrauen auf Gottes Gegenwart beginnen wir den Advent
und bereiten wir uns vor auf die Ankunft des Herrn.
A Amen.

2. Adventssonntag

Bar 5,1–9 || Phil 1,4–6.8–11 || Lk 3,1–6

Musik zum Einzug

Wir sagen euch an den lieben Advent (2. Kerze wird angezündet.)

Begrüßung und Einleitung

P Im Namen des Vaters und des Sohnes und des Heiligen Geistes.
A Amen.
P Unser Herr Jesus Christus, der uns mit der Kraft seiner Liebe
begleitet, sei mit euch.
A Und mit deinem Geiste.
P In allen Menschen lebt die Ahnung von grenzenlosen
Möglichkeiten. Die Tatsachen der täglichen Wirklichkeiten
gelten vorläufig und bedeuten nicht die vollkommene
Wahrheit.
L Und ich bete darum, dass eure Liebe immer noch reicher an
Einsicht und jedem Verständnis wird.
P Umgeben von Fakten und Realitäten dürfen wir nach der
Wahrheit fragen und Gottes Liebe vertrauen:

Kyrie

P Der Wahrheit Gottes sollen die Straßen geebnet werden. –
Herr, erbarme dich unser.
A Herr, erbarme dich unser.

Lesejahr C

P Seiner Liebe sollen die Türen geöffnet werden. – Christus, erbarme dich unser.
A Christus, erbarme dich unser.

P Seine Freude soll von aller Welt erkannt werden. – Herr, erbarme dich unser.
A Herr, erbarme dich unser.

P Wahrheit, Hoffnung und tiefes Vertrauen schenke uns der barmherzige Gott, damit wir unser Herz und unser Denken auf das Fest der Geburt unseres Erlösers vorbereiten durch ihn, Christus, unseren Herrn.
A Amen.

Fürbitten

P Zu Christus, dessen Ankunft wir in diesen Tagen entgegengehen, lasst uns beten:

L Im Gebet wünschen wir allen Familien ein gutes Gelingen der Adventszeit. – Jesus, du Heil der Welt:
A Wir bitten dich, erhöre uns.

L In geschwisterlicher Verbundenheit erbitten wir für alle glaubenden Menschen das Wachsen und Gedeihen aller guten Kräfte. – Jesus, du Heil der Welt:
A Wir bitten dich, erhöre uns.

L Im Vertrauen auf die Liebe Gottes erhoffen wir für alle Kinder und Jugendlichen die Erkenntnis der Frohen Botschaft dieser Zeit. – Jesus, du Heil der Welt:
A Wir bitten dich, erhöre uns.

L In der Vorfreude auf das nahende Fest beten wir für alle Schenkenden um gute und originelle Ideen. – Jesus, du Heil der Welt:
A Wir bitten dich, erhöre uns.

L In der Gemeinschaft unserer Gemeinde beten wir für alle
  Menschen dieser Erde um Frieden und Gerechtigkeit. –
  Jesus, du Heil der Welt:
A Wir bitten dich, erhöre uns.

P Denn das nahende Fest ist der Grund unserer Freude. So
  werden Hoffnung und Sehnsucht der Menschen erfüllt durch
  Christus, unseren Herrn.
A Amen.

3. Adventssonntag (Gaudete)

Zef 3,14–17 || Phil 4,4–7 || Lk 3,10–18

Musik zum Einzug

Wir sagen euch an den lieben Advent (3. Kerze wird angezündet.)

Begrüßung und Einleitung

P Im Namen des Vaters und des Sohnes und des Heiligen Geistes.
A Amen.
P Unser Herr Jesus Christus, der uns mit der Kraft seiner Liebe
  ermutigt, sei mit euch.
A Und mit deinem Geiste.
P Der dritte Sonntag im Advent trägt den lateinischen Namen
  Gaudete. Der Eröffnungsvers der heiligen Messe und die
  Anfangszeilen der heutigen Lesung sind in dem Aufruf zur
  Freude Vorlage und Übersetzung:
L Freut euch im Herrn zu jeder Zeit! Noch einmal sage ich: Freut
  euch!
P Die Vorfreude auf Weihnachten und die Freude über die
  Ankunft Jesu, des Welterlösers, gehören untrennbar
  zusammen.

Kyrie

P Du, Herr, bist der Grund unserer Freude. – Herr, erbarme dich unser.
A Herr, erbarme dich unser.

P Du bist das Licht unseres Lebens. – Christus, erbarme dich unser.
A Christus, erbarme dich unser.

P Du bist das Ziel unseres Weges. – Herr, erbarme dich unser.
A Herr, erbarme dich unser.

P Der allmächtige Gott erfülle uns mit seiner Freude, damit wir der ganzen Welt ein glaubhaftes Zeugnis geben von der Versöhnung und vom Frieden durch Christus, unseren Herrn.
A Amen.

Fürbitten

P In der Vorfreude auf die Ankunft unseres Erlösers schließen wir die Anliegen unserer Schwestern und Brüder in unser Gebet ein und tragen sie vor Gott:

L Für unsere Brüder im Papst- und Bischofsamt bitten wir um Freude und Erfüllung in ihrem Amt. – Jesus, du Freude unseres Lebens:
A Wir bitten dich, erhöre uns.

L Für unsere evangelischen Schwestern und Brüder und für alle Christinnen und Christen bitten wir um eine bereichernde und glückliche Vorbereitung auf Weihnachten. – Jesus, du Freude unseres Lebens:
A Wir bitten dich, erhöre uns.

L Für unsere Schwestern und Brüder auf der Flucht und in Bedrängnis bitten wir um Schutz und Hilfe. – Jesus, du Freude unseres Lebens:
A Wir bitten dich, erhöre uns.

L Für unsere trauernden Schwestern und Brüder bitten wir um Trost und um Beistand. – Jesus, du Freude unseres Lebens:
A Wir bitten dich, erhöre uns.

L Für unsere Schwestern und Brüder in unserer Pfarrei bitten wir um Freude und Segen in der Adventszeit. – Jesus, du Freude unseres Lebens:
A Wir bitten dich, erhöre uns.

P Denn du, Herr, machst unsere Augen hell; du erfüllst unser Herz mit Freude; in dir erkennen wir die Liebe und die Barmherzigkeit des Vaters in Ewigkeit.
A Amen.

4. Adventssonntag

Mi 5,1–4a || Hebr 10,5–10 || Lk 1,39–45

Musik zum Einzug

Wir sagen euch an den lieben Advent (4. Kerze wird angezündet.)

Begrüßung und Einleitung

P Im Namen des Vaters und des Sohnes und des Heiligen Geistes.
A Amen.
P Unser Herr Jesus Christus, der uns mit der Kraft seiner Liebe befreit, sei mit euch.
A Und mit deinem Geiste.
P Christus hat ein leeres rituelles Verhalten vor Gott beendet, indem er sagte:
L Schlacht- und Speiseopfer hast du nicht gefordert.
P Der Glaube an Gott erweist sich darin, dass sein Wille in der Freiheit des Herzens und in der Kraft des Geistes erfüllt wird.

Kyrie

P Als Schwestern und Brüder sind wir zur Barmherzigkeit berufen. – Herr, erbarme dich unser.
A Herr, erbarme dich unser.

P Als Jüngerinnen und Jünger der Frohen Botschaft tragen wir den Frieden in die Welt. – Christus, erbarme dich unser.
A Christus, erbarme dich unser.

P Als Erben des Reiches Gottes teilen wir unser Brot mit den Armen und Bedürftigen. – Herr, erbarme dich unser.
A Herr, erbarme dich unser.

P Der allmächtige Gott erfülle uns mit dem Geist der Liebe und des Friedens. Er führe uns Wege der Barmherzigkeit und öffne unsere Herzen für die Wahrheit seiner Botschaft durch Christus, unseren Herrn.
A Amen.

Fürbitten

P Im Licht des Neuen Testamentes erkennen wir unsere Berufung zur Barmherzigkeit und zum Frieden. Darum beten wir:

L Für die Schwestern und Brüder, deren Herz und deren Gedanken verschlossen sind für Barmherzigkeit und Versöhnung. – Jesus, du Bote des Friedens:
A Wir bitten dich, erhöre uns.

L Für die Schwestern und Brüder, die sich nach Versöhnung und Vergebung sehnen. – Jesus, du Bote des Friedens:
A Wir bitten dich, erhöre uns.

L Für unseren Papst N.N., dass er die Kirche im Geiste der Armut, der Gerechtigkeit und der Wahrheit erneuern kann. – Jesus, du Bote des Friedens:
A Wir bitten dich, erhöre uns.

L Für die Christinnen und Christen, die der Gemeinschaft und dem Bemühen um die Einheit dienen. – Jesus, du Bote des Friedens:
A Wir bitten dich, erhöre uns.

L Für alle Schwestern und Brüder im Ehrenamt und im Dienst der Caritas, die das Leben und Wirken der Gemeinden stärken und stützen. – Jesus, du Bote des Friedens:
A Wir bitten dich, erhöre uns.

P Denn wir glauben an die Ankunft des Herrn; wir bekennen seine Gegenwart und danken für seine Liebe und für seinen Frieden in Ewigkeit.
A Amen.

Geburt des Herrn (Weihnachten)

Jes 52,7–10 || Hebr 1,1–6 || Joh 1,1–18

Begrüßung und Einleitung

P Im Namen des Vaters und des Sohnes und des Heiligen Geistes.
A Amen.
L Wir dürfen uns in Jesus, der von Maria in Betlehem geboren wurde, als Töchter und Söhne Gottes wiedererkennen, als Abbilder seiner Güte und seiner Liebe.
P Die Freude und der Segen unseres Erlösers seien mit euch!
A Und mit deinem Geiste.
P Wir feiern das Fest der Geburt unseres Herrn, weil es uns daran erinnert, dass wir Menschen nach Gottes Bild erschaffen sind.
L Christus ist in unsere Welt und in unsere Zeit gekommen, damit unser Leben frei wird für die unendlichen Möglichkeiten des Guten.
P In der Freude und in der Hoffnung dieses Tages bitten wir Gott um Vergebung und um Versöhnung:

Kyrie

P Denn unser Leben ist zu wertvoll für Schuld und Sünde. – Herr, erbarme dich unser.
A Herr, erbarme dich unser.

P Unsere Zeit ist zu kostbar für Unversöhnlichkeit und Streit. – Christus, erbarme dich unser.
A Christus, erbarme dich unser.

P Unsere Erde ist zu schön für Ausbeutung und Gewalt. – Herr, erbarme dich unser.
A Herr, erbarme dich unser.

P Nachlass, Vergebung und Verzeihung unserer Sünden gewähre uns der allmächtige und barmherzige Gott.
A Amen.

Fürbitten

P Als Schwestern und Brüder unseres menschgewordenen Erlösers lasst uns beten:

L Für alle Verwandten und Bekannten, die dieses Weihnachtsfest gemeinsam feiern und einander begegnen. – Jesus, du Licht der Welt:
A Wir bitten dich, erhöre uns.

L Für alle Kinder, die sich lange auf dieses Weihnachtsfest gefreut haben. – Jesus, du Licht der Welt:
A Wir bitten dich, erhöre uns.

L Für alle Schwestern und Brüder, die an diesem Weihnachtsfest an die Ebenbildlichkeit des Menschen zu Gott erinnert werden. – Jesus, du Licht der Welt:
A Wir bitten dich, erhöre uns.

L Für alle Seelsorgerinnen und Seelsorger, denen es aufgetragen ist, die Weihnachtsfreude in die Welt zu tragen. – Jesus, du Licht der Welt:

A Wir bitten dich, erhöre uns.
L Für alle Menschen, die an diesem Festtag ohne Freude und ohne menschliche Nähe sind. – Jesus, du Licht der Welt:
A Wir bitten dich, erhöre uns.

P Ehre sei dem Vater und dem Sohn und dem Heiligen Geist.
A Wie im Anfang, so auch jetzt und allezeit und in Ewigkeit. Amen.

Fest der Heiligen Familie

Sir 3,2–6.12–14 || Kol 3,12–21 || Lk 2,41–52

Begrüßung und Einleitung

P Im Namen des Vaters und des Sohnes und des Heiligen Geistes.
A Amen.
P Unser Herr Jesus Christus, dem wir im Sakrament der Taufe zutiefst verbunden sind, sei mit euch.
A Und mit deinem Geiste.
P Im Kolosserbrief wird die Gemeinde an die Liebe Gottes erinnert. Daraus ergibt sich ein ganz besonderer Habitus des Lebens:
L Bekleidet euch also, als Erwählte Gottes, Heilige und Geliebte, mit innigem Erbarmen, Güte, Demut, Milde, Geduld!
P Die Liebe Gott berührt das menschliche Miteinander und segnet die Gemeinschaft und jede Verbindung von Menschen.

Kyrie

P So gilt der Ruf: Ertragt einander in eurer Einzigartigkeit. – Herr, erbarme dich unser.
A Herr, erbarme dich unser.

P Vergebt einander, wenn einer dem anderen etwas vorzuwerfen hat. – Christus, erbarme dich unser.
A Christus, erbarme dich unser. →

P Liebt einander, denn die Liebe hält alles zusammen. – Herr, erbarme dich unser.
A Herr, erbarme dich unser.

P Der allmächtige Gott erinnere uns an die Kraft der Liebe. Er wecke in uns das Vertrauen in Gott und erfülle uns mit der Kraft seines Geistes durch Christus, unseren Herrn.
A Amen.

Fürbitten

P Im Beispiel der Heiligen Familie erkennen wir den Wert aus Treue und gegenseitiger Liebe. Wir schließen alle Familien in das Gebet dieser Feier ein und bitten Gott:

L Für die Familie der Christenheit, die in sich die Berufung zur Einheit und zur Liebe trägt. – Ewiger Vater:
A Wir bitten dich, erhöre uns.

L Für die Familie unserer Pfarrei, die sich in Veränderung und Umbruch befindet. – Ewiger Vater:
A Wir bitten dich, erhöre uns.

L Für die Familien auf der Flucht, die ihre Heimat verloren haben und ein neues Zuhause suchen. – Ewiger Vater:
A Wir bitten dich, erhöre uns.

L Für alle Familien in unserem Land, deren Fundament die gegenseitige Liebe und das gegenseitige Vertrauen ist. – Ewiger Vater:
A Wir bitten dich, erhöre uns.

L Für alle Familien, die sich auf die Geburt eines Kindes vorbereiten. – Ewiger Vater:
A Wir bitten dich, erhöre uns.

P Das Wort Christi wohne in unseren Herzen mit seinem ganzen Reichtum. So preisen wir den Herrn bis in die Ewigkeit.
A Amen.

Hochfest der Gottesmutter Maria (Neujahr)

Num 6,22–27 || Gal 4,4–7 || Lk 2,16–21

Begrüßung und Einleitung

L Im Feuerwerk der vergangenen Nacht konnte das alte Jahr nahezu unbeachtet davonziehen. Ebenso unauffällig im Lärm der Neujahrswünsche war das nächste Jahr zur Stelle.

P Dieses neue Jahr beginnen wir auf die Fürsprache der Gottesmutter Maria: im Namen des Vaters und des Sohnes und des Heiligen Geistes.

A Amen.

P Unser Herr Jesus Christus, den Maria in unsere Welt und in unsere Zeit hinein geboren hat, sei mit euch!

A Und mit deinem Geiste.

P Am 1. Januar begehen wir den Tag des Weltfriedens. Ob der große Friede für alle überhaupt denkbar ist, entscheidet sich immer auch an den persönlichen Kriegsschauplätzen im persönlichen Umfeld.

L Es entscheidet sich daran, wie viel Hass und Unversöhnlichkeit, wie viel Unfriede und Unbarmherzigkeit verfestigt in dieses neue Jahr mitgenommen werden.

P Es entscheidet sich daran, wie viele Namen und Gesichter das eigene Herz ausschließt von der Liebe, der Versöhnung und dem Frieden.

Kyrie

P Gott des Friedens, deine Kraft offenbart sich im Vergeben und im Versöhnen. – Herr, erbarme dich unser.

A Herr, erbarme dich unser.

P Deine Größe zeigt sich in deiner Langmut und in deiner Geduld. – Christus, erbarme dich unser.

A Christus, erbarme dich unser. →

P Deine Wahrheit erweist sich in deiner Liebe und in deiner Barmherzigkeit. – Herr, erbarme dich unser.
A Herr, erbarme dich unser.

P Der allmächtige Gott befreie unsere Herzen und unseren Geist für den Frieden. Er segne und heilige unser Leben in seinem Frieden und bewahre uns vor altem und neuem Unfrieden durch Christus, unseren Herrn.
A Amen.

Fürbitten

P Am ersten Tag des neuen Jahres kommen wir im Vertrauen auf die Fürsprache Mariens vor den Altar unserer Hoffnung und bitten Gott:

L Für den Papst und die Gemeinschaft der Kirche. – Vater des Friedens, erbarme dich.
A Vater des Friedens, erbarme dich.

L Für die Regierungen aller Länder und Völker unserer Erde. – Vater des Friedens, erbarme dich.
A Vater des Friedens, erbarme dich.

L Für alle Menschen in den Familien, Verwandtschaften und Freundeskreisen. – Vater des Friedens, erbarme dich.
A Vater des Friedens, erbarme dich.

L Für alle Schwestern und Brüder, die in Unversöhnlichkeit bewusst gemieden und ausgeschlossen werden. – Vater des Friedens, erbarme dich.
A Vater des Friedens, erbarme dich.

L Für alle, die mit großem Herzen und starker Liebe überall auf der Welt für den Frieden eintreten. – Vater des Friedens, erbarme dich.
A Vater des Friedens, erbarme dich.

P Ehre sei dem Vater und dem Sohn und dem Heiligen Geist.
A Wie im Anfang, so auch jetzt und allezeit und in Ewigkeit. Amen.

2. Sonntag nach Weihnachten

Sir 24,1–2.8–12 || Eph 1,3–6.15–18 || Joh 1,1–18

Begrüßung und Einleitung

P Im Namen des Vaters und des Sohnes und des Heiligen Geistes.
A Amen.
P Die Weisheit, die von Gott ausgeht, sei mit euch.
A Und mit deinem Geiste.
L Und das Wort ist Fleisch geworden und hat unter uns gewohnt und wir haben seine Herrlichkeit geschaut, die Herrlichkeit des einzigen Sohnes vom Vater, voll Gnade und Wahrheit.
P So haben wir Christus, den Retter und Versöhner der Welt, erkannt und ihm unser Vertrauen geschenkt. Er öffnet uns das Tor zum ewigen Leben und beschenkt uns mit der Barmherzigkeit des Vaters.

Kyrie

P Jesus Christus ist das Wort des ewigen Vaters: voll Weisheit und Güte. – Herr, erbarme dich unser.
A Herr, erbarme dich unser.

P Jesus Christus ist das wahre Licht, das jeden Menschen erleuchtet: voll Wärme und Liebe. – Christus, erbarme dich unser.
A Christus, erbarme dich unser.

P Jesus Christus ist der Sohn des ewigen Vaters: voll Kraft und Leben. – Herr, erbarme dich unser.
A Herr, erbarme dich unser.

P Der allmächtige Gott erfülle uns mit seiner Weisheit. Er beschenke uns mit seiner Wahrheit und befreie uns von Sünde und Schuld durch Christus, unseren Herrn.
A Amen.

Fürbitten

P Zu Gott, der seinen Sohn zum Heil der Welt und damit der gesamten Schöpfung gesandt hat, lasst uns in der Einheit mit unserem Papst N.N. beten:

L Für ein offenes und gegenseitiges Aufeinander-Hören der Religionen im gemeinsamen Bemühen um Frieden und Gerechtigkeit. – Ewiger Vater, erhöre uns.
A Ewiger Vater, erhöre uns.

L Für die Wahrnehmung geschwisterlicher Liebe aller Christinnen und Christen in der Kraft des Heiligen Geistes auf dem Weg zur Einheit. – Ewiger Vater, erhöre uns.
A Ewiger Vater, erhöre uns.

L Für die Schwestern und Brüder in Angst und Not: Tätige Nächstenliebe und wahre Geschwisterlichkeit möge für sie Halt und Sicherheit bieten. – Ewiger Vater, erhöre uns.
A Ewiger Vater, erhöre uns.

L Für die Bemühungen der Verantwortlichen um Frieden und Klimaschutz: Bewusste Mitverantwortung und gesunder Menschenverstand der Bürgerinnen und Bürger möge ein spürbarer Beitrag sein für eine gute Entwicklung. – Ewiger Vater, erhöre uns.
A Ewiger Vater, erhöre uns.

L Für alle Schwestern und Brüder im Ehrenamt und im Dienst der Caritas: Ihr Einsatz möge gesegnet sein und ihnen auch den Dank derer erfahrbar machen, für die sie Kraft und Zeit einsetzen. – Ewiger Vater, erhöre uns.
A Ewiger Vater, erhöre uns.

P So schließen wir die Gebete aller mit ein, die zu diesem Gottesdienst versammelt sind, und vertrauen auf deine Hilfe durch Christus, unseren Herrn.
A Amen.

Erscheinung des Herrn (Hl. drei Könige)

Jes 60,1–6 || Eph 3,2–3a.5–6 || Mk 2,1–12

Begrüßung und Einleitung

P Im Namen des Vaters und des Sohnes und des Heiligen Geistes.
A Amen.
P Das Licht unseres Herrn Jesus Christus, das in seiner Geburt der Welt erschienen ist, sei mit euch.
A Und mit deinem Geiste.
P An diesem Tag, dem Hochfest der Erscheinung des Herrn, geht die Weihnachtsbotschaft in alle Welt und zu allen Menschen. In der Achtung vor ihrem Glauben und im Respekt vor ihren Kulturen bekennen wir im Geist Jesu:
L Dass alle Menschen Miterben sind, zu demselben Leib gehören und an derselben Verheißung in Christus Jesus teilhaben durch das Evangelium.
P Von diesem Tag an soll der Ruf zur Einheit und zur Versöhnung so oft und immer wieder um den Erdball gehen, bis er jedes Ohr und jedes Herz erreicht hat und die Menschen sich als Schwestern und Brüder erkennen und einander die Hände reichen.

Kyrie

P Herr, dein Stern ist für die Welt aufgegangen und allen Menschen erschienen. – Herr, erbarme dich unser.
A Herr, erbarme dich unser.

P Deine Geburt bringt Hoffnung und Erlösung für die gesamte Schöpfung. – Christus, erbarme dich unser.
A Christus, erbarme dich unser.

P Deine Liebe führt die Völker in Frieden zueinander und bringt Vertrauen und Versöhnung. – Herr, erbarme dich unser.
A Herr, erbarme dich unser.   →

P Nachlass, Vergebung und Verzeihung unserer Sünden gewähre uns der allmächtige und barmherzige Gott.
A Amen.

Fürbitten

P Im Glanz des Sternes betraten die Weisen das Haus und beteten das Kind an. Dieses Kind, in dem Gott Mensch geworden ist, lasst uns bitten:

L Um das Licht des Geistes für unseren Papst und die Gemeinschaft der Bischöfe. – Jesus, um deiner Liebe willen:
A Wir bitten dich, erhöre uns.

L Um das Gold der Geschwisterlichkeit und der Barmherzigkeit für alle Reichen und Mächtigen. – Jesus, um deiner Liebe willen:
A Wir bitten dich, erhöre uns.

L Um den Weihrauch der Göttlichkeit für alle Schwestern und Brüder, die in Betlehem zu Erben des Gottesreiches geworden sind. – Jesus, um deiner Liebe willen:
A Wir bitten dich, erhöre uns.

L Um die Myrrhe der Hoffnung für alle Völker dieser Erde, denen in Betlehem der Stern des ewigen Lebens erschienen ist. – Jesus, um deiner Liebe willen:
A Wir bitten dich, erhöre uns.

L Um die Freude des Friedens und der Versöhnung für alle, die der Botschaft von Weihnachten vertrauen. – Jesus, um deiner Liebe willen:
A Wir bitten dich, erhöre uns.

P Ehre sei dem Vater und dem Sohn und dem Heiligen Geist.
A Wie im Anfang, so auch jetzt und allezeit und in Ewigkeit. Amen.

Taufe des Herrn

Jes 42,5a.1–4.6–7 || Apg 10,34–38 || Lk 3,15–16.21–22

Begrüßung und Einleitung

P Im Namen des Vaters und des Sohnes und des Heiligen Geistes.
A Amen.
P Unser Herr Jesus Christus, der uns mit Heiligem Geist getauft hat, sei mit euch.
A Und mit deinem Geiste.
P Am Fest der Taufe des Herrn beschreibt Johannes auf die Anfrage der Leute hin, ob er der Messias sei, einen bedeutsamen Unterschied:
L Johannes gab ihnen allen zur Antwort: Ich taufe euch mit Wasser. Es kommt aber einer, der stärker ist als ich, und ich bin es nicht wert, ihm die Riemen der Sandalen zu lösen. Er wird euch mit dem Heiligen Geist und mit Feuer taufen.
P Für die Kirche der Gegenwart und für alle Glaubenden ist es eine bleibende Aufgabe, diesen grundsätzlichen Unterschied wahrzunehmen und in einer die Welt umspannenden Offenheit zu leben.

Kyrie

P Die Taufe mit dem Heiligen Geist bedeutet die Geschwisterlichkeit mit allen Menschen. – Herr, erbarme dich unser.
A Herr, erbarme dich unser.

P Die Taufe mit dem Feuer des Geistes bedeutet die Läuterung von Sünde und Schuld. – Christus, erbarme dich unser.
A Christus, erbarme dich unser.

P Die Taufe auf den Namen Jesu bedeutet den Anbruch des Reiches Gottes in Liebe und Frieden. – Herr, erbarme dich unser.
A Herr, erbarme dich unser.

P Der allmächtige Gott wecke in uns die Kräfte, die er uns in der Taufe anvertraut hat. Er schenke uns das Vertrauen auf seine Liebe und schenke allen Menschen seinen Frieden durch Christus, unseren Herrn.
A Amen.

Fürbitten

P Zu Christus, der uns mit Heiligem Geist und mit Feuer getauft hat, lasst uns beten:

L Für alle Getauften um die Kraft des Glaubens und der Liebe. – Christus, höre uns.
A Christus, erhöre uns.

L Für alle Glaubenden um die Kraft des Friedens und der Hoffnung. – Christus, höre uns.
A Christus, erhöre uns.

L Für alle Schuldigen um die Kraft zu Umkehr und Neubeginn. – Christus, höre uns.
A Christus, erhöre uns.

L Für unseren Papst N.N. und die Gemeinschaft der Bischöfe um die Kraft der Geschwisterlichkeit und der Demut. – Christus, höre uns.
A Christus, erhöre uns.

L Für alle Schwestern und Brüder dieser Welt um die Kraft des Friedens und der Versöhnung. – Christus, höre uns.
A Christus, erhöre uns.

P Herr Jesus Christus, du bist gekommen, um allen Menschen deinen Segen und deine Freude zu bringen. Du bist die Hoffnung und das Heil der Welt in Ewigkeit.
A Amen.

Die österliche Zeit

1. Fastensonntag

Dtn 26,4–10 || Röm 10,8–13 || Lk 4,1–13

Begrüßung und Einleitung

P Im Namen des Vaters und des Sohnes und des Heiligen Geistes.
A Amen.
L Wir bekennen, dass Christus unser Herr ist. Wir glauben an seinen Sieg über Sünde und Tod.
P Seine Lebenskraft und seine Treue seien mit euch.
A Und mit deinem Geiste.
P An Tagen wie diesen können Gedanken wie die Morgensonne aufgehen und ein neues Licht in die eigene Wirklichkeit bringen:
L Es steht geschrieben: Der Mensch lebt nicht vom Brot allein.
P Wenn das Leben bewusster wird, wenn die Gedanken klarer werden, wenn die Absichten arglos werden, öffnet sich der Geist und wird frei.

Kyrie

P Herr, du lebst in unserer Mitte. – Herr, erbarme dich unser.
A Herr, erbarme dich unser.

P Du begleitest unsere Wege. – Christus, erbarme dich unser.
A Christus, erbarme dich unser.

P Du hilfst uns, Sünde und Schuld zu überwinden. – Herr, erbarme dich unser.
A Herr, erbarme dich unser.

P Der allmächtige Gott schenke uns die Vergebung unserer Sünden, er bewahre uns vor Irrtum und Lüge und erneuere unser Inneres durch Christus, unseren Herrn.
A Amen.

Fürbitten

P Wir beten zu Jesus Christus, wahrer Gott und wahrer Mensch, der in der Wüste den Versuchungen des Lebens widerstanden hat:

L Für die Schwestern und Brüder, die den verschiedenen Versuchungen des Alltags ausgesetzt sind. – Herr, erfülle sie mit deinem Geist.
A Herr, erfülle sie mit deinem Geist.

L Für die Schwestern und Brüder, die unter der Macht des Geldes und des Reichtums stehen. – Herr, erfülle sie mit deinem Geist.
A Herr, erfülle sie mit deinem Geist.

L Für die Schwestern und Brüder, die im Hirtenamt der Kirche der Versuchung von Macht und Ansehen ausgesetzt sind. – Herr, erfülle sie mit deinem Geist.
A Herr, erfülle sie mit deinem Geist.

L Für die Schwestern und Brüder, die in der Gefahr der Verzweiflung und der Resignation leben. – Herr, erfülle sie mit deinem Geist.
A Herr, erfülle sie mit deinem Geist.

L Für die Schwestern und Brüder, die diese Zeit vor Ostern zum Signal der Solidarität des Glaubens und der Geschwisterlichkeit werden lassen. – Herr, erfülle sie mit deinem Geist.
A Herr, erfülle sie mit deinem Geist.

P Denn wir leben mitten in dieser Welt im Glauben an das Überirdische und vertrauen in allem der Liebe Gottes durch Christus, unseren Herrn.
A Amen.

2. Fastensonntag

Gen 15,5–12.17–18 || Phil 3,20 – 4,1 || Lk 9,28b–36

Begrüßung und Einleitung

P Im Namen des Vaters und des Sohnes und des Heiligen Geistes.
A Amen.
L Christus ist unsere Hoffnung. Von ihm erwarten wir über unsere Zeit hinaus ewiges Leben.
P Seine Lebensfreude und seine Freundschaft seien mit euch.
A Und mit deinem Geiste.
P Unsere Freude ist mehr als der Spaß eines Augenblicks oder das Vergnügen vergänglicher Erfahrungen.
L Unsere Freude ist die Freiheit für das Gute, die Unabhängigkeit von Schuld und Sünde, das Aufatmen in Versöhnung.
P Darum folgen wir der Idee und der Botschaft Jesu, der unser Herr und der Grund unserer Freude ist.

Kyrie

P In dir, Herr, verbinden sich Himmel und Erde. – Herr, erbarme dich unser.
A Herr, erbarme dich unser.

P In dir vereinen sich die Gegensätze. – Christus, erbarme dich unser.
A Christus, erbarme dich unser.

P In dir versöhnen sich die Fronten. – Herr, erbarme dich unser.
A Herr, erbarme dich unser.

P Der allmächtige Gott öffne unsere Herzen und unsere Sinne, damit wir uns selbst erkennen und in der Kraft seines Geistes in das Licht der Liebe und des Friedens gehen durch Christus, unseren Herrn.
A Amen.

Fürbitten

P Lasst uns beten zu Christus, dem auserwählten Sohn Gottes, der Versöhnung und Licht in unsere Welt getragen hat:

L Für unseren Papst und Bruder N.N. in Rom, der die Kirche zur Einheit ruft. – Herr, erfülle sie mit deinem Licht.
A Herr, erfülle sie mit deinem Licht.

L Für unsere Politikerinnen und Politiker, die um Macht und Einfluss fürchten. – Herr, erfülle sie mit deinem Licht.
A Herr, erfülle sie mit deinem Licht.

L Für die Glieder unserer Gesellschaft, denen soziale Gerechtigkeit gleichgültig und bedeutungslos sind. – Herr, erfülle sie mit deinem Licht.
A Herr, erfülle sie mit deinem Licht.

L Für die Schwestern und Brüder in unserer Welt, denen auf verschiedene Weise Gewalt angetan wird. – Herr, erfülle sie mit deinem Licht.
A Herr, erfülle sie mit deinem Licht.

L Für die Kinder, Jugendlichen und Erwachsenen, denen Mobbing ein tägliches Martyrium ist. – Herr, erfülle sie mit deinem Licht.
A Herr, erfülle sie mit deinem Licht.

P Denn es ist unsere Zeit, in der wir leben. Es ist unsere Welt, auf der wir leben. Es sind unsere Schwestern und Brüder, mit denen wir leben in der Kraft des Geistes und an der Seite unseres Herrn.
A Amen.

3. Fastensonntag

Ex 3,1–8a.10.13–15 || 1 Kor 10,1–6.10–12 || Lk 13,1–9

Begrüßung und Einleitung

P Im Namen des Vaters und des Sohnes und des Heiligen Geistes.
A Amen.
L Mit Christus ist die neue Zeit angebrochen. Das Reich Gottes hat seine Tore geöffnet. Der Sohn Gottes ist unser Bruder geworden.
P Seine Geschwisterlichkeit und Zuneigung seien mit euch.
A Und mit deinem Geiste.
P Paulus schreibt mahnende Worte nach Korinth. Er erinnert an die Fehler der Vorzeit und warnt vor der Gleichgültigkeit der Gegenwart.
L Wer also zu stehen meint, der gebe Acht, dass er nicht fällt.
P Christus verkündet die unendliche Geduld und Langmut Gottes, die grenzenlos weiter reicht als unsere Vorstellungen:

Kyrie

P Du, Herr, setzt an die Stelle der Drohung Worte der Ermutigung. – Herr, erbarme dich unser.
A Herr, erbarme dich unser.

P Du wandelst die Angst und die Furcht in Vertrauen. – Christus, erbarme dich unser.
A Christus, erbarme dich unser.

P Du setzt neue Maßstäbe der Versöhnung und der Vergebung. – Herr, erbarme dich unser.
A Herr, erbarme dich unser.

P Der allmächtige Gott wirke in uns das Wunder der Umkehr. Er richte unsere Herzen auf und schenke unseren Augen den Weitblick der Liebe und der Wahrheit durch Christus, unseren Herrn.
A Amen.

Fürbitten

P Mit Christus beginnt die neue Zeit der Liebe und des Friedens. An ihn richten wir unsere Bitten:

L Für den Papst, der der weltweiten Kirche und unendlich vielen Menschen gerecht werden muss. – Herr, erfülle sie mit deinem Geist.
A Herr, erfülle sie mit deinem Geist.

L Für die Rednerinnen und Redner, die die Sprache missbrauchen, um in Spitzfindigkeiten das Recht auszuschalten. – Herr, erfülle sie mit deinem Geist.
A Herr, erfülle sie mit deinem Geist.

L Für die Lügnerinnen und Lügner, die sich in der Unwahrheit verirrt haben und nur schwer zur Wahrheit zurückfinden. – Herr, erfülle sie mit deinem Geist.
A Herr, erfülle sie mit deinem Geist.

L Für die Kinder in den armen Ländern, die ausgebeutet werden, damit die Reichen preisgünstig Luxusartikel erwerben können. – Herr, erfülle sie mit deinem Geist.
A Herr, erfülle sie mit deinem Geist.

L Für alle Schwestern und Brüder, die erbarmungslos verspottet, ausgelacht und ausgestoßen werden. – Herr, erfülle sie mit deinem Geist.
A Herr, erfülle sie mit deinem Geist.

P Denn du, Herr, stehst auf der Seite der Unterdrückten und der Armen. In deinem Reich blühen die Bäume der Menschlichkeit und der Wahrheit in Ewigkeit.
A Amen.

4. Fastensonntag (Laetare)

Jos 5,9a.10–12 || 2 Kor 5,17–21 || Lk 15,1–3.11–32

Begrüßung und Einleitung

P Im Namen des Vaters und des Sohnes und des Heiligen Geistes.
A Amen.
L Durch Christus hat uns Gott den Dienst an der Versöhnung und am Frieden aufgetragen.
P Seine Großzügigkeit und seine Menschenfreundlichkeit seien mit euch.
A Und mit deinem Geiste.
P Gott lässt keinen Menschen für seine Liebe verlorengehen, und Gott erneuert in Christus die Verbindung mit jedem Einzelnen.
L Wenn also jemand in Christus ist, dann ist er eine neue Schöpfung: Das Alte ist vergangen, siehe, Neues ist geworden.
P Das Alte ist die Verstrickung in die persönliche Schuld. Das Neue ist die freie Atemluft der Erlösung für das Gute.

Kyrie

P Herr, du offenbarst die Geduld des Vaters. –
Herr, erbarme dich unser.
A Herr, erbarme dich unser.

P Du zeigst Wege der Umkehr und des Neubeginns. –
Christus, erbarme dich unser.
A Christus, erbarme dich unser.

P Du trägst die Freude der Vergebung in unser Leben. –
Herr, erbarme dich unser.
A Herr, erbarme dich unser.

P Der allmächtige Gott erfülle uns mit jener Freude, die stärker ist als die Dunkelheit, die durch Sünde und Schuld das menschliche Miteinander stört.
A Amen.

Fürbitten

P In eindrucksvollen Bildern und Erzählungen hat Christus das Wesen Gottes, den wir Vater nennen dürfen, beschrieben. Daraus schöpfen wir unsere Hoffnung und beten voll Vertrauen:

L Für alle Menschen auf der Erde, denen wir als Schwestern und Brüder verbunden sind. – Herr, erfülle sie mit deiner Achtsamkeit.
A Herr, erfülle sie mit deiner Achtsamkeit.

L Für alle Menschen, die nach Enttäuschungen in der Familie und in der Nachbarschaft nur schwer zur Versöhnung und zum Frieden finden. – Herr, erfülle sie mit deiner Achtsamkeit.
A Herr, erfülle sie mit deiner Achtsamkeit.

L Für alle Frauen auf der Welt, die benachteiligt und würdelos behandelt werden. – Herr, erfülle sie mit deiner Achtsamkeit.
A Herr, erfülle sie mit deiner Achtsamkeit.

L Für alle Ärztinnen und Ärzte, für alle Pflegerinnen und Pfleger, die sich mit Zeit, Kraft und Können für das Wohl ihrer Patientinnen und Patienten einsetzen. – Herr, erfülle sie mit deiner Achtsamkeit.
A Herr, erfülle sie mit deiner Achtsamkeit.

L Für alle Menschen, denen es schwerfällt, im richtigen Augenblick ein Wort des Dankes und der Anerkennung auszusprechen. – Herr, erfülle sie mit deiner Achtsamkeit.
A Herr, erfülle sie mit deiner Achtsamkeit.

P Denn wir sind zum Frieden geschaffen, zur Versöhnung berufen und zum Leben in tätiger Nächstenliebe befreit durch Christus, unseren Herrn.
A Amen.

5. Fastensonntag

Jes 43,16–21 || Phil 3,8–14 || Joh 8,1–11

Begrüßung und Einleitung

P Im Namen des Vaters und des Sohnes und des Heiligen Geistes.
A Amen.
L Unser Leben ist von Jesus bestimmt und von seinem Geist.
P Seine Erkenntnis und seine Einsicht seien mit euch!
A Und mit deinem Geiste.
P Der menschliche Alltag ist durchdrungen von Einflüssen, Vorschriften und Bestimmungen.
L Ihr aber seid nicht vom Fleisch, sondern vom Geist bestimmt, da ja der Geist Gottes in euch wohnt.
P Es ist eine bewusste Entscheidung, das eigene Denken und Handeln vom Geist Jesu nachhaltig bestimmen zu lassen:

Kyrie

P Du, Herr, hast uns dazu bestimmt, dir in den Armen zu dienen. – Herr, erbarme dich unser.
A Herr, erbarme dich unser.

P Du hast uns dazu bestimmt, den Nächsten zu lieben. – Christus, erbarme dich unser.
A Christus, erbarme dich unser.

P Du hast uns dazu bestimmt, deine Wahrheit durch unser Leben zu bezeugen. – Herr, erbarme dich unser.
A Herr, erbarme dich unser.

P Der allmächtige Gott öffne unser Herz und unser Leben seiner Bestimmung und führe uns in das Licht seiner Gegenwart durch Christus, unseren Herrn.
A Amen.

Fürbitten

P Unser Leben ist bestimmt von Jesus Christus und von seinem Geist, der in uns wohnt. In diesem Geist beten wir:

L Für alle Menschen, die vor der Gesellschaft bloßgestellt und vorverurteilt werden. – Herr, erfülle sie mit deiner Güte.
A Herr, erfülle sie mit deiner Güte.

L Für alle Schuldigen, denen keine Möglichkeit der Hilfe und des Neubeginns geboten wird. – Herr, erfülle sie mit deiner Güte.
A Herr, erfülle sie mit deiner Güte.

L Für alle Unschuldigen, die bereit sind, den ersten Stein zu werfen. – Herr, erfülle sie mit deiner Güte.
A Herr, erfülle sie mit deiner Güte.

L Für alle Schwestern und Brüder, die im Geist Wege des Mitgefühls und der Mitmenschlichkeit finden. – Herr, erfülle sie mit deiner Güte.
A Herr, erfülle sie mit deiner Güte.

L Für alle Sensations-Hungrigen, die das Unglück ihrer Mitmenschen herzlos betrachten. – Herr, erfülle sie mit deiner Güte.
A Herr, erfülle sie mit deiner Güte.

P Denn wir sind in deinem Geist dazu bestimmt, deine Liebe und deine Menschenfreundlichkeit in unsere Zeit und in unsere Welt zu tragen durch dich, Christus, unseren Herrn.
A Amen.

Palmsonntag

Jes 50,4–7 || Phil 2,6–11 || Lk 22,14 – 23,56

Begrüßung und Einleitung

P Im Namen des Vaters und des Sohnes und des Heiligen Geistes.
A Amen.
P Der Herr sei mit euch.
A Und mit deinem Geiste.
P Jesus kam nach Jerusalem als Bote des Friedens. Die Pilger warteten auf den Messias. Seine Botschaft erzählte von der Liebe zu Gott und den Menschen. Die Menge dachte an Umsturz und Freiheit von Machthabern. Die Menschen erhofften von ihm das neue Reich. Ihr Jubel galt den eigenen Wünschen. Sie überhörten die Wahrheit und sangen in den Augenblick.
L Der Palmzweig der Gegenwart gilt dem Gottessohn, der in die neue Welt einzieht, der den Menschen neues Leben schenkt und allen Menschen Weggefährte in den großen Frieden ist.
P So weihen wir die Zweige, die wir in den Händen tragen, in Gottes Namen und segnen sie zum Wohl für alle und zum Schutz für alle Häuser und für alle Menschen auf der Welt.

Segnung der Palmzweige

P Ewiger, gütiger Gott, Schöpfer des Himmels und der Erde, segne + diese grünen Zweige und mit ihnen alle, die sie in ihren Händen tragen. Segne + unsere Pfarrei und ihre Gemeinden, ihre Familien und alle Menschen, die ihnen lieb und teuer sind, und belebe unser Bekenntnis zu deinem Sohn, unserem König, der heute in unserer Mitte Einzug hält in seine heilige Stadt. Schütze und heilige unseren Frieden und begleite uns durch diese Zeit bis in die Ewigkeit.
A Amen. →

Lesejahr C

Die Palmzweige werden schweigend mit Weihwasser gesegnet. Danach erfolgt die Verkündigung des Evangeliums vom Einzug in Jerusalem (Lk 19,28–40), evtl. gefolgt von einer Homilie; danach die Prozession, um Jesus nach Jerusalem zu begleiten. Beim feierlichen Einzug in die Kirche werden die Palmzweige in den Händen der Gläubigen gesegnet.

Fürbitten

P Zu Jesus, den wir als unseren Erlöser in unserer Mitte begrüßen, lasst uns beten:

L Für die Mitläuferinnen und Mitläufer am Rande des Weltgeschehens, denen der Blick für die Zusammenhänge verdunkelt ist. – Jesus, du Sohn Davids:
A Wir bitten dich, erhöre uns.

L Für die Gleichgültigen, bei denen der Vorteil des Augenblicks und der eigenen Interessen immer Vorrang hat. – Jesus, du Sohn Davids:
A Wir bitten dich, erhöre uns.

L Für die Radikalen, deren Sicht eng und herzlos geworden ist. – Jesus, du Sohn Davids:
A Wir bitten dich, erhöre uns.

L Für die Suchenden, die trotz Zweifel und Unsicherheiten nach der Wahrheit fragen. – Jesus, du Sohn Davids:
A Wir bitten dich, erhöre uns.

L Für die Untergebenen, denen in ihren Vorschriften und Befehlen die Freiheit der Menschlichkeit abhandengekommen ist. – Jesus, du Sohn Davids:
A Wir bitten dich, erhöre uns.

P Ehre sei dem Vater und dem Sohn und dem Heiligen Geist.
A Wie im Anfang, so auch jetzt und allezeit und in Ewigkeit. Amen.

Auferstehung des Herrn (Ostersonntag)

Apg 10,34a.37–43 || 1 Kor 5,6b–8 || Joh 20,1–9

Begrüßung und Einleitung

P Im Namen des Vaters und des Sohnes und des Heiligen Geistes.
A Amen.
L Christus ist wahrhaft von den Toten auferstanden.
P Sein Licht und seine Freude seien mit euch.
A Und mit deinem Geiste.
P Mit dem Ostermorgen wird alles neu: ein Sonnenaufgang für die gesamte Schöpfung.
L Lasst uns unser Fest nicht mit altem Sauerteig feiern, sondern mit ungesäuerten Broten der Reinheit und Wahrheit.
P Die Gnade dieser Stunde ist der Neubeginn des Lebens im Licht der Erlösung und der Versöhnung.

Kyrie

P Das Licht der Erlösung erhellt die Dunkelheit der Abhängigkeit von Schuld und Sünde. – Herr, erbarme dich unser.
A Herr, erbarme dich unser.

P Die Gnade dieser Stunde offenbart dem Leben die Weite der Ewigkeit. – Christus, erbarme dich unser.
A Christus, erbarme dich unser.

P Die Kraft der Versöhnung überwindet die Mauern aus Ablehnung und Trennung. – Herr, erbarme dich unser.
A Herr, erbarme dich unser.

P Nachlass, Vergebung und Verzeihung unserer Sünden gewähre uns der allmächtige und barmherzige Gott.
A Amen.

Fürbitten

P Maria von Magdala hat die Botschaft des leeren Grabes zu den Aposteln getragen. So wurde sie zur ersten Zeugin der Auferstehung und des neuen Lebens. Mit ihr beten wir:

L Für alle, die in zeitgemäßer Sprache und in angemessener Bescheidenheit dem Glauben an die Auferstehung ein einladendes Zeugnis geben. – Jesus, Sohn des lebendigen Gottes:
A Wir bitten dich, erhöre uns.

L Für alle, denen es schwerfällt, die Ergebnisse der modernen Wissenschaft mit dem Kern der Glaubensbotschaft zu verbinden. – Jesus, Sohn des lebendigen Gottes:
A Wir bitten dich, erhöre uns.

L Für alle, die das Osterfest im Kreis von Familie, Verwandten und Bekannten froh und feierlich begehen. – Jesus, Sohn des lebendigen Gottes:
A Wir bitten dich, erhöre uns.

L Für alle, denen der Glaube an die Auferstehung Hoffnung und Trost bedeutet. – Jesus, Sohn des lebendigen Gottes:
A Wir bitten dich, erhöre uns.

L Für alle, die im Blick auf Maria von Magdala die Rolle der Frau in der Kirche neu bedenken und gestalten. – Jesus, Sohn des lebendigen Gottes:
A Wir bitten dich, erhöre uns.

P Ehre sei dem Vater und dem Sohn und dem Heiligen Geist.
A Wie im Anfang, so auch jetzt und allezeit und in Ewigkeit. Amen.

2. Sonntag der Osterzeit
(Sonntag der Barmherzigkeit / Weißer Sonntag)

Apg 5,12–16 || Offb 1,9–11a.12–13.17–19 || Joh 20,19–31

Begrüßung und Einleitung

P Im Namen des Vaters und des Sohnes und des Heiligen Geistes.
A Amen.
P Die Barmherzigkeit unseres Herrn Jesus Christus sei mit euch.
A Und mit deinem Geiste.
P Während Mitleid ein Gefühl der Betroffenheit ist, erschließt sich Barmherzigkeit als göttliche Eigenschaft.
L Mehr als das punktuelle Mitleid ist die Barmherzigkeit eine Grundeigenschaft, aus der sich ein ganz besonderer und eigener Lebensentwurf ergibt.
P Gottes Barmherzigkeit ist wie seine Bundestreue ewig und uneingeschränkt. Darum sind wir herzlich eingeladen, um sein Erbarmen zu bitten:

Kyrie

P Ewiger Gott, deine Barmherzigkeit ist das Argument unserer Hoffnung. – Herr, erbarme dich unser.
A Herr, erbarme dich unser.

P Deine Treue ist der Grund unseres Lebens. – Christus, erbarme dich unser.
A Christus, erbarme dich unser.

P Deine Liebe ist der Antrieb unseres Handelns. – Herr, erbarme dich unser.
A Herr, erbarme dich unser.

P Der barmherzige Gott schenke uns die Vergebung unserer Sünden. Er erfülle uns mit der Kraft der Umkehr und des Neubeginns und heilige unser Leben durch seinen Geist.
A Amen.

Fürbitten

P Zu Gott, dem Vater der Barmherzigkeit, dürfen wir voller Vertrauen und Hoffnung beten:

L Für alle Völker und Nationen unserer Erde, denen Jesus seinen Frieden hinterlassen hat. – Barmherziger Vater, erhöre uns.
A Barmherziger Vater, erhöre uns.

L Für unseren Papst N.N. und für alle Bischöfe unserer Kirche, denen die Verkündigung der göttlichen Barmherzigkeit anvertraut ist. – Barmherziger Vater, erhöre uns.
A Barmherziger Vater, erhöre uns.

L Für die Mädchen und Jungen, die der Barmherzigkeit Gottes heute erstmals in der heiligen Eucharistie begegnen. – Barmherziger Vater, erhöre uns.
A Barmherziger Vater, erhöre uns.

L Für die jungen Erwachsenen unserer Pfarrei, die sich zurzeit auf den Empfang der heiligen Firmung vorbereiten. – Barmherziger Vater, erhöre uns.
A Barmherziger Vater, erhöre uns.

L Für alle Schwestern und Brüder, die den Gedanken der Barmherzigkeit zur Orientierung für ihr Leben gewählt haben. – Barmherziger Vater, erhöre uns.
A Barmherziger Vater, erhöre uns.

P Ehre sei dem Vater und dem Sohn und dem Heiligen Geist.
A Wie im Anfang, so auch jetzt und allezeit und in Ewigkeit. Amen.

3. Sonntag der Osterzeit

Apg 5,27b–32.40b–41 || Offb 5,11–14 || Joh 21,1–19

Begrüßung und Einleitung

P Im Namen des Vaters und des Sohnes und des Heiligen Geistes.
A Amen.
P Der Herr sei mit euch.
A Und mit deinem Geiste.
P In der Auferstehung unseres Erlösers wurde das neue Leben geboren und der vielfältige Tod ein für alle Mal besiegt:
L Besiegt wurde der Tod für die Ewigkeit; besiegt wurde der Tod der Verlassenheit; besiegt wurde der Tod der Benachteiligung; besiegt wurde der Tod der Ungerechtigkeit. Mit Jesus erstand ein ganz neues Leben.
P Die Osterbotschaft beruft alle Menschen, diesem neuen Leben mit allen Lebenskräften zu dienen.

Kyrie

P Jesus, du bist die Sonne der Gerechtigkeit. –
Herr, erbarme dich unser.
A Herr, erbarme dich unser.

P Du bist das Licht der Hoffnung. –
Christus, erbarme dich unser.
A Christus, erbarme dich unser.

P Du bist der richtungweisende Stern. –
Herr, erbarme dich unser.
A Herr, erbarme dich unser.

P Der allmächtige Gott erbarme sich unser. Er lasse uns die Sünden nach und führe uns zum ewigen Leben.
A Amen.

Fürbitten

P In der Verbundenheit mit allen Schwestern und Brüdern beten wir heute besonders für alle Menschen, die benachteiligt sind.

L Wir denken an die Schwestern und Brüder, denen die Möglichkeiten zu einem gleichberechtigten Leben fehlen. – Jesus, du Bruder aller Menschen, erbarme dich.
A Jesus, du Bruder aller Menschen, erbarme dich.

L Wir denken an die Schwestern und Brüder, denen es schwerfällt, ungehindert am öffentlichen Leben teilzunehmen. – Jesus, du Bruder aller Menschen, erbarme dich.
A Jesus, du Bruder aller Menschen, erbarme dich.

L Wir denken an die Schwestern und Brüder, denen der Zugang zu Bildung verschlossen ist. – Jesus, du Bruder aller Menschen, erbarme dich.
A Jesus, du Bruder aller Menschen, erbarme dich.

L Wir denken an die Schwestern und Brüder, denen der mitmenschliche Respekt verweigert wird. – Jesus, du Bruder aller Menschen, erbarme dich.
A Jesus, du Bruder aller Menschen, erbarme dich.

L Wir denken an die Schwestern und Brüder, denen in Schule und Beruf das Leben rücksichtslos erschwert wird. – Jesus, du Bruder aller Menschen, erbarme dich.
A Jesus, du Bruder aller Menschen, erbarme dich.

P Darum bitten wir durch Christus, den König der Liebe und der Gerechtigkeit in Ewigkeit.
A Amen.

4. Sonntag der Osterzeit

Apg, 13,14.43b–52 || Offb 7,9.14b–17 || Joh 10,27–30

Begrüßung und Einleitung

P Im Namen des Vaters und des Sohnes und des Heiligen Geistes.
A Amen.
P Der Herr sei mit euch.
A Und mit deinem Geiste.
P In der Vision der Johannesoffenbarung werden die Dimension der Erlösung und die Reichweite der Frohen Botschaft hervorgehoben:
L Danach sah ich und siehe, eine große Schar aus allen Nationen und Stämmen, Völkern und Sprachen; niemand konnte sie zählen.
P Die Liebe Gottes gilt jedem einzelnen Menschen persönlich. In jedem verwirklicht sich die Schöpferidee der Ebenbildlichkeit.

Kyrie

P Wir Menschen haben die Kraft zum Frieden und zur Versöhnung. – Herr, erbarme dich unser.
A Herr, erbarme dich unser.

P Wir haben die Kraft zur Nächstenliebe und zur Solidarität. – Christus, erbarme dich unser.
A Christus, erbarme dich unser.

P Wir haben die Kraft zur Gerechtigkeit und zum Teilen. – Herr, erbarme dich unser.
A Herr, erbarme dich unser.

P Der allmächtige Gott wecke in uns das Bewusstsein unserer Wirklichkeit und führe uns in ein Leben ohne Schuld und Sünde durch Christus, unseren Herrn.
A Amen.

Fürbitten

P Christus ist von den Toten auferstanden. Mit ihm ist das Reich Gottes hier, in dieser Zeit und für die Ewigkeit angebrochen. Darum bitten wir:

L Für alle, die im Großen wie im Kleinen der Völkerverständigung dienen. – Christus, Herr des Lebens:
A Wir bitten dich, erhöre uns.

L Für alle, die sich für Gerechtigkeit und Menschenwürde weltweit einsetzen. – Christus, Herr des Lebens:
A Wir bitten dich, erhöre uns.

L Für alle, die die christliche Botschaft in Demut und Menschenfreundlichkeit zu den Schwestern und Brüdern tragen. – Christus, Herr des Lebens:
A Wir bitten dich, erhöre uns.

L Für alle, denen das Wohl und der Friede aller Menschen am Herzen liegt. – Christus, Herr des Lebens:
A Wir bitten dich, erhöre uns.

L Für alle, die sich bewusst für ein Leben aus dem Glauben entschieden haben. – Christus, Herr des Lebens:
A Wir bitten dich, erhöre uns.

L Für alle, die für andere Menschen Verantwortung tragen. – Christus, Herr des Lebens:
A Wir bitten dich, erhöre uns.

P Denn Gott hat uns diese Erde anvertraut. Wir sind mit allen Menschen dieser Erde seine Töchter und Söhne in Christus, unserem Herrn.
A Amen.

5. Sonntag der Osterzeit

Apg 14,21b–27 ‖ Offb 21,1–5a ‖ Joh 13,31–33a.34–35

Begrüßung und Einleitung

P Im Namen des Vaters und des Sohnes und des Heiligen Geistes.
A Amen.
P Der Herr sei mit euch.
A Und mit deinem Geiste.
P In der Offenbarung des Johannes wird die *Ewigkeit* nach der Zeit und der *Ort* nach dem Raum in Bildern beschrieben:
L Deshalb stehen sie vor dem Thron Gottes und dienen ihm Tag und Nacht in seinem Tempel.
P Die Zeit wird zur Endgültigkeit und der Ort wird zur Wahrheit. Die Verheißungen sind erfüllt. Die Schöpfung ist vollendet.

Kyrie

P Jesus Christus, du bist das Wort der Wahrheit. – Herr, erbarme dich unser.
A Herr, erbarme dich unser.

P Du bist die Brücke zum Leben. – Christus, erbarme dich unser.
A Christus, erbarme dich unser.

P Du bist der Hirte unseres Lebens. – Herr, erbarme dich unser.
A Herr, erbarme dich unser.

P In deiner Hand sind wir geborgen; deine Liebe begleitet unser Leben; du selber bist das Ziel unseres Weges in Ewigkeit.
A Amen.

Fürbitten

P Zu Christus, der uns auf dem Weg durch die Zeit zum ewigen Leben begleitet und behütet, lasst uns beten:

L Für alle Menschen, die für andere Verantwortung übernommen haben. – Jesus, erhöre uns.
A Jesus, erhöre uns.

L Für alle Menschen, die sich mit ihren guten Kräften zum Wohl anderer einsetzen. – Jesus, erhöre uns.
A Jesus, erhöre uns.

L Für alle Menschen, die die Schwachen und Armen beschützen und behüten. – Jesus, erhöre uns.
A Jesus, erhöre uns.

L Für alle Menschen, die liebevolle Gedanken und ein gutes Herz haben. – Jesus, erhöre uns.
A Jesus, erhöre uns.

L Für alle Menschen, die zur Vergebung und zur Versöhnung bereit sind. – Jesus, erhöre uns.
A Jesus, erhöre uns.

P Denn du bist an jedem Ort und zu jeder Zeit an unserer Seite. Du bist der gute Hirte unseres Lebens bis in die Ewigkeit.
A Amen.

6. Sonntag der Osterzeit

Apg 15,1–2.22–29 ‖ Offb 21,10–14.22–23 ‖ Joh 14,23–29

Begrüßung und Einleitung

P Im Namen des Vaters und des Sohnes und des Heiligen Geistes.
A Amen.
P Der Herr sei mit euch.
A Und mit deinem Geiste.

P Die Bildsprache der Offenbarung des Johannes ist um die Beschreibung des himmlischen Jerusalem bemüht:
L Die Stadt braucht weder Sonne noch Mond, die ihr leuchten. Denn die Herrlichkeit Gottes erleuchtet sie und ihre Leuchte ist das Lamm.
P Johannes umschreibt mit dem Begriff der Herrlichkeit die alles durchdringende und erfüllende Gegenwart Gottes.

Kyrie

P Ewiger Vater, du bist auch heute in unserer Mitte anwesend. – Herr, erbarme dich unser.
A Herr, erbarme dich unser.

P Du bist unserem Geist und unserem Leben zum Greifen nahe. – Christus, erbarme dich unser.
A Christus, erbarme dich unser.

P Dein Licht führt uns zur Erkenntnis der Wahrheit. – Herr, erbarme dich unser.
A Herr, erbarme dich unser.

P Der gegenwärtige Gott heilige uns durch seine Anwesenheit und bewahre uns und alle Schwestern und Brüder vor Sünde und Schuld durch Christus, unseren Herrn.
A Amen.

Fürbitten

P Im Vertrauen auf Gottes Gegenwart in unserer Mitte und in unserem Leben denken wir an die Menschen und Ereignisse unserer Zeit und empfehlen alle und alles seiner Liebe.

L Wir denken an die Gemeinschaft der Christinnen und Christen und wünschen für sie Einheit und eine feste Gemeinschaft im Glauben. – Ewiger Gott, erbarme dich.
A Ewiger Gott, erbarme dich.   →

L Wir denken an alle Hilflosen und an alle Schutzlosen, die wehrlos Gewalt und Ungerechtigkeit ausgeliefert sind. – Ewiger Gott, erbarme dich.
A Ewiger Gott, erbarme dich.

L Wir denken an die Opfer von Sensationshunger, der nicht davor zurückschreckt, fremdes Leid und Unglück zu fotografieren und ins Netz zu stellen. – Ewiger Gott, erbarme dich.
A Ewiger Gott, erbarme dich.

L Wir denken an die Schwestern und Brüder, die für ihr Leben den Glauben entdecken und so neu zu sich selber finden. – Ewiger Gott, erbarme dich.
A Ewiger Gott, erbarme dich.

L Wir denken an alle Kranken und Leidenden und wünschen ihnen von Herzen Besserung und Genesung. – Ewiger Gott, erbarme dich.
A Ewiger Gott, erbarme dich.

P Denn du, Herr, bist da: in unserem Leben, in unserer Welt, in unserer Zeit. Deine Liebe begleitet uns bis in die Ewigkeit.
A Amen.

Christi Himmelfahrt

Apg 1,1–11 || Eph 1,17–23 || Lk 24,46–53

Begrüßung und Einleitung

P Im Namen des Vaters und des Sohnes und des Heiligen Geistes.
A Amen.
P Unser Herr Jesus Christus, der in den Himmel aufgefahren ist, sei mit euch.
A Und mit deinem Geiste.
P Christus hat seinen Jüngern den Auftrag gegeben, allen Völkern dieser Erde die Botschaft der Freude und die Taufe des Lebens zu bringen.

L Und in seinem Namen wird man allen Völkern Umkehr verkünden, damit ihre Sünden vergeben werden. Angefangen in Jerusalem, seid ihr Zeugen dafür.
P Weil wir an uns selber Gottes Vergebung und Versöhnung erfahren haben, schließen wir alle Schwestern und Brüder in unser Beten ein.

Kyrie

P Du bist der Vater aller Menschen. – Herr, erbarme dich unser.
A Herr, erbarme dich unser.

P In dir sind wir rund um den Erdball Schwestern und Brüder. – Christus, erbarme dich unser.
A Christus, erbarme dich unser.

P Deine Liebe gilt allen Völkern. – Herr, erbarme dich unser.
A Herr, erbarme dich unser.

P Nachlass, Vergebung und Verzeihung unserer Sünden gewähre uns der allmächtige und barmherzige Herr.
A Amen.

Fürbitten

P Jesus ist von den Toten auferstanden und in den Himmel aufgefahren. Zu ihm, dem Sohn Gottes, beten wir:

L Um den Frieden für alle Völker dieser Erde und um die Befreiung von Krieg und Gewalt. – Jesus, du Sohn des ewigen Vaters:
A Wir bitten dich, erhöre uns.

L Um die Bekehrung und um den Neuanfang aller, die schuldig geworden sind und anderen Schaden zugefügt haben. – Jesus, du Sohn des ewigen Vaters:
A Wir bitten dich, erhöre uns.

→

L Um Sicherheit und Geborgenheit für alle Kinder und für alle Heranwachsenden auf ihrem Weg in ein gelingendes Leben. – Jesus, du Sohn des ewigen Vaters:
A Wir bitten dich, erhöre uns.

L Um Rücksicht und Verantwortungsbewusstsein für alle Schwestern und Brüder im Straßenverkehr. – Jesus, du Sohn des ewigen Vaters:
A Wir bitten dich, erhöre uns.

L Um Segen und Freiheit für alle Kulturen und Religionen unserer Zeit und unserer Welt. – Jesus, du Sohn des ewigen Vaters:
A Wir bitten dich, erhöre uns.

P Ehre sei dem Vater und dem Sohn und dem Heiligen Geist.
A Wie im Anfang, so auch jetzt und allezeit und in Ewigkeit. Amen.

7. Sonntag der Osterzeit

Apg 7,55–60 || Offb 22,12–14.16–17.20 || Joh 17,20–26

Begrüßung und Einleitung

P Im Namen des Vaters und des Sohnes und des Heiligen Geistes.
A Amen.
P Der Herr sei mit euch.
A Und mit deinem Geiste.
P Im täglichen Ablauf stellt sich die Zeit als unendlich dar. Aber sie ist nur ein sehr endliches Konstrukt. Dankbar blickt der Glaube auf die Geborgenheit unserer Zeit in Christus, der von sich sagt:
L Ich bin das Alpha und das Omega, der Erste und der Letzte, der Anfang und das Ende.
P Zeit und Raum erhalten in seiner Nähe Grenzen übersteigende Bedeutung und laden ein zum Gebet in Vertrauen und Hoffnung.

Kyrie

P Unsere Welt ist der Ort unseres Lebens. – Herr, erbarme dich unser.
A Herr, erbarme dich unser.

P Unser Leben ist die Zeit vor der Ewigkeit. – Christus, erbarme dich unser.
A Christus, erbarme dich unser.

P Unsere Ewigkeit ist das Geschenk der Erlösung. – Herr, erbarme dich unser.
A Herr, erbarme dich unser.

P Der allmächtige Gott erbarme sich unser. Er lasse uns die Sünden nach und führe uns zum ewigen Leben.
A Amen.

Fürbitten

P Christus ist der Herr der Zeiten und der Ewigkeit. Als seine Schwestern und Brüder kommen wir mit unseren Anliegen zu ihm und beten:

L Für unseren Papst und die Gemeinschaft der Bischöfe, die in der Aufgabe stehen, die Zeichen der Zeit in der Weltkirche zum Wohle aller Menschen zu deuten. – Jesus, du Herr der Zeiten und der Ewigkeit:
A Wir bitten dich, erhöre uns.

L Für die Regierungen aller Länder und aller Völker, denen die Macht gegeben ist, über Krieg und Frieden zu entscheiden. – Jesus, du Herr der Zeiten und der Ewigkeit:
A Wir bitten dich, erhöre uns.

L Für die reichsten Menschen unserer Erde, denen die Güter der Welt im Überfluss zur Verfügung stehen. – Jesus, du Herr der Zeiten und der Ewigkeit:
A Wir bitten dich, erhöre uns. →

L Für die Schwestern und Brüder in Not und Armut, denen das Nötigste zum Leben fehlt. – Jesus, du Herr der Zeiten und der Ewigkeit:
A Wir bitten dich, erhöre uns.

L Für alle Verantwortungsträgerinnen und Verantwortungsträger, die Einfluss haben auf die Erhaltung der Schöpfung. – Jesus, du Herr der Zeiten und der Ewigkeit:
A Wir bitten dich, erhöre uns.

P Denn in dir, Herr, liegen Anfang und Ende. In dir erfüllt sich der Sinn unseres Lebens in Ewigkeit.
A Amen.

Pfingstsonntag

Apg 2,1–11 || 1 Kor 12,3b–7.12–13 || Joh 20,19–23

Begrüßung und Einleitung

P Im Namen des Vaters und des Sohnes und des Heiligen Geistes.
A Amen.
L Jesus sagte noch einmal zu ihnen: Friede sei mit euch! Wie mich der Vater gesandt hat, so sende ich euch.
P Der Beistand, den er uns verheißen hat, sei mit euch.
A Und mit deinem Geiste.
P Im Geist sind wir mit der gesamten Schöpfung verbunden. Wir sind eine Lebensgemeinschaft über diese Zeit hinaus:
L Die Erlösung, die uns in Christus geschenkt wurde, schließt die gesamte Schöpfung als das universale Werk Gottes ein.
P Wir sind die Töchter und Söhne unseres Gottes und tragen eine Hoffnung in uns, die alle Sehnsüchte übersteigt.

Kyrie

P Wir sind befreit von Sünde und Schuld. –
Herr, erbarme dich unser.
A Herr, erbarme dich unser.

P Wir sind befreit von Untergang und Verlorenheit. –
Christus, erbarme dich unser.
A Christus, erbarme dich unser.

P Wir sind befreit zur Freude der Auferstehung. –
Herr, erbarme dich unser.
A Herr, erbarme dich unser.

P Nachlass, Vergebung und Verzeihung unserer Sünden gewähre
uns der allmächtige und barmherzige Gott.
A Amen.

Fürbitten

P Im Heiligen Geist leben wir in einer Gemeinschaft mit der
gesamten Schöpfung. Darum bitten wir:

L Für alle Schwestern und Brüder, die Menschen, die mit uns auf
dieser Erde leben. – Herr, schenke ihnen deinen Segen.
A Herr, schenke ihnen deinen Segen.

L Für alle Menschen, die in Kirche, Politik und Bildung für
andere Verantwortung tragen. – Herr, schenke ihnen deinen
Segen.
A Herr, schenke ihnen deinen Segen.

L Für unsere Schwestern und Brüder, die Tiere, die unserer
Obhut und unserer Achtsamkeit anvertraut sind. – Herr,
schenke ihnen deinen Segen.
A Herr, schenke ihnen deinen Segen.

L Für unsere Schwestern und Brüder, die Pflanzen, die auf
unsere Sorgfalt und Rücksicht angewiesen sind. – Herr,
schenke ihnen deinen Segen. →

A Herr, schenke ihnen deinen Segen.

L Für unsere Mutter Erde mit ihrem Reichtum, die auch den nachfolgenden Generationen Lebensraum und Heimat sein soll. – Herr, schenke ihnen deinen Segen.

A Herr, schenke ihnen deinen Segen.

P Ehre sei dem Vater und dem Sohn und dem Heiligen Geist.

A Wie im Anfang, so auch jetzt und allezeit und in Ewigkeit. Amen.

Die Zeit im Jahreskreis

2. Sonntag im Jahreskreis

Jes 62,1–5 || 1 Kor 12,4–11 || Joh 2,1–12

Begrüßung und Einleitung

P Im Namen des Vaters und des Sohnes und des Heiligen Geistes.

A Amen.

P Die Einheit unseres Herrn Jesus Christus sei mit euch.

A Und mit deinem Geiste.

P Aus der Geschichte und in der Gegenwart gibt es um die hundert christliche Kirchen und Konfessionen. Alle leben im Selbstverständnis des wahren Glaubens. In ihrer Vielfalt und Verschiedenheit gilt ihnen der Ruf des ersten Korintherbriefes:

L Es gibt verschiedene Gnadengaben, aber nur den einen Geist. Es gibt verschiedene Dienste, aber nur den einen Herrn. Es gibt verschiedene Kräfte, die wirken, aber nur den einen Gott.

P Von Beginn an lag die Last der Trennung auf dem Christentum. Entgegen der Berufung zur Einheit kam es bis zum heutigen Tag immer wieder zu neuen Spaltungen.

Kyrie

P Jesus, du bist der Herr deiner Kirche. – Herr, erbarme dich unser.

A Herr, erbarme dich unser.

P Du erfüllst deine Kirche mit der Kraft der Einheit. – Christus, erbarme dich unser.

A Christus, erbarme dich unser.

P Dein Geist überwindet Gegensätze und Trennung. – Herr, erbarme dich unser.

A Herr, erbarme dich unser.

P Der allmächtige Gott helfe uns, Trennung und Spaltung zu überwinden, und führe uns in seinem Geist zur Einheit des Glaubens durch Christus, unseren Herrn.

A Amen.

Fürbitten

P Im Geist unseres Herrn Jesus Christus bitten wir Gott um die Einheit im Glauben:

L Wir beten für unseren Papst und für die Gemeinschaft der Bischöfe, denen die Sorge um die Einheit der Christenheit aufgetragen ist. – Jesus, du Herr der Einheit:

A Wir bitten dich, erhöre uns.

L Wir beten für die Konfessionen und für alle christlichen Kirchen, die auf dem Weg zur Einheit aus ihrer Geschichte an Strukturen und Riten, Lehren und Traditionen gebunden sind. – Jesus, du Herr der Einheit:

A Wir bitten dich, erhöre uns.

L Wir beten für die Theologen und Forscher, die das Wort Gottes und seine Botschaft im Dienst an der Einheit wissenschaftlich bearbeiten und auslegen. – Jesus, du Herr der Einheit:

A Wir bitten dich, erhöre uns. →

Lesejahr C

L Wir beten für alle Schwestern und Brüder in allen Konfessionen und Gemeinschaften, mit denen wir die Frohe Botschaft teilen. – Jesus, du Herr der Einheit:
A Wir bitten dich, erhöre uns.
L Wir beten für alle Christinnen und Christen, die als Zeuginnen und Zeugen der Wahrheit in ihrer Gemeinschaft und in ihrem Glauben leben. – Jesus, du Herr der Einheit:
A Wir bitten dich, erhöre uns.
P Denn in deinem Geist überwinden wir Unterschiede und Trennung. In deinem Geist finden wir den Weg zur Geschwisterlichkeit und zur Einheit.
A Amen.

3. Sonntag im Jahreskreis

Neh 8,2–4a.5–6.8–10 || 1 Kor 12,12–14.27 || Lk 1,1–4; 4,14–21

Begrüßung und Einleitung

P Im Namen des Vaters und des Sohnes und des Heiligen Geistes.
A Amen.
P Die Liebe unseres Herrn Jesus Christus sei mit euch.
A Und mit deinem Geiste.
P In der Aktualität des ersten Korintherbriefes wird die Gleichberechtigung aller Menschen eindeutig hervorgehoben.
L Durch den einen Geist wurden wir in der Taufe alle in einen einzigen Leib aufgenommen, Juden und Griechen, Sklaven und Freie.
P Heute erkennen wir die Zielrichtung der Frohen Botschaft in der Liebe Gottes zu allen Menschen.

Kyrie

P Herr Jesus Christus, du setzt anstelle des Krieges den Frieden. – Herr, erbarme dich unser.
A Herr, erbarme dich unser.

P Du setzt gegen jede Armut die Macht der Nächstenliebe. – Christus, erbarme dich unser.
A Christus, erbarme dich unser.

P Du setzt gegen jede Verrohung der Herzen deine Vergebung und deine Versöhnung. – Herr, erbarme dich unser.
A Herr, erbarme dich unser.

P Der Herr bewahre uns vor der Torheit des Denkens, vor der Unvernunft des Handelns, vor der Last der Unversöhnlichkeit, damit wir als seine Erben frei bleiben von Sünde und Schuld durch Christus, unseren Herrn.
A Amen.

Fürbitten

P Wie sehr wünschen wir die Einsicht und die Vernunft der Mächtigen unserer Erde! Wie sehr ersehnen wir den Frieden mit unseren Nächsten! Darum beten wir:

L Für unseren Papst im Auf und Ab von Zustimmung und Anfeindung. – Herr, erbarme dich.
A Christus, erbarme dich.

L Für alle Familien im Hin und Her von Gewohnheit und Achtsamkeit. – Herr, erbarme dich.
A Christus, erbarme dich.

L Für unsere Kinder und Jugendlichen im Heute und Morgen ihrer Entwicklung. – Herr, erbarme dich.
A Christus, erbarme dich.

L Für alle Nachbarn im Licht und Schatten ihres Miteinanders. – Herr, erbarme dich.

→

A Christus, erbarme dich.

L Für alle Menschen im Krieg und Frieden des Weltgeschehens. – Herr, erbarme dich.

A Christus, erbarme dich.

P Herr, du bewahrst uns vor der Dummheit des Bösen und führst uns in deiner Weisheit auf die Wege des Friedens bis in die Ewigkeit.

A Amen.

4. Sonntag im Jahreskreis

Jer 1,4–5.17–19 || 1 Kor 13,4–13 || Lk 4,21–30

Begrüßung und Einleitung

P Im Namen des Vaters und des Sohnes und des Heiligen Geistes.

A Amen.

P Der Herr sei mit euch.

A Und mit deinem Geiste.

P Im Hohen Lied der Liebe beschreibt Paulus der Gemeinde von Korinth die größte Form menschlicher Begegnung in göttlichem Geist:

L Für jetzt bleiben Glaube, Hoffnung, Liebe, diese drei; doch am größten unter ihnen ist die Liebe.

P Selbst wenn der menschliche Alltag dieses Idealbild nur schemenhaft zulässt: Diese drei göttlichen Eigenschaften verstärken die Ahnung von der Gegenwart Gottes.

Kyrie

P Die Liebe ist langmütig; die Liebe ist gütig. – Herr, erbarme dich unser.

A Herr, erbarme dich unser.

P Sie ist nicht eifersüchtig, sie prahlt nicht und bläht sich nicht auf. – Christus, erbarme dich unser.

A Christus, erbarme dich unser.

P Die Liebe endet nie. – Herr, erbarme dich unser.
A Herr, erbarme dich unser.

P Der allmächtige Gott erfülle uns durch die Gnade des Glaubens und im Geist der Hoffnung mit der Kraft der Liebe, damit wir ihm in allem ähnlich werden durch Christus, unseren Herrn.
A Amen.

Fürbitten

P Der Inhalt unseres Glaubens und die Weite unserer Hoffnung münden in den großen Lebensentwurf der endlosen und grenzenlosen Liebe. Darum bitten wir:

L Für den Papst und alle Einflussreichen unserer Kirche, denen das Gebot der Liebe Halt und Orientierung bietet. – Jesus, du Bote der Liebe:
A Wir bitten dich, erhöre uns.

L Für unsere Regierung und für alle Mächtigen der Erde, denen die Menschenwürde und die Weltgerechtigkeit anvertraut sind. – Jesus, du Bote der Liebe:
A Wir bitten dich, erhöre uns.

L Für Gestalterinnen und Gestalter der digitalen Weltkommunikation, denen unvorstellbare Macht gegeben ist. – Jesus, du Bote der Liebe:
A Wir bitten dich, erhöre uns.

L Für die Schwestern und Brüder, die sich bewusst dem Glauben und der Hoffnung verschließen. – Jesus, du Bote der Liebe:
A Wir bitten dich, erhöre uns.

L Für alle Menschen unserer Zeit, die bewusst und engagiert den Gedanken der Liebe in die Welt tragen. – Jesus, du Bote der Liebe:
A Wir bitten dich, erhöre uns.

P Darum bitten wir dich im Vertrauen auf deine heilende Gegen-wart in unserer Zeit und in unserer Welt bis in die Ewigkeit.
A Amen.

5. Sonntag im Jahreskreis

Jes 6,1–2a.3–8 ‖ 1 Kor 15,3–8.11 ‖ Lk 5,1–11

Begrüßung und Einleitung

P Im Namen des Vaters und des Sohnes und des Heiligen Geistes.
A Amen.
P Der Herr sei mit euch.
A Und mit deinem Geiste.
P Von Anfang an hat Christus die Kirche auf das Fundament von Menschen gebaut. Diese Gegebenheit gilt bis heute.
L Seitdem sind die Menschen mehr als Glieder des Gottesvolkes: Sie sind Erben seines Reiches und auf ewig seine Töchter und Söhne.
P Um das zu begreifen, ist der menschliche Geist immer neu gefordert, über sich selbst, seinen Sinn und seine Berufung nachzudenken.

Kyrie

P Denn wir tragen den Namen unseres Erlösers. – Herr, erbarme dich unser.
A Herr, erbarme dich unser.

P Wir sind berufen zum ewigen Leben. – Christus, erbarme dich unser.
A Christus, erbarme dich unser.

P Wir sind erfüllt von der Kraft des Heiligen Geistes. – Herr, erbarme dich unser.
A Herr, erbarme dich unser.

P Der allmächtige Gott schenke uns die Gabe der Erkenntnis. Er belebe unsere Vernunft und entzünde in uns das Feuer seiner Liebe durch Christus, unseren Herrn.
A Amen.

Fürbitten

P Christus beruft bis heute Menschen zur Mitarbeit an seinem Werk. Zu ihm beten wir:

L Für unseren Papst und die Bischöfe, die bis heute dem Apostelamt dienen. – Jesus, du Herr deiner Kirche:
A Wir bitten dich, erhöre uns.

L Für alle Seelsorgerinnen und Seelsorger, die in den Gemeinden der Verkündigung der Frohen Botschaft dienen. – Jesus, du Herr deiner Kirche:
A Wir bitten dich, erhöre uns.

L Für alle Erzieherinnen und Erzieher, die mit ihrer Kraft und ihrer Zeit der Entfaltung von Kindern und Jugendlichen dienen. – Jesus, du Herr deiner Kirche:
A Wir bitten dich, erhöre uns.

L Für alle Ärztinnen und Ärzten, die mit ihrem Können und in ihrer Verantwortung der Gesundheit von Menschen dienen. – Jesus, du Herr deiner Kirche:
A Wir bitten dich, erhöre uns.

L Für alle Polizistinnen und Polizisten, die mit hohem Einsatz der Sicherheit der Bürgerinnen und Bürger dienen. – Jesus, du Herr deiner Kirche:
A Wir bitten dich, erhöre uns.

P Denn Gott beruft Menschen zum Dienst am Nächsten, damit die Welt an jedem Ort und zu jeder Zeit die Macht der Liebe erkennt durch Christus, unseren Herrn.
A Amen.

6. Sonntag im Jahreskreis

Jer 17,5–8 || 1 Kor 15,12.16–20 || Lk 6,17–18a.20–26

Begrüßung und Einleitung

P Im Namen des Vaters und des Sohnes und des Heiligen Geistes.
A Amen.
P Der Herr sei mit euch.
A Und mit deinem Geiste.
P In der Verkündigung der Frohen Botschaft wählt Paulus an die Gemeinde in Korinth eindringliche Formulierungen:
L Nun aber ist Christus von den Toten auferweckt worden als der Erste der Entschlafenen.
P Im Vertrauen auf diese Verkündigung entsteht der Entwurf eines christlichen Lebens in Hoffnung und Liebe.

Kyrie

P Der Glaube ist das Argument unserer Hoffnung. – Herr, erbarme dich unser.
A Herr, erbarme dich unser.

P Die Hoffnung führt uns in das Licht der Liebe. – Christus, erbarme dich unser.
A Christus, erbarme dich unser.

P Die Liebe ist der Weg unseres Lebens. – Herr, erbarme dich unser.
A Herr, erbarme dich unser.

P Der Geist des allmächtigen Vaters erfülle uns mit der Kraft des Glaubens, mit der Weite der Hoffnung und mit dem Feuer der Liebe durch Christus, unseren Herrn.
A Amen.

Fürbitten

P Im Vertrauen auf den Sieg unseres Herrn Jesus Christus über Sünde und Tod lasst uns beten:

L Für die gesamte Christenheit auf dem Pilgerweg zur Geschwisterlichkeit und zur Einheit. – Jesus, du Bruder aller Menschen:
A Wir bitten dich, erhöre uns.

L Für die Gemeinschaft der Kirche auf der Suche nach Erneuerung und Wahrheit. – Jesus, du Bruder aller Menschen:
A Wir bitten dich, erhöre uns.

L Für die Pfarreien und Gemeinden im Erleben von Umbruch und Aufbruch. – Jesus, du Bruder aller Menschen:
A Wir bitten dich, erhöre uns.

L Für die Bewohnerinnen und Bewohner unserer Stadt im Bemühen um Gastfreundschaft und soziale Gerechtigkeit. – Jesus, du Bruder aller Menschen:
A Wir bitten dich, erhöre uns.

L Für alle, die zu diesem Gottesdienst versammelt sind, in ihrem Leben aus dem Glauben, in der Hoffnung und in der Liebe. – Jesus, du Bruder aller Menschen:
A Wir bitten dich, erhöre uns.

P Wir vertrauen auf das Leben, das wir aus Gottes Hand empfangen haben, und auf die Größe seiner Barmherzigkeit, die unsere Hoffnung ist in Ewigkeit.
A Amen.

7. Sonntag im Jahreskreis

1 Sam 26,2.7–9.12–13.22–23 || 1 Kor 15,45–49 || Lk 6,27–38

Begrüßung und Einleitung

P Im Namen des Vaters und des Sohnes und des Heiligen Geistes.
A Amen.
P Der Herr sei mit euch.
A Und mit deinem Geiste.
P Im Wort *Adam* beschreibt die Bibel die Gott gegensätzliche Situation des Menschen. Im Wort *Christus* geschieht die Beschreibung des erlösten Menschen in der Würde der Gotteskindschaft.
L Der erste Mensch stammt von der Erde und ist Erde; der zweite Mensch stammt vom Himmel.
P Die Problematik des modernen Menschen liegt darin, dass er um die guten Möglichkeiten der Gegenwart und der Zukunft weiß, aber trotz Bildung und Fortschritts in den Strukturen der Vergangenheit lebt.

Kyrie

P Vergangenheit ist Ausbeutung und Unterdrückung der Armen. Gegenwart ist soziales Verhalten und tätige Nächstenliebe. – Herr, erbarme dich unser.
A Herr, erbarme dich unser.

P Vergangenheit sind Kriege und Gewalt. Gegenwart ist Friede und Versöhnung. – Christus, erbarme dich unser.
A Christus, erbarme dich unser.

P Vergangenheit ist Lüge und Korruption. Gegenwart ist Wahrheit und Vertrauen. – Herr, erbarme dich unser.
A Herr, erbarme dich unser.

P Der allmächtige Gott wecke und belebe in allen Menschen die guten Gaben der Gegenwart und führe die Familie aller Menschen zur Erkenntnis der eigenen Würde und der Gerechtigkeit.
A Amen.

Fürbitten

P Zu Christus, in dem die menschliche Natur zur Vollendung gelangt ist, lasst uns beten:

L Weil wir zur Gemeinschaft der Kirche gehören, beten wir für unserem Papst N.N., dem das Petrusamt zur Stärkung der Schwestern und Brüder anvertraut ist. – Herr, erhöre unser Gebet!
A Herr, erhöre unser Gebet!

L Weil wir zur Gemeinschaft unseres Landes gehören, beten wir für die Armen und Heimatlosen, die in unserer Mitte leben. – Herr, erhöre unser Gebet!
A Herr, erhöre unser Gebet!

L Weil wir zur Gemeinschaft der Glaubenden rund um den Erdball gehören, beten wir für alle Religionen und Konfessionen auf ihrem Weg zur Einheit und zum gegenseitigen Respekt. – Herr, erhöre unser Gebet!
A Herr, erhöre unser Gebet!

L Weil wir zur Gemeinschaft aller Menschen auf der Welt gehören, beten wir für alle Staaten und Nationen in ihrem Bemühen um Frieden und Menschenwürde. – Herr, erhöre unser Gebet!
A Herr, erhöre unser Gebet!

L Weil wir zur Gemeinschaft unserer Pfarrei gehören, beten wir für alle Gemeinden, die gemeinsam in die Zukunft aufbrechen. – Herr, erhöre unser Gebet!
A Herr, erhöre unser Gebet!   →

P Denn du, Herr, bist der Halt unserer Gegenwart und das Ziel unserer Zukunft. Dir vertrauen und folgen wir bis in die Ewigkeit.
A Amen.

8. Sonntag im Jahreskreis

Sir 27,4–7 ∥ 1 Kor 15,54–58 ∥ Lk 6,39–45

Begrüßung und Einleitung

P Im Namen des Vaters und des Sohnes und des Heiligen Geistes.
A Amen.
P Der Herr sei mit euch.
A Und mit deinem Geiste.
P In den Anfängen des Christentums waren der Sieg über Sünde und Tod und die Befreiung von der Last der Gesetze Signale der Verkündigung.
L Tod, wo ist dein Sieg? Tod, wo ist dein Stachel? Der Stachel des Todes aber ist die Sünde, die Kraft der Sünde ist das Gesetz.
P Im Maßstab Jesu ergibt sich die Wahrheit des menschlichen Handelns und macht es frei von gesetzlichen Vorgaben und deren scheinbarer Gerechtigkeit.

Kyrie

P Denn jeden Baum erkennt man an seinen Früchten. – Herr, erbarme dich unser.
A Herr, erbarme dich unser.

P Von den Disteln pflückt man keine Feigen. – Christus, erbarme dich unser.
A Christus, erbarme dich unser.

P Der gute Mensch bringt aus dem guten Schatz seines Herzens das Gute hervor. – Herr, erbarme dich unser.
A Herr, erbarme dich unser.

P Der allmächtige Gott erfülle uns mit dem Geist der Wahrheit und der Gerechtigkeit und führe uns zu einem Leben aus dem Glauben durch Christus, unseren Herrn.
A Amen.

Fürbitten

P Christus führt uns aus der Gesetzesgerechtigkeit in das Reich göttlicher Rechtfertigung. Darum beten wir:

L Für den Papst und die Bischöfe um die Suche nach der Wahrheit. – Jesus, erhöre unser Gebet.
A Jesus, erhöre unser Gebet.

L Für die Mächtigen der Erde um die gerechte Verteilung jener Güter, die allen zustehen. – Jesus, erhöre unser Gebet.
A Jesus, erhöre unser Gebet.

L Für die Schleuser und Menschenhändler um einen Weg zu Umkehr und Menschenwürde. – Jesus, erhöre unser Gebet.
A Jesus, erhöre unser Gebet.

L Für alle Juristinnen in ihrer Verantwortung für eine menschliche und barmherzige Rechtsprechung. – Jesus, erhöre unser Gebet.
A Jesus, erhöre unser Gebet.

L Für die Uneinsichtigen in ihren Möglichkeiten der Erkenntnis und der Einsicht. – Jesus, erhöre unser Gebet.
A Jesus, erhöre unser Gebet.

P Unser Herr Jesus Christus führe uns auf den Weg seiner Gerechtigkeit und schenke uns die Freiheit der Liebe und der Güte.
A Amen.

9. Sonntag im Jahreskreis

1 Kön 8,41–43 || Gal 1,1–2.6–10 || Lk 7,1–10

Begrüßung und Einleitung

P Im Namen des Vaters und des Sohnes und des Heiligen Geistes.
A Amen.
P Der Herr sei mit euch.
A Und mit deinem Geiste.
P Schon Salomo betete bei der Weihe des Tempels zu Gott für die Fremden. In seiner Weisheit erkannte er die welterlösende Bedeutung Gottes:
L Auch Fremde, die nicht zu deinem Volk Israel gehören, werden wegen deines Namens aus fernen Ländern kommen.
P Mit Jesus Christus ist diese Grundeinstellung zur Vollendung gelangt: Er hat die Welt mit Gott versöhnt und seinen Geist als Beistand gesandt, damit die Menschen das Unfassbare erkennen und danach leben.

Kyrie

P Das Staunen über die Größe Gottes befreit von Angst und Irrtum. – Herr, erbarme dich unser.
A Herr, erbarme dich unser.

P Die Erkenntnis der Gegenwart Gottes bewahrt vor Sünde und Schuld. – Christus, erbarme dich unser.
A Christus, erbarme dich unser.

P Das Leben in der Liebe Gottes führt zum ewigen Leben. – Herr, erbarme dich unser.
A Herr, erbarme dich unser.

P Der allmächtige Gott erbarme sich unser. Er lasse uns die Sünden nach und führe uns zum ewigen Leben.
A Amen.

Fürbitten

P Mit Salomo – und berührt von seiner Weisheit – beten wir zu Gott, dem Vater aller Menschen:

L Dass die Tore der Kirche offenstehen für alle Suchenden, für alle Fragenden, für alle Zweifelnden und für alle Glaubenden. – Vater aller Menschen:
A Wir bitten dich, erhöre uns.

L Dass die Herzen der Christinnen und Christen offenstehen für alle Armen, für alle Notleidenden, für alle Schutzbedürftigen und für alle Schwachen. – Vater aller Menschen:
A Wir bitten dich, erhöre uns.

L Dass die Entscheidungen der Regierungen offenstehen für alle Flüchtlinge, für alle Verfolgten und für alle Unterdrückten. – Vater aller Menschen:
A Wir bitten dich, erhöre uns.

L Dass die Gebete in den Religionen offenstehen für alle Glaubenden, für alle Andersdenkenden und für alle Vorverurteilten. – Vater aller Menschen:
A Wir bitten dich, erhöre uns.

L Dass die Ziele aller Menschen offenstehen für die Liebe, für den Frieden und für die Gerechtigkeit. – Vater aller Menschen:
A Wir bitten dich, erhöre uns.

P Ewiger Vater, du bist der Segen und die Hoffnung für die Welt. Unter dem Schutz deiner Hände gehen die Menschen ihren Weg in Licht und Freude durch Christus, unseren Herrn.
A Amen.

10. Sonntag im Jahreskreis

1 Kön 17,17–24 || Gal 1,11–19 || Lk 7,11–17

Begrüßung und Einleitung

P Im Namen des Vaters und des Sohnes und des Heiligen Geistes.
A Amen.
P Der Herr sei mit euch.
A Und mit deinem Geiste.
P Lesung und Evangelium dieser heiligen Messe berichten von der Lebenskraft Gottes. Er ist der Herr der Zeiten und der Ewigkeit. In ihm ist der Mensch über alle Dimensionen hinaus geborgen.
L Gott erhört das bittende Gebet des Propheten Elija und erweckt den Sohn der Witwe wieder zum Leben. Jesus erweist sich als der Herr und befielt dem jungen Mann in Naïn, wieder aufzustehen. Dann gibt er ihn seiner Mutter zurück.
P Menschliches Leid und menschliche Not, menschliches Beten und Bitten werden von Gott, dem Schöpfer und Erhalter des Lebens, wahrgenommen. Vor ihm ist nichts unmöglich.

Kyrie

P Ewiger Vater, der Prophet hat dich als Spender und Hüter des Lebens angerufen, und du hast sein Gebet erhört. – Herr, erbarme dich unser.
A Herr, erbarme dich unser.

P Jesus, du hast das Leid der Witwe in Naïn gesehen und ihr göttliche Barmherzigkeit erwiesen. – Christus, erbarme dich unser.
A Christus, erbarme dich unser.

P Heiliger Geist, du heiligst das Leben, das der allmächtige Gott der gesamten Schöpfung anvertraut hat. – Herr, erbarme dich unser.
A Herr, erbarme dich unser.

P Der allmächtige Gott, der Himmel und Erde erschaffen hat, behüte und bewahre unser Leben. Er heilige es durch seinen Geist und befreie uns von Sünde und Schuld durch Christus, unseren Herrn.
A Amen.

Fürbitten

P In der Einheit mit der Weltkirche und in der Solidarität mit unserem Papst N.N. lasst uns beten:

L Für die Achtsamkeit der Menschen gegenüber den Einsamen und Verlassenen in der urbanen Gesellschaft um Herzoffenheit und liebevolle Begegnungen. – Gott, unser Vater:
A Wir bitten dich, erhöre uns.

L Für alle Schwestern und Brüder in den Seminaren und Noviziaten um die Freude der Frohen Botschaft und den Geist der Nachfolge. – Gott, unser Vater:
A Wir bitten dich, erhöre uns.

L Für das Leben in den Gemeinden: Die verschiedenen Generationen und die verschiedenen Begabungen mögen einander entdecken und der Kirche vor Ort in einem lebendigen und wirklichen Dialog ein freundliches Gesicht verleihen. – Gott, unser Vater:
A Wir bitten dich, erhöre uns.

L Für alle Arbeitnehmerinnen und Arbeitnehmer: Sie mögen weltweit bewahrt bleiben vor unbezahlten Überstunden, vor ungerechter Behandlung und vor jeglicher Form der Ausbeutung. – Gott, unser Vater:
A Wir bitten dich, erhöre uns.

L Für alle Frauen und Männer, welche Großveranstaltungen und Volksfeste durch Gewalt und Ausschreitungen stören: Sie mögen das Recht der anderen respektieren und auf die Gefährdung Wehrloser verzichten. – Gott, unser Vater:
A Wir bitten dich, erhöre uns.

P Denn du bist der Herr des Lebens. Durch dich finden wir Sinn und Wahrheit, Gerechtigkeit und Achtsamkeit in Christus, unserem Herrn.
A Amen.

11. Sonntag im Jahreskreis

2 Sam 12,7–10.13 || Gal 2,16.19–21 || Lk 7,36 – 8,3

Begrüßung und Einleitung

P Im Namen des Vaters und des Sohnes und des Heiligen Geistes.
A Amen.
P Die Barmherzigkeit unseres Gottes sei mit euch.
A Und mit deinem Geiste.
P Als der Prophet Natan dem König David das begangene Unrecht vor Augen stellte, bereute und bekannte der Herrscher seine Schuld und fand vor Gott Nachsicht.
L Als eine Sünderin mit der Last ihrer Schuld weinend zu Jesus kam, fand sie bei ihm die Vergebung ihrer Sünden.
P Darin liegt das Geheimnis unserer Erlösung. Wir haben Zugang zur Befreiung von Sünde und Schuld, damit wir frei werden für ein menschenwürdiges und heiliges Leben.

Kyrie

P Herr, deine Vergebung bringt Heilung und Segen – Herr, erbarme dich unser.
A Herr, erbarme dich unser.

P Deine Barmherzigkeit bringt Hoffnung und Kraft. – Christus, erbarme dich unser.
A Christus, erbarme dich unser.

P Deine Liebe verändert die Welt und das Leben der Menschen. – Herr, erbarme dich unser.
A Herr, erbarme dich unser.

P Der allmächtige Gott erbarme sich unser. Er lasse uns die Sünden nach und führe uns zum ewigen Leben.
A Amen.

Fürbitten

P Zu Christus, dem Lamm Gottes, das die Sünde der Welt hinwegnimmt, lasst uns beten:

L Um die Befreiung der Welt von der Sünde des Krieges und der Zerstörung. – Jesus, befreie uns.
A Jesus, befreie uns.

L Um die Befreiung der Völker von der Sünde der Korruption und der Ungerechtigkeit. – Jesus, befreie uns.
A Jesus, befreie uns.

L Um die Befreiung der Schöpfung von der Sünde der Umweltverschmutzung und der Mitweltzerstörung. – Jesus, befreie uns.
A Jesus, befreie uns.

L Um die Befreiung der Menschheit von der Sünde der Rücksichtslosigkeit und der Unterdrückung. – Jesus, befreie uns.
A Jesus, befreie uns.

L Um die Befreiung aller Religionen von der Sünde des Fanatismus und des Stolzes. – Jesus, befreie uns.
A Jesus, befreie uns.

P Denn ein Leben mit der Sünde bleibt für die gesamte Schöpfung ein Spiel mit dem Feuer. In dir, Herr, finden wir die Vergebung unserer Sünden und die Kraft zum Guten bis an das Ende unserer Zeit.
A Amen.

12. Sonntag im Jahreskreis

Sach 12,10–11; 13,1 || Gal 3,26–29 || Lk 9,18–24

Begrüßung und Einleitung

P Im Namen des Vaters und des Sohnes und des Heiligen Geistes.
A Amen.
P Der Herr sei mit euch.
A Und mit deinem Geiste.
P In seinem Brief an die Galater zeichnet Paul ein sehr anschauliches Bild eines Christen:
L Ihr alle, die ihr auf Christus getauft seid, habt Christus angezogen.
P Das bedeutet, Jesus in das eigene Leben einzulassen, ihm Raum zu geben und ihn und seine Botschaft weiterzutragen und als Christin, als Christ erkennbar zu sein.

Kyrie

P Erkennbar im Gebet und im Leben der Gemeinde. – Herr, erbarme dich unser.
A Herr, erbarme dich unser.

P Erkennbar in der Nächstenliebe und in tätiger Solidarität. – Christus, erbarme dich unser.
A Christus, erbarme dich unser.

P Erkennbar im Leben aus dem Glauben. – Herr, erbarme dich unser.
A Herr, erbarme dich unser.

P Der allmächtige Gott erfülle uns mit dem Heiligen Geist, damit wir uns der Taufe und des Glaubens als würdig erweisen durch Christus, unseren Herrn.
A Amen.

Fürbitten

P Zu Christus, der den Aposteln die Auferstehung angekündigt hat, lasst uns beten:

L Um Kraft und Weisheit für unseren Papst und für alle, die ihm zur Seite stehen und ihn beraten. – Herr, erbarme dich.
A Herr, erbarme dich.

L Um Einheit und gegenseitigen Respekt aller Christinnen und Christen rund um den Erdball. – Herr, erbarme dich.
A Herr, erbarme dich.

L Um Gerechtigkeit und Frieden für alle Staaten, die gegeneinander Krieg führen. – Herr, erbarme dich.
A Herr, erbarme dich.

L Um Mut und Ausdauer für alle Menschen, die anderen zur Seite stehen und dafür verspottet und verhöhnt werden. – Herr, erbarme dich.
A Herr, erbarme dich.

L Um Linderung, Heilung und Genesung für alle Kranken und Leidenden. – Herr, erbarme dich.
A Herr, erbarme dich.

P In Christus werden wir das Leben gewinnen und mit allen Schwestern und Brüdern Einzug halten in das neue Jerusalem der Ewigkeit.
A Amen.

Lesejahr C

13. Sonntag im Jahreskreis

1 Kön 19,16b.19–21 || Gal 5,1.13–18 || Lk 9,51–62

Begrüßung und Einleitung

P Im Namen des Vaters und des Sohnes und des Heiligen Geistes.
A Amen.
P Der Herr sei mit euch.
A Und mit deinem Geiste.
P Jeder Mensch hat vom tiefsten Innern her die Kraft und die Möglichkeit, gut zu sein. Ein herrliches Zeichen unserer Erlösung:
L Zur Freiheit hat uns Christus befreit. Steht daher fest und lasst euch nicht wieder ein Joch der Knechtschaft auflegen!
P Das Böse und mit ihm Schuld und Sünde sind in dieser Welt vollkommen sinnlos und überflüssig. Darum lädt unser Glaube dazu ein, das eigene Leben im Blick auf das Gute und die Erlösung immer zu bedenken und zu erforschen.

Kyrie

P Darin erweist sich die Ebenbildlichkeit zu Gott. – Herr, erbarme dich unser.
A Herr, erbarme dich unser.

P Darin offenbart sich das Erlösungswerk Jesu. – Christus, erbarme dich unser.
A Christus, erbarme dich unser.

P Darin gibt sich das Wirken des Geistes zu erkennen. – Herr, erbarme dich unser.
A Herr, erbarme dich unser.

P Der allmächtige Gott erbarme sich unser. Er lasse uns die Sünden nach und führe uns zum ewigen Leben.
A Amen.

Fürbitten

P Geführt und beschenkt vom Heiligen Geist, bringen wir unsere Gebete und Anliegen vor Gott und bitten ihn:

L Für die Kirche, die auch in schwierigen Zeiten zuerst die Aufgabe hat, für die Menschen da zu sein. – Christus, höre uns.
A Christus, erhöre uns.

L Für die Ärztinnen und Ärzte, die mit ihrem Können und mit den modernen Möglichkeiten der Medizin unendlich viel Gutes bewirken können. – Christus, höre uns.
A Christus, erhöre uns.

L Für alle, die in Pflegeberufen tätig sind und sich mit ihren Kräften und Fähigkeiten für das Wohl der ihnen Anvertrauten einsetzen. – Christus, höre uns.
A Christus, erhöre uns.

L Für alle, die einen Ausweg aus Schuld und Sünde suchen und sich bewusst für das Gute entscheiden. – Christus, höre uns.
A Christus, erhöre uns.

L Für alle, die sich in ihrem Leben und in den verschiedenen Bereichen überfordert fühlen und an die Grenzen ihrer Kräfte gelangen. – Christus, höre uns.
A Christus, erhöre uns.

P Denn wir sind frei in Christus und dürfen leben als Töchter und Söhne des ewigen Vaters durch Christus, unseren Herrn.
A Amen.

14. Sonntag im Jahreskreis

Jes 66,10–14c || Gal 6,14–18 || Lk 10,1–12.17–20

Begrüßung und Einleitung

P Im Namen des Vaters und des Sohnes und des Heiligen Geistes.
A Amen.
P Der Herr sei mit euch.
A Und mit deinem Geiste.
P In jedem Leben stellt sich die Frage, was wirklich wichtig ist und worauf es wirklich ankommt. Paulus schreibt dazu:
L Denn es gilt weder die Beschneidung etwas noch das Unbeschnittensein, sondern: neue Schöpfung.
P Neues aber muss gewollt sein und zugelassen werden. Neues bringt Versöhnung und Frieden in unsere Welt, die dazu in der Lage ist, es sich aber bisher nicht zutraut.

Kyrie

P Neu ist unsere Freundschaft mit Gott. – Herr, erbarme dich unser.
A Herr, erbarme dich unser.

P Neu ist unsere Geschwisterlichkeit mit allen Menschen. – Christus, erbarme dich unser.
A Christus, erbarme dich unser.

P Neu ist die unvorstellbare Energie der Liebe. – Herr, erbarme dich unser.
A Herr, erbarme dich unser.

P Der allmächtige Gott erfülle uns mit dem Geist des Mutes, damit wir das Wagnis des neuen Lebens in seiner Kraft eingehen und bestehen durch Christus, unseren Herrn.
A Amen.

Fürbitten

P Zu Christus, der uns zu einem neuen Leben befreit, lasst uns beten:

L Für die Kirche und für alle, die zu ihr gehören und die als Zeuginnen und Zeugen heute in dieser Welt zu Hause sind. – Jesus, du Freund der Menschen:
A Wir bitten dich, erhöre uns.

L Für alle Schwestern und Brüder, die unter Veränderungen und Erneuerungen leiden und die verunsichert sind. – Jesus, du Freund der Menschen:
A Wir bitten dich, erhöre uns.

L Für alle Urlauberinnen und Urlauber, die in diesem Sommer andere Länder bereisen und fremden Menschen und Kulturen begegnen. – Jesus, du Freund der Menschen:
A Wir bitten dich, erhöre uns.

L Für alle Verkehrsteilnehmerinnen und Verkehrsteilnehmer, die auf den Straßen unterwegs sind und denen die Verantwortung für sich und für andere aufgetragen ist. – Jesus, du Freund der Menschen:
A Wir bitten dich, erhöre uns.

L Für alle, denen es einfach nicht gelingt, Worte und Gesten des Friedens zu finden, und die unter der Last der Unversöhnlichkeit leiden. – Jesus, du Freund der Menschen:
A Wir bitten dich, erhöre uns.

P Denn an der Seite unseres Erlösers werden wir in ein neues Leben, in ein neues Denken und in ein neues Handeln gehen. Er ist unser Weg und unser Ziel in Ewigkeit.
A Amen.

Lesejahr C

15. Sonntag im Jahreskreis

Dtn 30,9c–14 || Kol 1,15–20 || Lk 10,25–37

Begrüßung und Einleitung

P Im Namen des Vaters und des Sohnes und des Heiligen Geistes.
A Amen.
P Der Herr sei mit euch.
A Und mit deinem Geiste.
P Christus hat seiner Kirche einen Weg gebahnt, der bei der Grundidee des Menschen beginnt und hinführt zu seiner Vollendung.
L Er ist Bild des unsichtbaren Gottes, der Erstgeborene der ganzen Schöpfung.
P Es ist die Denkaufgabe der gesamten Menschheit, zu erforschen und zu erfahren, worin der Sinn und die Bedeutung aller Dinge liegen.

Kyrie

P Wir vertrauen darauf, dass die größte und wertvollste Energie die Liebe ist. – Herr, erbarme dich unser.
A Herr, erbarme dich unser.
P Wir vertrauen darauf, dass der Geist Gottes an jedem Ort und zu jeder Zeit der Schöpfung gegenwärtig ist und wirkt. – Christus, erbarme dich unser.
A Christus, erbarme dich unser.
P Wir vertrauen darauf, der der Sinn der gesamten Schöpfung sich in Gott erfüllt. – Herr, erbarme dich unser.
A Herr, erbarme dich unser.
P Der allmächtige Gott offenbare uns im Heiligen Geist den Sinn unseres Lebens und begleite uns auf dem Weg zu unserer Vollendung in seinem Reich durch Christus, unseren Herrn.
A Amen.

Fürbitten

P Zu Christus, dem Erstgeborenen der ganzen Schöpfung, lasst uns in Hoffnung und Vertrauen beten:

L Für alle christlichen Urlauberinnen und Urlauber, die in der Ferienzeit die Möglichkeit zu einem freundlichen Glaubenszeugnis haben. – Jesus, höre uns.
A Jesus, erhöre uns.

L Für alle Reisenden auf den Straßen, die unterwegs durch Rücksicht und Höflichkeit Gutes bewirken können. – Jesus, höre uns.
A Jesus, erhöre uns.

L Für alle Hotelgäste, die durch ein freundliches Wort und durch einen respektvollen Blick dem Servicepersonal einen liebevollen Dank erweisen können. – Jesus, höre uns.
A Jesus, erhöre uns.

L Für alle gemeinsam reisenden Familien, die gerade in der ungewohnten Freizeit in Spannungen geraten können. – Jesus, höre uns.
A Jesus, erhöre uns.

L Für unsere Kirche mit unserem Papst, die überall auf der Welt zu Hause ist. – Jesus, höre uns.
A Jesus, erhöre uns.

P Herr, es ist dein Wille, dass wir deine Liebe zu den Menschen tragen und sie in allen Begegnungen lebendig bezeugen durch dich, Christus, unseren Herrn.
A Amen.

Lesejahr C

16. Sonntag im Jahreskreis

Gen 18,1–10a || Kol 1,24–28 || Lk 10,38–42

Begrüßung und Einleitung

P Im Namen des Vaters und des Sohnes und des Heiligen Geistes.
A Amen.
P Der Herr sei mit euch.
A Und mit deinem Geiste.
P Jesus kehrt in einem Dorf bei zwei Schwestern ein, die in ihrer Art zwei Lebensweisen symbolisieren.
L Maria setzte sich dem Herrn zu Füßen und hörte seinen Worten zu. Marta aber war ganz davon in Anspruch genommen, zu dienen.
P Diese Begebenheit schildert mehr als das alltägliche Verhalten zweier Menschen: Sie beschreibt verschiedene Möglichkeiten der Begegnung.

Kyrie

P Zum einen die Konzentration auf die Erfüllung des Gesetzes der Gastfreundschaft. – Herr, erbarme dich unser.
A Herr, erbarme dich unser.
P Zum anderen die spirituelle Faszination der Gottbegegnung. – Christus, erbarme dich unser.
A Christus, erbarme dich unser.
P Schließlich das Wechselspiel zwischen Oberflächlichkeit und Tiefe. – Herr, erbarme dich unser.
A Herr, erbarme dich unser.
P Der allmächtige Gott erbarme sich unserer Menschlichkeit. Er eröffne uns Zeiten der Ruhe und der Besinnung und offenbare uns die Lichtfülle seiner Gegenwart durch Christus, unseren Herrn.
A Amen.

Fürbitten

P Zu Christus, der Mensch geworden ist und die Häuser der Menschen betreten hat, lasst uns beten:

L Für unseren Papst N.N., der gewählt ist, in der Welt das Reich Gottes zu verkünden. – Christus, höre uns.
A Christus, erhöre uns.

L Für unsere Seelsorgerinnen und Seelsorger, die beauftragt sind, die Menschen auf dem Weg zu Gott zu begleiten. – Christus, höre uns.
A Christus, erhöre uns.

L Für alle Lehrerinnen und Lehrer, deren Beruf es ist, Kindern und Jugendlichen die Freude am Lernen und am Verstehen zu vermitteln. – Christus, höre uns.
A Christus, erhöre uns.

L Für alle Berufstätigen, die an ihren Arbeitsplätzen die Möglichkeit haben, zu einer guten Atmosphäre beizutragen. – Christus, höre uns.
A Christus, erhöre uns.

L Für alle Suchenden und Fragenden, denen der Sinn des Lebens und seine Erkundung von höchster Bedeutung ist. – Christus, höre uns.
A Christus, erhöre uns.

P Denn in Christus liegen die Wahrheit und der Reichtum unseres Lebens. Er ist der Freund und Bruder an unserer Seite jetzt und in Ewigkeit.
A Amen.

17. Sonntag im Jahreskreis

Gen 18,20–32 || Kol 2,12–14 || Lk 11,1–13

Begrüßung und Einleitung

P Im Namen des Vaters und des Sohnes und des Heiligen Geistes.
A Amen.
P Der Herr sei mit euch.
A Und mit deinem Geiste.
P Für die Christinnen und Christen ist die Ansprechbarkeit Gottes eine selbstverständliche Gegebenheit.
L Und es geschah: Jesus betete einmal an einem Ort; als er das Gebet beendet hatte, sagte einer seiner Jünger zu ihm: Herr, lehre uns beten.
P Jesus erfüllte diese Bitte mit der Einladung zu einem Dialog mit dem Vater in bleibender Gültigkeit.

Kyrie

P Seitdem nennen wir Gott unseren Vater. – Herr, erbarme dich unser.
A Herr, erbarme dich unser.

P Seitdem bitten wir ihn um das tägliche Brot. – Christus, erbarme dich unser.
A Christus, erbarme dich unser.

P Seitdem erhoffen wir von ihm die Vergebung unserer Sünden. – Herr, erbarme dich unser.
A Herr, erbarme dich unser.

P Der allmächtige Gott erbarme sich unser. Er lasse uns die Sünden nach und führe uns zum ewigen Leben.
A Amen.

Fürbitten

P Zu Christus, der seine Jünger das Beten gelehrt hat, lasst uns die Bitten und Anliegen unseres Lebens tragen:

L Wir beten für die Armen, denen das tägliche Brot zum Leben fehlt. – Herr, erbarme dich.
A Herr, erbarme dich.

L Wir beten für alle Schwestern und Brüder, die seinem Willen vertrauen und danach leben. – Herr, erbarme dich.
A Herr, erbarme dich.

L Wir beten für alle Menschen, denen das Gottvertrauen und der Glaube als Lebensinhalt fehlen. – Herr, erbarme dich.
A Herr, erbarme dich.

L Wir beten für diejenigen, die den Kontakt zu Gott unterbrochen haben und keine Worte des Gebetes finden. – Herr, erbarme dich.
A Herr, erbarme dich.

L Wir beten für alle Kinder und Jugendlichen, die in den Glauben und in die Gemeinschaft der Kirche hineinwachsen. – Herr, erbarme dich.
A Herr, erbarme dich.

P Denn du bist das Licht unseres Weges; du bist die Freude unseres Lebens. Dich loben und preisen wir in Ewigkeit.
A Amen.

18. Sonntag im Jahreskreis

Koh 1,2; 2,21–23 ‖ Kol 3,1–5.9–11 ‖ Lk 12,13–21

Begrüßung und Einleitung

P Im Namen des Vaters und des Sohnes und des Heiligen Geistes.
A Amen.
P Der Herr sei mit euch.
A Und mit deinem Geiste.

Lesejahr C

P In der Geschichte des Christentums haben sich äußere
 Gegebenheiten und gesellschaftliche Verhältnisse verändert
 und entwickelt. In der Begegnung mit der Heiligen Schrift
 kommt es darauf an, jeweils den Kern der Botschaft zu
 entdecken und in das persönliche Leben aufzunehmen.
L Denn ihr habt den alten Menschen mit seinen Taten abgelegt
 und habt den neuen Menschen angezogen.
P In die Aktualität der Gegenwart hinein ist der neue Mensch
 derjenige, der und die sich bewusst Christus anschließt als dem
 Vorbild, das das Leben bestimmt.

Kyrie

P Herr, du bist der Weg unseres Lebens. – Herr, erbarme dich
 unser.
A Herr, erbarme dich unser.
P Du bist das Signal, dem wir folgen. – Christus, erbarme dich
 unser.
A Christus, erbarme dich unser.
P Du bist der Reichtum unseres Geistes. – Herr, erbarme dich
 unser.
A Herr, erbarme dich unser.

P Der allmächtige Gott wirke an uns das Wunder der Erneuerung. Er erleuchte unseren Geist und heilige unser Leben in
 seiner Gegenwart durch Christus, unseren Herrn.
A Amen.

Fürbitten

P Zu Christus, durch den wir in der Taufe zu neuen Menschen
 geworden sind, lasst uns beten:
L Für die Kinder und Jugendlichen, die sich mutig und ehrlich
 für den Umweltschutz einsetzen. – Jesus, du Erlöser der Welt:
A Wir bitten dich, erhöre uns.

L Für alle Menschen, die in ihrem Leben menschliche Werte und Ideale bewahren und gültig sein lassen. – Jesus, du Erlöser der Welt:
A Wir bitten dich, erhöre uns.

L Für alle Familien, die in ihrem Urlaub die Zeit und die Möglichkeit haben, zu entspannen und sich an Leib und Seele zu erholen. – Jesus, du Erlöser der Welt:
A Wir bitten dich, erhöre uns.

L Für Frieden und Gerechtigkeit in Europa und der ganzen Welt und für Solidarität unter den Völkern. – Jesus, du Erlöser der Welt:
A Wir bitten dich, erhöre uns.

L Für alle Religionen und Konfessionen unserer Zeit auf ihrem Weg zur Erkenntnis, dass alle Menschen in dem einen Gott geborgen und gesegnet sind. – Jesus, du Erlöser der Welt:
A Wir bitten dich, erhöre uns.

P So wollen wir als neue Menschen leben und im Heiligen Geist ein Leben führen in Frieden und Geschwisterlichkeit.
A Amen.

19. Sonntag im Jahreskreis

Weish 18,6–9 || Hebr 11,1–2.8–12 || Lk 12,32–48

Begrüßung und Einleitung

P Im Namen des Vaters und des Sohnes und des Heiligen Geistes.
A Amen.
P Der Herr sei mit euch.
A Und mit deinem Geiste.
P Im Brief an die Hebräer werden Wesen und Bedeutung des Glaubens prinzipiell und schließlich am Beispiel des Abraham beschrieben: →

L Glaube aber ist: Grundlage dessen, was man erhofft, ein Zutagetreten von Tatsachen, die man nicht sieht.
P Der Glaube ist das Argument unserer Hoffnung, und die Hoffnung ermutigt uns, unseren Lebensentwurf so auszurichten, dass er der Frohen Botschaft entspricht.

Kyrie

P Der Glaube ist Gottes Gabe an alle Menschen. – Herr, erbarme dich unser.
A Herr, erbarme dich unser.

P Die Hoffnung ist die Weiterentwicklung dieser Ahnung Gottes. – Christus, erbarme dich unser.
A Christus, erbarme dich unser.

P Das Leben ist das Geschenk des Schöpfers in der Kraft des Heiligen Geistes. – Herr, erbarme dich unser.
A Herr, erbarme dich unser.

P Der allmächtige Gott führe uns ein in das Geheimnis des Glaubens. Er stärke in uns die Hoffnung und schenke uns ein Leben in seinem Geist durch Christus, unseren Herrn.
A Amen.

Fürbitten

P Zu Christus, der uns die Liebe des Vaters offenbart und uns zu einem wachsamen Leben aufruft, lasst uns beten:

L Für alle, die der Freude aus dem Glauben misstrauisch gegenüberstehen. – Herr, erhöre uns.
A Herr, erhöre uns.

L Für alle, die aus Furcht und Angst das Tor der Hoffnung übersehen. – Herr, erhöre uns.
A Herr, erhöre uns.

L Für alle, denen es schwerfällt, modernes Denken und wissenschaftliche Erkenntnis mit einem Leben aus dem Glauben zu verbinden. – Herr, erhöre uns.
A Herr, erhöre uns.

L Für alle, deren christliche Haltung im beruflichen und alltäglichen Leben nur schwer durchzuhalten ist. – Herr, erhöre uns.
A Herr, erhöre uns.

L Für alle, die in ihrem Urlaub Erholung, Frieden und neue gute Ideen suchen. – Herr, erhöre uns.
A Herr, erhöre uns.

P In dir, Herr, finden wir das Licht unseres Lebens; in dir entdecken wir den ewigen Frieden; in dir sind wir Töchter und Söhne Gottes in Ewigkeit.
A Amen.

20. Sonntag im Jahreskreis

Jer 38,4–6.7a.8b–10 || Hebr 12,1–4 || Lk 12,49–53

Begrüßung und Einleitung

P Im Namen des Vaters und des Sohnes und des Heiligen Geistes.
A Amen.
P Der Herr sei mit euch.
A Und mit deinem Geiste.
P Auf dem Weg hinauf nach Jerusalem spricht Jesus von dem Feuer und von der Taufe seiner Botschaft:
L Ich bin gekommen, um Feuer auf die Erde zu werfen. Wie froh wäre ich, es würde schon brennen!
P In den sprachlichen Bildern des Alten Testamentes beschreibt Jesus das Miteinander von Gericht und Erlösung.

Kyrie

P Dein Feuer läutert und heiligt das Leben der Menschen. – Herr, erbarme dich unser.
A Herr, erbarme dich unser.

P Deine Taufe bringt Freiheit und Erneuerung. – Christus, erbarme dich unser.
A Christus, erbarme dich unser.

P Dein Geist zeigt der Welt Versöhnung und Einheit. – Herr, erbarme dich unser.
A Herr, erbarme dich unser.

P Der allmächtige Gott bringe der Welt die Gerechtigkeit und bewahre sie vor der Last aus Schuld und Sünde – durch Christus, unseren Herrn.
A Amen.

Fürbitten

P Zu Christus, dem Richter und Erlöser aller Menschen, lasst uns beten:

L Um Gerechtigkeit unter den Völkern im Verteilen der Güter. – Jesus, Richter und Erlöser:
A Wir bitten dich, erhöre uns.

L Um die Bewahrung der Schöpfung und um Respekt vor jeder Lebensform und jedem Lebensstadium. – Jesus, Richter und Erlöser:
A Wir bitten dich, erhöre uns.

L Um die Behutsamkeit der Menschen miteinander und im Umgang mit der Umwelt. – Jesus, Richter und Erlöser:
A Wir bitten dich, erhöre uns.

L Um die Hilfsbereitschaft der Wohlhabenden und in Sicherheit Lebenden für die Armen und Heimatlosen. – Jesus, Richter und Erlöser:
A Wir bitten dich, erhöre uns.

L Um Gewaltfreiheit und Achtsamkeit im Zusammenleben der Generationen und der gesamten Gesellschaft. – Jesus, Richter und Erlöser:
A Wir bitten dich, erhöre uns.
P Denn du hast uns in dieses Leben und in diese Zeit gerufen, damit wir in deinem Geist die Welt verändern und sie einmal besser verlassen, als wir sie vorgefunden haben.
A Amen.

21. Sonntag im Jahreskreis

Jes 66,18–21 || Hebr 12,5–7.11–13 || Lk 13,22–30

Begrüßung und Einleitung

P Im Namen des Vaters und des Sohnes und des Heiligen Geistes.
A Amen.
P Der Herr sei mit euch.
A Und mit deinem Geiste.
P Wer den Brief an die Hebräer verfasst hat, wurde und wird ohne abschließendes Ergebnis diskutiert. Sein Inhalt aber zeigt, wie sehr auch die Inhalte der Heiligen Schrift weitergedacht werden müssen:
L Denn wen der Herr liebt, den züchtigt er; er schlägt mit der Rute jeden Sohn, den er gernhat.
P Die Zeiten haben sich geändert und mit ihnen das Denken und Empfinden der Menschen. Darum kennt unser Beten neue Gedanken und Worte, die unsere Hoffnung zum Ausdruck bringen:

Kyrie

P Herr, wir vertrauen deiner Liebe und deiner Barmherzigkeit. – Herr, erbarme dich unser.
A Herr, erbarme dich unser.   →

P Wir vertrauen deiner Güte und deiner Freundschaft. – Christus, erbarme dich unser.
A Christus, erbarme dich unser.

P Wir vertrauen deinem Wort und deinem Rat. – Herr, erbarme dich unser.
A Herr, erbarme dich unser.

P Der allmächtige Gott schenke uns sein Erbarmen. Er wecke unseren Geist und zeige uns den Weg als seine Töchter und Söhne durch Christus, unseren Herrn.
A Amen.

Fürbitten

P Christus hat den Menschen die Botschaft vom Reich Gottes gebracht. Er ist der Freund und Bruder aller Menschen. Darum bitten wir ihn:

L Für den Papst, der die Aufgabe übernommen hat, die Kirche zu leiten und zu erneuern. – Christus, höre uns.
A Christus, erhöre uns.

L Für alle Eltern und für alle Pädagoginnen und Pädagogen, die in der Verantwortung stehen, Kinder und Jugendliche in Respekt und Achtung zu erziehen und zu bilden. – Christus, höre uns.
A Christus, erhöre uns.

L Für alle Töchter und Söhne, die in der Verantwortung leben, den Frieden und die Einheit in ihrer Familie zu achten und zu schützen. – Christus, höre uns.
A Christus, erhöre uns.

L Für alle Menschen, die sich in Zank und Streit verirrt haben und den Weg zur Versöhnung nicht erkennen. – Christus, höre uns.
A Christus, erhöre uns.

L Für alle Schwestern und Brüder, die sich die Aufgabe gestellt haben, wo sie auch sind, für Frieden und Versöhnung einzutreten. – Christus, höre uns.
A Christus, erhöre uns.

P Denn wir leben in der Kraft des Geistes und im Licht der Frohen Botschaft. So ausgestattet, können wir unser Leben gestalten und Hoffnung in die Welt tragen durch Christus, unseren Herrn.
A Amen.

22. Sonntag im Jahreskreis

Sir 3,17–18.20.28–29 || Hebr 12,18–19.22–24a || Lk 14,1.7–14

Begrüßung und Einleitung

P Im Namen des Vaters und des Sohnes und des Heiligen Geistes.
A Amen.
P Der Herr sei mit euch.
A Und mit deinem Geiste.
P Bisweilen greift die Bibel sehr alltägliche Gedanken auf und weist zugleich hin auf den grundsätzlichen Lebensentwurf der Glaubenden.
L Denn wer sich selbst erhöht, wird erniedrigt, und wer sich selbst erniedrigt, wird erhöht werden.
P In einem Raum aus Wettbewerb, aus Überbietung, aus dem Kampf um die ersten und besten Plätze klingen Worte von Bescheidenheit und Demut wenig überzeugend.

Kyrie

P Aber die wahre Weisheit liegt in der Kraft der Demut. – Herr, erbarme dich unser.
A Herr, erbarme dich unser.

→

P Die wahre Stärke liegt in der Haltung der Bescheidenheit. – Christus, erbarme dich unser.
A Christus, erbarme dich unser.

P Die wahre Größe liegt in der Kunst der Achtsamkeit. – Herr, erbarme dich unser.
A Herr, erbarme dich unser.

P Der allmächtige Gott erfülle uns mit dem Geist wahrer Menschlichkeit, er bewahre uns vor der Last der Überheblichkeit und lehre uns ein Leben in Geschwisterlichkeit durch Christus, unseren Herrn.
A Amen.

Fürbitten

P Zu Christus, der seine Jüngerinnen und Jünger aufruft zu Bescheidenheit und Demut, lasst uns beten:

L Für die Menschen in den Betrieben, die benachteiligt, ausgeschlossen und an den Rand gedrängt werden. – Christus, du Bruder aller Menschen:
A Wir bitten dich, erhöre uns.

L Für die Kinder und Jugendlichen in den Schulen, die von täglicher Angst vor Spott und Ausgrenzung belastet werden. – Christus, du Bruder aller Menschen:
A Wir bitten dich, erhöre uns.

L Für die Familienangehörigen, die in ihrem engsten Umkreis unterdrückt und verachtet werden. – Christus, du Bruder aller Menschen:
A Wir bitten dich, erhöre uns.

L Für die Schwestern und Brüder in der nahen Umgebung, die übler Nachrede und offener Feindschaft ausgesetzt sind. – Christus, du Bruder aller Menschen:
A Wir bitten dich, erhöre uns.

L Für alle Menschen auf der Welt, die wegen ihres Glaubens, ihrer Lebensweise, ihrer Kultur verfolgt werden. – Christus, du Bruder aller Menschen:
A Wir bitten dich, erhöre uns.

P Denn wir sind Töchter und Söhne des einen Vaters, Schwestern und Brüder aller Menschen durch Christus, unseren Herrn.
A Amen.

23. Sonntag im Jahreskreis

Weish 9,13–19 || Phlm 9b–10.12–17 || Lk 14,25–33

Begrüßung und Einleitung

P Im Namen des Vaters und des Sohnes und des Heiligen Geistes.
A Amen.
P Der Herr sei mit euch.
A Und mit deinem Geiste.
P Im Getriebe der Zeit mit ihren Anforderungen und Ansprüchen braucht es Augenblicke der Ruhe und des Zur-Ruhe-Kommens, um für sich und sehr persönlich zu vergegenwärtigen: Die Schöpfung ist mit einem göttlichen Sinn erfüllt. Hinter allem steht Gottes gültiger Plan – und meine Berufung ist es, an diesem Plan mitzuwirken.
L Wir erraten kaum, was auf der Erde vorgeht, und finden nur mit Mühe, was auf der Hand liegt; wer ergründet, was im Himmel ist?
P Diese Frage aus dem Buch der Weisheit mündet in die Zusage Jesu, der seiner Kirche den Heiligen Geist als Beistand gesandt hat.

Kyrie

P Herr, dein Geist führt uns in die ganze Wahrheit ein. – Herr, erbarme dich unser.

A Herr, erbarme dich unser.

P Dein Geist offenbart uns den Plan des allmächtigen Vaters. – Christus, erbarme dich unser.

A Christus, erbarme dich unser.

P Dein Plan ist die Rettung und die Heiligung der ganzen Schöpfung. – Herr, erbarme dich unser.

A Herr, erbarme dich unser.

P Der allmächtige Gott hat uns dazu berufen, seinem Plan zu dienen. Er erfülle uns mit seinem Geist und behüte und heilige unsere Wege durch Christus, unseren Herrn.

A Amen.

Fürbitten

P Gemeinsam mit unserem Papst N.N. und den Schwestern und Brüdern in der Weltkirche stehen wir im Dienst am Heilsplan Gottes. Zu ihm beten wir:

L Für das Bewusstsein der Menschenwürde und die Achtung vor der Schöpfung bei der Gestaltung der Gesellschaft. – Gott, unser Vater:

A Wir bitten dich, erhöre uns.

L Für ein lebendiges Verständnis der Glaubenden im Leben mit den Sakramenten und für Lebensoffenheit in der Begegnung mit der Bibel. – Gott, unser Vater:

A Wir bitten dich, erhöre uns.

L Für jeden ehrenamtlichen Einsatz in den Gemeinden, in den Gruppen und Verbänden und bei der Gestaltung des Glaubenslebens im Alltag. – Gott, unser Vater:

A Wir bitten dich, erhöre uns.

L Die Feier der Eucharistie und das persönliche Gebet werde mehr und mehr zur Lebensquelle aller Glaubenden. – Gott, unser Vater:
A Wir bitten dich, erhöre uns.

L Für alle Anstrengungen in der Neugestaltung des kirchlichen Lebens und der Ausrichtung auf eine gesegnete Zukunft nach Gottes Plan. – Gott, unser Vater:
A Wir bitten dich, erhöre uns.

P Denn du, ewiger Vater, bist der Fels unseres Lebens. Dein Plan ist erfüllt von Güte und Weisheit. Wir danken dir und preisen dich in Ewigkeit.
A Amen.

24. Sonntag im Jahreskreis

Ex 32,7–11.13–14 || 1 Tim 1,12–17 || Lk 15,1–32

Begrüßung und Einleitung

P Im Namen des Vaters und des Sohnes und des Heiligen Geistes.
A Amen.
P Der Herr sei mit euch.
A Und mit deinem Geiste.
P Jeder Mensch ist einmalig und einzigartig. Jeder Mensch ist wertvoll und erfüllt mit dem Geist, der ihm den Weg zur Wahrheit der eigenen Person zeigt in der Abkehr von Irrwegen.
L Ich sage euch: Ebenso wird im Himmel mehr Freude herrschen über einen einzigen Sünder, der umkehrt.
P Es ist ein ergreifendes Wunder, wenn ein Mensch den Geist Gottes in seinem Leben so zulässt, dass Umkehr und Veränderung möglich werden.

Kyrie

P Wir sind erlöst zur Freiheit der Töchter und Söhne Gottes. – Herr, erbarme dich unser.

A Herr, erbarme dich unser.

P Die ganze Welt ist mit Gott versöhnt durch den Sieg über Sünde und Tod. – Christus, erbarme dich unser.

A Christus, erbarme dich unser.

P Die Lüge des Bösen ist entlarvt und die Wahrheit des Guten ist offenbar geworden. – Herr, erbarme dich unser.

A Herr, erbarme dich unser.

P Der allmächtige Gott schenke uns die Kraft der Erkenntnis und der Wahrheit, der Umkehr und des Neubeginns durch Christus, unseren Herrn.

A Amen.

Fürbitten

P Bei den Engeln Gottes herrscht Freude über einen Sünder, der umkehrt. Darum beten wir:

L Für alle, die sich der Gewalt der Sünde und der Schuld unterworfen haben und daraus einen schnellen Vorteil für sich erhoffen. – Vater, erhöre uns.

A Vater, erhöre uns.

L Für alle Kinder und Jugendlichen, denen gegenüber ihren Eltern eine Lüge geschehen ist, und die mit sich um den Mut zur Wahrheit ringen. – Vater, erhöre uns.

A Vater, erhöre uns.

L Für alle, die der Meinung sind, das Gute und das Unschuldige sei für diese Welt untauglich. – Vater, erhöre uns.

A Vater, erhöre uns.

L Für alle, die in diesen Tagen als Touristinnen und Touristen unterwegs sind und die in besonderer Weise die Möglichkeit haben, das Gute zu bezeugen. – Vater, erhöre uns.
A Vater, erhöre uns.

L Für alle, die schuldig geworden sind und den Weg der Versöhnung und der Wahrheit suchen. – Vater, erhöre uns.
A Vater, erhöre uns.

P Ewiger Vater, dein Sohn hat im Heiligen Geist der Welt den Weg zum Leben gezeigt: in Frieden, in Wahrheit, in Gerechtigkeit.
A Amen.

25. Sonntag im Jahreskreis

Am 8,4–7 ‖ 1 Tim 2,1–8 ‖ Lk 16,1–13

Begrüßung und Einleitung

P Im Namen des Vaters und des Sohnes und des Heiligen Geistes.
A Amen.
P Der Herr sei mit euch.
A Und mit deinem Geiste.
P Im ersten Brief an Timotheus beschreibt Paulus die Barmherzigkeit und Weitherzigkeit Gottes gegenüber allen Menschen. Er erfährt an sich selber Gottes Vergebung und Versöhnung.
L Denn: Einer ist Gott, einer auch Mittler zwischen Gott und Menschen: der Mensch Christus Jesus.
P Die Antwort jedes einzelnen Menschen auf diese Geduld und Großzügigkeit seines Schöpfers liegt in der Abkehr von allem Bösen und in der Hinwendung zu Gottes Plan und Botschaft:

Kyrie

P Im Vertrauen auf Gottes Güte bekennen wir unsere Unvollkommenheit. – Herr, erbarme dich unser.
A Herr, erbarme dich unser.   →

P Im Vertrauen auf Gottes Barmherzigkeit bekennen wir unsere Fehler. – Christus, erbarme dich unser.
A Christus, erbarme dich unser.

P Im Vertrauen auf Gottes Liebe bekennen wir unsere Lieblosigkeit. – Herr, erbarme dich unser.
A Herr, erbarme dich unser.

P Nachlass, Vergebung und Verzeihung unserer Sünden gewähre uns der allmächtige und barmherzige Gott.
A Amen.

Fürbitten

P Zu Christus, dem Mittler zwischen Gott und den Menschen, lasst uns voll Vertrauen beten:

L Für unseren Papst N.N. in seinem Bemühen um die Erneuerung und um die Einheit der Kirche. – Herr, erhöre uns.
A Herr, erhöre uns.

L Für unsere Stadt in ihrer Vielfalt der Menschen aus vielen Kulturen, Religionen und Weltanschauungen. – Herr, erhöre uns.
A Herr, erhöre uns.

L Für unser Land in seiner Verantwortung für das Wohlergehen aller Bürgerinnen und Bürger und für alle Heimatsuchenden und Notleidenden. – Herr, erhöre uns.
A Herr, erhöre uns.

L Für unser Europa in der Suche nach Frieden, Gerechtigkeit und zuverlässiger Solidarität. – Herr, erhöre uns.
A Herr, erhöre uns.

L Für unsere Erde und für die gesamte Schöpfung in ihrer Schutzbedürftigkeit und in ihrem Ruf nach Liebe und Sorgfalt. – Herr, erhöre uns.
A Herr, erhöre uns.

P Herr Jesus Christus, du bist der Erlöser aller Menschen. Höre unser Gebet und sei an unserer Seite bis in die Ewigkeit.
A Amen.

26. Sonntag im Jahreskreis

Am 6,1a.4–7 ǁ 1 Tim 6,11–16 ǁ Lk 16,19–31

Begrüßung und Einleitung

P Im Namen des Vaters und des Sohnes und des Heiligen Geistes.
A Amen.
P Der Herr sei mit euch.
A Und mit deinem Geiste.
P Der erste Brief an Timotheus ist ermahnend und ermutigend und weit mehr als an einen einzigen Menschen gerichtet. Seine Gültigkeit reicht bis in die Gegenwart:
L Kämpfe den guten Kampf des Glaubens, ergreife das ewige Leben, zu dem du berufen worden bist.
P Der gewaltfreie Kampf des Glaubens ist das liebevolle Bemühen um ein Leben in Gottes Geist nach seinem Willen:

Kyrie

P Denn wir leben in der täglichen Auseinandersetzung zwischen Gut und Böse. – Herr, erbarme dich unser.
A Herr, erbarme dich unser.

P Wir erleben täglich die Grenzen unserer Möglichkeiten. – Christus, erbarme dich unser.
A Christus, erbarme dich unser.

P Wir begegnen täglich unseren eigenen Fehlern und Unvollkommenheiten. – Herr, erbarme dich unser.
A Herr, erbarme dich unser.   →

P Der allmächtige Gott erbarme sich unser. Er lasse uns die Sünden nach und führe uns zum ewigen Leben.
A Amen.

Fürbitten

P Christus ist von den Toten auferstanden. Er trägt die Botschaft des ewigen Lebens in unsere Welt. Im Vertrauen auf ihn beten wir:

L Für diejenigen, die im Glauben unsicher geworden sind und die sich von der Gemeinschaft der Kirche getrennt haben. – Jesus, erbarme dich.
A Jesus, erbarme dich.

L Für diejenigen, deren Lebensgestaltung für Frieden und Liebe verschlossen ist. – Jesus, erbarme dich.
A Jesus, erbarme dich.

L Für diejenigen, die ihren Glauben bezeugen und glaubwürdig für das Gute eintreten. – Jesus, erbarme dich.
A Jesus, erbarme dich.

L Für diejenigen, die zu diesem Gottesdienst versammelt sind, in ihren Lebensfragen und in ihren Anliegen. – Jesus, erbarme dich.
A Jesus, erbarme dich.

L Für diejenigen, deren Sorgen groß sind und die auf Hilfe und Beistand angewiesen sind. – Jesus, erbarme dich.
A Jesus, erbarme dich.

P In dir, Herr, sind wir geborgen; du zeigst uns den Weg zum Leben; du bist unser Freund und unser Bruder in Ewigkeit.
A Amen.

27. Sonntag im Jahreskreis

Hab 1,2–3; 2,2–4 ‖ 2 Tim 1,6–8.13–14 ‖ Lk 17,5–10

Begrüßung und Einleitung

P Im Namen des Vaters und des Sohnes und des Heiligen Geistes.
A Amen.
P Der Herr sei mit euch.
A Und mit deinem Geiste.
P Auch wenn in der Gegenwart das tägliche Brot und nahezu alle Lebensmittel industriell erzeugt werden und so in die Regale der Supermärkte gelangen, steht hinter allem der Geist Gottes, der auch heute die Sorge um das Leben begleitet.
L Denn Gott hat uns nicht einen Geist der Verzagtheit gegeben, sondern den Geist der Kraft, der Liebe und der Besonnenheit.
P Im Geist der Kraft, der Liebe und der Besonnenheit danken wir Gott für alle guten Gaben.

Kyrie

P Wir verfügen über die Kraft, Dinge zu entwickeln und zu produzieren. – Herr, erbarme dich unser.
A Herr, erbarme dich unser.

P Wir verfügen über die Liebe, in allem Achtung und Respekt walten zu lassen. – Christus, erbarme dich unser.
A Christus, erbarme dich unser.

P Wir verfügen über die Besonnenheit, für die Bewahrung der Schöpfung einzutreten. – Herr, erbarme dich unser.
A Herr, erbarme dich unser.

P Der allmächtige Gott befreie uns von der Vernichtung wertvoller Lebensmittel. Er wecke in uns den Geist der Dankbarkeit und der Achtung vor den Gaben seiner Liebe durch Christus, unseren Herrn.
A Amen.

Fürbitten

P Gott beschenkt uns mit den Gaben des täglichen Lebens, und wir erleben Wohlstand und Überfluss. Ihn, dem wir alles verdanken, bitten wir:

L Für alle, die die Achtung vor der Kostbarkeit aller Lebensmittel verloren haben. – Schöpfer der Welt:
A Wir bitten dich, erhöre uns.

L Für alle, die im Interesse der Gewinnmaximierung dazu beitragen, dass immer mehr wertvolle Nahrung vernichtet wird. – Schöpfer der Welt:
A Wir bitten dich, erhöre uns.

L Für alle, deren Konsumverhalten dazu beiträgt, dass die Angebote ins Unermessliche steigen. – Schöpfer der Welt:
A Wir bitten dich, erhöre uns.

L Für alle, die sich für einen fairen Handel und für nachhaltige Energienutzung einsetzen. – Schöpfer der Welt:
A Wir bitten dich, erhöre uns.

L Für alle Notleidenden, die dankbar wären, wenn sie auch nur einen Bruchteil der entsorgten Speisen zur Verfügung hätten. – Schöpfer der Welt:
A Wir bitten dich, erhöre uns.

P Ehre sei dem Vater und dem Sohn und dem Heiligen Geist.
A Wie im Anfang, so auch jetzt und allezeit und in Ewigkeit. Amen.

28. Sonntag im Jahreskreis

2 Kön 5,14–17 || 2 Tim 2,8–13 || Lk 17,11–19

Begrüßung und Einleitung

P Im Namen des Vaters und des Sohnes und des Heiligen Geistes.
A Amen.
P Der Herr sei mit euch.
A Und mit deinem Geiste.
P In Gebeten und Bitten werden menschliche Anliegen vor Gott getragen. Hoffnungen und Erwartungen werden aus dem Blickwinkel bedürftiger Menschen ins Wort gebracht.
L Maria, die der Kirche als Mutter vom guten Rat zur Seite steht, beschreibt in kurzen Worten einen weiteren Standpunkt, indem sie sagt: Was er euch sagt, das tut!
P Das Beten und Bitten als dialogischer Vorgang gelingt nur, wenn das Menschliche mit dem Göttlichen vereinbar ist.

Kyrie

P Der Geist lehrt uns, in angemessener Weise zu beten. – Herr, erbarme dich unser.
A Herr, erbarme dich unser.

P Der Wille des Vaters ist erfüllt von Barmherzigkeit und Güte. – Christus, erbarme dich unser.
A Christus, erbarme dich unser.

P Die Frohe Botschaft ist der Rahmen für das große Gebot der Liebe. – Herr, erbarme dich unser.
A Herr, erbarme dich unser.

P Der allmächtige Gott erfülle uns mit einem starken Vertrauen. Er belebe unsere Hoffnung und schenke uns die Vergebung unserer Sünden.
A Amen.

Fürbitten

P In unserem Bitten und Beten soll sich der Wille Gottes erfüllen. Darum beten wir:

L Um die Erkenntnis des Weges, der zum Leben führt, für alle Menschen auf der Erde. – Herr, sende uns deinen Geist.
A Herr, sende uns deinen Geist.

L Um die Entdeckung einer Sprache, die zum Frieden und zur Versöhnung führt, für alle Verantwortungsträgerinnen und für alle Verantwortungsträger. – Herr, sende uns deinen Geist.
A Herr, sende uns deinen Geist.

L Um die Einsicht in die Notwendigkeit tiefer Veränderungen zur Bewahrung der Schöpfung und zur Gerechtigkeit in der Verteilung der Güter. – Herr, sende uns deinen Geist.
A Herr, sende uns deinen Geist.

L Um das Bekenntnis zur Nächstenliebe im privaten und öffentlichen Leben, in den Schulen und Betrieben, im Straßenverkehr und an allen menschlichen Begegnungsorten. – Herr, sende uns deinen Geist.
A Herr, sende uns deinen Geist.

L Um den gesunden Menschenverstand in den Entscheidungen des Alltages und der Lebensgestaltung. – Herr, sende uns deinen Geist.
A Herr, sende uns deinen Geist.

P Denn wir alle sind Töchter und Söhne Gottes und tragen die Berufung zur Liebe und zum Frieden in uns durch Christus, unseren Herrn.
A Amen.

29. Sonntag im Jahreskreis

Ex 17,8–13 || 2 Tim 3,14 – 4,2 || Lk 18,1–8

Begrüßung und Einleitung

P Im Namen des Vaters und des Sohnes und des Heiligen Geistes.
A Amen.
P Der Herr sei mit euch.
A Und mit deinem Geiste.
P Gott ist ansprechbar. Er versteht unsere Sprache und kennt unsere Gedanken. Wir sind ihm vertraut. Das Gebet ist der Kontakt der einzelnen Person und der Glaubensgemeinschaft. Christus hat uns zu unermüdlichem Beten eingeladen:
L Jesus sagte ihnen durch ein Gleichnis, dass sie allezeit beten und darin nicht nachlassen sollten.
P Das Gespräch mit Gott kann jederzeit aufgenommen werden, auch nach einer Zeit des Zweifelns und des Schweigens.

Kyrie

L Weil wir Gottes Töchter und Söhne sind, vertrauen wir seiner Liebe und rufen:
P Herr, erbarme dich unser.
A Herr, erbarme dich unser.

L Weil Christus unser Bruder und unser Erlöser ist, erbitten wir seinen Schutz und Beistand.
P Christus, erbarme dich unser.
A Christus, erbarme dich unser.

L Weil der Geist uns mit seinen Gaben in das Licht der Wahrheit führt, erhoffen wir die Vergebung unserer Sünden.
P Herr, erbarme dich unser.
A Herr, erbarme dich unser.

P Der allmächtige Gott erbarme sich unser. Er lasse uns die Sünden nach und führe uns zum ewigen Leben.
A Amen.

Fürbitten

P Unsere Hilfe kommt von Gott. Er ist der Hüter unseres Lebens. In ihm sind wir geborgen. Zu ihm beten wir:

L Für alle Missionarinnen und Missionare, die das Wort Gottes zu den Menschen in den verschiedenen Kulturen und Lebensräumen tragen. – Ewiger Vater, erhöre uns.
A Ewiger Vater, erhöre uns.

L Für alle Frauen und Männer, die im Dienst der Seelsorge stehen und die Frohe Botschaft durch das Zeugnis ihres Lebens verkünden. – Ewiger Vater, erhöre uns.
A Ewiger Vater, erhöre uns.

L Für die Gebete und Anliegen aller, die zu diesem Gottesdienst versammelt sind und der Liebe Gottes vertrauen. – Ewiger Vater, erhöre uns.
A Ewiger Vater, erhöre uns.

L Für unseren Papst N.N., dem mit dem heiligen Petrus die Aufgabe anvertraut ist, die Schwestern und Brüder im Glauben zu stärken. – Ewiger Vater, erhöre uns.
A Ewiger Vater, erhöre uns.

L Für alle Kinder und Jugendlichen, die darauf angewiesen sind, dass glaubwürdige Menschen ihnen den Weg zum Glauben ebnen. – Ewiger Vater, erhöre uns.
A Ewiger Vater, erhöre uns.

P Darum bitten wir Gott, den Vater aller Menschen, im Heiligen Geist durch Christus, unseren Herrn.
A Amen.

30. Sonntag im Jahreskreis

Sir 35,15b–17.20–22a ‖ 2 Tim 4,6–8.16–18 ‖ Lk 18,9–14

Begrüßung und Einleitung

P Im Namen des Vaters und des Sohnes und des Heiligen Geistes.
A Amen.
P Der Herr sei mit euch.
A Und mit deinem Geiste.
P Im zweiten Brief an Timotheus beschreibt Paulus das große Vertrauen, welches ihn mit der grenzenlosen Hoffnung auf Gottes Beistand erfüllt:
L Der Herr wird mich allem bösen Treiben entreißen und retten in sein himmlisches Reich.
P Paulus ist für die Verkündigung der Frohen Botschaft weite und belastende Wege gegangen, getragen und erfüllt vom Geist Jesu:

Kyrie

P Du, Herr, bist unsere Gerechtigkeit. – Herr, erbarme dich unser.
A Herr, erbarme dich unser.

P Du bist die Kraft unseres Lebens. – Christus, erbarme dich unser.
A Christus, erbarme dich unser.

P Du bist das Ziel unseres Weges. – Herr, erbarme dich unser.
A Herr, erbarme dich unser.

P Der allmächtige Gott bewahre uns vor Sünde und Schuld. Er stärke unseren Glauben und entfache in uns die Kraft seiner Liebe durch Christus, unseren Herrn.
A Amen.

Fürbitten

P Allmächtiger Gott, du bist das Maß der Gerechtigkeit; in dir finden wir Wahrheit und Frieden; du achtest auf unser Beten und segnest uns.

L Wir beten für unseren Papst N.N. und für alle, die in Einheit mit ihm Verantwortung für die Kirche tragen. – Herr, erhöre uns.
A Herr, erhöre uns.

L Wir beten für die Regierung unseres Landes und für alle, die in den demokratischen Parteien für das Wohl der Menschen Sorge tragen. – Herr, erhöre uns.
A Herr, erhöre uns.

L Wir beten für die Menschen, die darauf warten, in ihrem Wert und in ihrer Persönlichkeit entdeckt und geachtet zu werden. – Herr, erhöre uns.
A Herr, erhöre uns.

L Wir beten für alle kranken und leidenden Schwestern und Brüder, die deiner Hilfe und deiner Nähe vertrauen. – Herr, erhöre uns.
A Herr, erhöre uns.

L Wir beten für die Staatsmänner, deren Denken und Reden Unsicherheit und Sorgen bereiten. – Herr, erhöre uns.
A Herr, erhöre uns.

P Dir sei die Ehre und die Herrlichkeit in Ewigkeit.
A Amen.

31. Sonntag im Jahreskreis

Weish 11,22 – 12,2 || 2 Thess 1,11 – 2,2 || Lk 19,1–10

Begrüßung und Einleitung

P Im Namen des Vaters und des Sohnes und des Heiligen Geistes.
A Amen.
P Der Herr sei mit euch.
A Und mit deinem Geiste.
P In der christlichen Botschaft liegt, unabhängig von menschlichem Verhalten, die Orientierung zu einem gesegneten und friedvollen Miteinander für alle.
L Das gelebte Zeugnis eines Menschen oder einer Gemeinschaft belegt die Realität dieser Theorie.
P Wenn die Liebe und das Gute erfahrbar werden, wächst die Möglichkeit, dass weitere Menschen dieser heilenden und heilbringenden Idee folgen.

Kyrie

P Du, Herr, bist das Heil der Welt. – Herr, erbarme dich unser.
A Herr, erbarme dich unser.

P Du schenkst den Sündern Vergebung und Hoffnung. – Christus, erbarme dich unser.
A Christus, erbarme dich unser.

P Du bekehrst die Überheblichen und die Selbstgerechten. – Herr, erbarme dich unser.
A Herr, erbarme dich unser.

P Deine Botschaft heilige unsere Welt und führe sie in der Gemeinschaft aller Schwestern und Brüder zu einem gesegneten und gelingenden Miteinander bis in die Ewigkeit.
A Amen.

Fürbitten

P Zu Christus, vor dem jeder Mensch gleich wertvoll und von gleicher Würde ist, lasst uns beten:

L Für die Verachteten und Ausgestoßenen, die keine Chance haben, in der Gesellschaft einen würdigen Platz zu finden. – Christus, höre uns.

A Christus, erhöre uns.

L Für alle Menschen in ihrem Versagen und in ihrer Schuld, die sich danach sehnen, Vergebung und Versöhnung zu erlangen. – Christus, höre uns.

A Christus, erhöre uns.

L Für alle Menschen in unserer Gesellschaft, die ohne Respekt, ohne Rücksicht und in bewusster Verrohung leben. – Christus, höre uns.

A Christus, erhöre uns.

L Für alle, die das Wort Gottes hören, es in ihrem Leben aufnehmen und danach denken und handeln. – Christus, höre uns.

A Christus, erhöre uns.

L Für alle Schwestern und Brüder, die der Barmherzigkeit Gottes im Sakrament der Versöhnung begegnen. – Christus, höre uns.

A Christus, erhöre uns.

P In Christus ist jeder Tag gut genug, um neu zu beginnen und den Spuren der Frohen Botschaft zu folgen.

A Amen.

32. Sonntag im Jahreskreis

2 Makk 7,1–2.7a.9–14 || 2 Thess 2,16 – 3,5 || Lk 20,27.34–38

Begrüßung und Einleitung

P Im Namen des Vaters und des Sohnes und des Heiligen Geistes.
A Amen.
P Der Herr sei mit euch.
A Und mit deinem Geiste.
P Die Wirklichkeit einer modernen Gesellschaft räumt den Grundgedanken des Glaubens im Blick auf Macht und Gewinnmaximierung nur wenige und seltene Orte ein. Darum schreibt Paulus an die Thessalonicher:
L Der Herr richte eure Herzen auf die Liebe Gottes aus und auf die Geduld Christi.
P Jede Gegenwart ist im Ablauf ihrer Zeit immer auch die aktuelle Endzeit in den Entscheidungen des persönlichen Lebens.

Kyrie

P Jesus, du bist die Hoffnung der Menschen und das Tor zum ewigen Leben. – Herr, erbarme dich unser.
A Herr, erbarme dich unser.

P Du bist der Richter der Lebenden und der Toten und der Erlöser aller Menschen. – Christus, erbarme dich unser.
A Christus, erbarme dich unser.

P Du bist das Licht in der Dunkelheit und der Schutz auf unserem Weg. – Herr, erbarme dich unser.
A Herr, erbarme dich unser.

P Der allmächtige Gott stärke unseren Glauben. Er bewahre uns vor Sünde und Schuld und führe uns zum ewigen Leben.
A Amen.

Fürbitten

P Zu Christus, der den Menschen das Leben verkündet hat, lasst uns beten:

L Um den Beistand des Geistes für alle, die sich in die Abhängigkeit von Macht und Erfolg begeben haben. – Christus, du Licht der Welt:
A Wir bitten dich, erhöre uns.

L Um das Licht der Frohen Botschaft für alle, die mit dem Papst die Kirche und ihre Bistümer leiten. – Christus, du Licht der Welt:
A Wir bitten dich, erhöre uns.

L Um Kreativität und Spiritualität für alle, die einen Weg suchen, der den Glauben mit dem Alltag verbindet. – Christus, du Licht der Welt:
A Wir bitten dich, erhöre uns.

L Um die Erkenntnis der Wahrheit für alle, die in die Fesseln von Lüge und Unwahrheit geraten sind. – Christus, du Licht der Welt:
A Wir bitten dich, erhöre uns.

L Um Offenheit für die göttliche Liebe für alle, die unserer Welt ein neues und freundliches Gesicht verleihen wollen. – Christus, du Licht der Welt:
A Wir bitten dich, erhöre uns.

P Denn der Herr ist treu. Er wird uns zur Seite stehen und vor allem Bösen bewahren.
A Amen.

33. Sonntag im Jahreskreis

Mal 3,19–20b || 2 Thess 3,7–12 || Lk 21,5–19

Begrüßung und Einleitung

P Im Namen des Vaters und des Sohnes und des Heiligen Geistes.
A Amen.
P Der Herr sei mit euch.
A Und mit deinem Geiste.
P Zum Abschluss des Heiligen Jahres der Barmherzigkeit 2016 setzte Papst Franziskus zur Vorbereitung auf das Christkönigsfest den 33. Sonntag im Jahreskreis als Welttag der Armen fest.
L In diesem Tag liegt die Einladung an alle Getauften und an alle Gemeinden, das Herzensanliegen des Evangeliums in der Option für die Geringen und für die Armen im alltäglichen Leben wirksam werden zu lassen.
P Jesus hat sich mit den Geringen und den Armen identifiziert und sich mit ihnen konsequent gleichgesetzt:

Kyrie

P Du, Herr, bist der Bruder der Armen und der Hüter der Schutzlosen. – Herr, erbarme dich unser.
A Herr, erbarme dich unser.

P Du berufst deine Jüngerinnen und Jünger zur Barmherzigkeit und zur Geschwisterlichkeit. – Christus, erbarme dich unser.
A Christus, erbarme dich unser.

P Du sammelst die Verlorenen und beschützt die Verfolgten. – Herr, erbarme dich unser.
A Herr, erbarme dich unser.

P Der allmächtige Gott berühre unsere Herzen mit der Wärme seiner Liebe. Er öffne unsere Augen für die Not der Armen und lehre uns das Geben und das Teilen durch Christus, unseren Herrn.
A Amen.

Fürbitten

P Zu Christus, dem Anwalt und Beschützer der Armen und Bedrängten, lasst uns beten:

L Für die Flüchtlinge, denen die eigene Heimat zur Gefahr und zur Unerträglichkeit geworden ist. – Christus, du Freund der Armen:
A Wir bitten dich, erhöre uns.

L Für die Obdachlosen, die inmitten von Reichtum und Wohlstand ein erbärmliches Leben fristen. – Christus, du Freund der Armen:
A Wir bitten dich, erhöre uns.

L Für die Schwestern und Brüder in Armut, denen die Mittel fehlen, am Leben der Gesellschaft teilzunehmen. – Christus, du Freund der Armen:
A Wir bitten dich, erhöre uns.

L Für die Schwestern und Brüder im Ehrenamt und im Dienst der Caritas, die in den Gemeinden den Einsatz für die Armen gestalten. – Christus, du Freund der Armen:
A Wir bitten dich, erhöre uns.

L Für unseren Papst N.N., der die Christinnen und Christen dazu aufruft, den Notstand von Menschen zu lindern und zu beheben. – Christus, du Freund der Armen:
A Wir bitten dich, erhöre uns.

P Denn wir sind als Schwestern und Brüder unseres Herrn dazu bestellt, den Armen und Bedürftigen in tätiger Nächstenliebe zur Seite zu stehen durch ihn, Christus, unseren Herrn.
A Amen.

Christkönigssonntag

2 Sam 5,1–3 || Kol 1,12–20 || Lk 23,35b–43

Begrüßung und Einleitung

P Im Namen des Vaters und des Sohnes und des Heiligen Geistes.
A Amen.
P Der Herr sei mit euch.
A Und mit deinem Geiste.
P Das Licht am Ende des Tunnels ist ein Hoffnungssymbol. Das dunkle Loch, in das jemand gerät, klingt nach Ausweglosigkeit und Verzweiflung.
L Paulus spricht von dem Erbe derjenigen, die im Licht sind, und davon, dass Jesus die Macht der Finsternis überwunden hat.
P Dunkle Wolken und Schwarzseherei wirken bedrohlich und beängstigend; helle Gedanken und Lichtblicke sind befreiend und eröffnen Weite und Erlösung.

Kyrie

P Jesus, du bist der König des Lichtes. – Herr, erbarme dich unser.
A Herr, erbarme dich unser.

P Du bist die Sonne der Gerechtigkeit. – Christus, erbarme dich unser.
A Christus, erbarme dich unser.

P Du bist das Feuer, das uns wärmt und Licht und Leben bringt. – Herr, erbarme dich unser.
A Herr, erbarme dich unser.

P Nachlass, Vergebung und Verzeihung unserer Sünden gewähre uns der allmächtige und barmherzige Gott.
A Amen.

Fürbitten

P Wir nennen Christus unseren König und sind von der Hoffnung erfüllt, dass die Mächtigen aller Zeiten seinem Weg folgen. Darum bitten wir ihn:

L Du bist das Licht in der Dunkelheit. Schenke den Menschen helle und erleuchtete Gedanken. – Jesus, du König aller Menschen:
A Wir bitten dich, erhöre uns.

L Du bist das Feuer in der Kälte. Stehe denen zur Seite, deren Herz kalt und unbarmherzig geworden ist. – Jesus, du König aller Menschen:
A Wir bitten dich, erhöre uns.

L Du bist die Wahrheit gegen jede Lüge. Befreie alle, die sich in Irrtum und Missverständnis verfangen haben. – Jesus, du König aller Menschen:
A Wir bitten dich, erhöre uns.

L Du bist das Ziel unseres Lebens. Schenke unseren Verstorbenen die ewige Freude und das ewige Leben in deinem Reich. – Jesus, du König aller Menschen:
A Wir bitten dich, erhöre uns.

L Du bist der Freund an unserer Seite. Lass nicht zu, dass wir von dir getrennt werden, und bewahre uns in deiner Liebe. – Jesus, du König aller Menschen:
A Wir bitten dich, erhöre uns.

P Ehre sei dem Vater und dem Sohn und dem Heiligen Geist.
A Wie im Anfang, so auch jetzt und allezeit und in Ewigkeit. Amen.

Weitere Anlässe

Dreifaltigkeitssonntag

Spr 8,22–31 ‖ Röm 5,1–5 ‖ Joh 16,12–15

Begrüßung und Einleitung

P Im Namen des Vaters und des Sohnes und des Heiligen Geistes.
A Amen.
P Der Herr sei mit euch.
A Und mit deinem Geiste.
P Das göttliche Leben in der Mitte unserer Zeit und unserer Welt ist ein Geheimnis. Es erschließt sich allen, die sich der Offenbarung öffnen, in den Grundtugenden des Christentums:
L Die Hoffnung lässt nicht zugrundegehen; denn die Liebe Gottes ist ausgegossen in unsere Herzen durch den Heiligen Geist, der uns gegeben ist.
P Durch den Geist verfügt unser Denken über den Reichtum, der uns in Christus geschenkt ist:

Kyrie

P Wir glauben an Gott als unseren Vater. – Herr, erbarme dich unser.
A Herr, erbarme dich unser.

P Wir glauben an Jesus als unseren Bruder. – Christus, erbarme dich unser.
A Christus, erbarme dich unser.

P Wir glauben an den Geist als unseren Beistand. – Herr, erbarme dich unser.
A Herr, erbarme dich unser.

P Nachlass, Vergebung und Verzeihung unserer Sünden gewähre uns der allmächtige und barmherzige Gott.
A Amen.

Fürbitten

P Im Vertrauen auf die Liebe des dreifaltigen Gottes sprechen wir vor dem Altar unserer Hoffnung das aus, was unsere Herzen erfüllt:

L Wir beten für alle Menschen, die uns lieb und teuer sind und denen wir alles Gute wünschen. – Dreifaltiger Gott:
A Wir bitten dich, erhöre uns.

L Wir beten für alle Menschen in der Christenheit, die uns in Gott Schwestern und Brüder sind und mit denen wir uns Gemeinsamkeit und Einheit wünschen. – Dreifaltiger Gott:
A Wir bitten dich, erhöre uns.

L Wir beten für die Erde, auf der wir leben und die wir als uns anvertraute Schöpfung den nachfolgenden Generationen als guten Lebensraum hinterlassen wollen. – Dreifaltiger Gott:
A Wir bitten dich, erhöre uns.

L Wir beten für die Menschen in Krieg und Gewalt und für alle, denen wir Frieden und Versöhnung wünschen. – Dreifaltiger Gott:
A Wir bitten dich, erhöre uns.

L Wir beten für die Verantwortlichen in Kirche und Staat und für alle, denen Verantwortung übergeben worden ist. – Dreifaltiger Gott:
A Wir bitten dich, erhöre uns.

P Ehre sei dem Vater und dem Sohn und dem Heiligen Geist.
A Wie im Anfang, so auch jetzt und allezeit und in Ewigkeit. Amen.

Fronleichnam

Gen 14,18–20 || 1 Kor 11,23–26 || Lk 9,11b–17

Begrüßung und Einleitung

P Im Namen des Vaters und des Sohnes und des Heiligen Geistes.
A Amen.
L Christus hat sich im Brot und im Wein uns anvertraut und unsere Welt geheiligt.
P Sein Segen und seine Freundschaft seien mit euch.
A Und mit deinem Geiste.
P Die Begegnung mit Christus im Wort und in der Eucharistie beschreibt die Vertrautheit mit ihm. Er ist uns persönlich nahe und gibt sich in unsere Hand.
L Denn so oft ihr von diesem Brot esst und aus dem Kelch trinkt, verkündet ihr den Tod des Herrn, bis er kommt.
P Er liefert sich und seine Botschaft immer wieder und immer neu den Menschen aus, bis sie alle seinen Weg erkannt und erwählt haben.

Kyrie

L Sein Wort und seine Botschaft sind uns anvertraut.
P Herr, erbarme dich unser.
A Herr, erbarme dich unser.

L Seine Liebe und sein Friede sind uns anvertraut.
P Christus, erbarme dich unser.
A Christus, erbarme dich unser.

L Seine Wahrheit und seine Gegenwart sind uns anvertraut.
P Herr, erbarme dich unser.
A Herr, erbarme dich unser.

P Nachlass, Vergebung und Verzeihung unserer Sünden gewähre uns der allmächtige und barmherzige Gott.
A Amen.

Fürbitten

P Zu Christus, der sich und seine Botschaft uns anvertraut hat, lasst uns beten:

L Für alle, die bereit sind, ein glaubwürdiges Zeugnis der Liebe zu geben. – Herr, erhöre uns.
A Herr, erhöre uns.

L Für alle, die im Dienst der Frohen Botschaft leben und Menschen den Weg zu Gott ebnen. – Herr, erhöre uns.
A Herr, erhöre uns.

L Für alle, die sich für die Gerechtigkeit in Kirche, Staat und Gesellschaft einsetzen. – Herr, erhöre uns.
A Herr, erhöre uns.

L Für alle, denen das Wohl aller Menschen ehrlich am Herzen liegt. – Herr, erhöre uns.
A Herr, erhöre uns.

L Für alle, die in diesem Jahr zum ersten Mal das Sakrament des Altares empfangen haben. – Herr, erhöre uns.
A Herr, erhöre uns.

P Ehre sei dem Vater und dem Sohn und dem Heiligen Geist.
A Wie im Anfang, so auch jetzt und allezeit und in Ewigkeit. Amen.

Allerheiligen

Offb 7,2–4.9–14 ‖ 1 Joh 3,1–3 ‖ Mt 5,1–12a

Begrüßung und Einleitung

P Im Namen des Vaters und des Sohnes und des Heiligen Geistes.
A Amen.
L Jesus sagte zu den Menschen, die bei ihm waren: Freut euch und jubelt, denn euer Lohn wird groß sein im Himmel.
P Seine Güte und seine Barmherzigkeit seien mit euch.
A Und mit deinem Geiste.

P Mit den Worten des ersten Johannesbriefes dürfen wir übereinstimmend bekennen:
L Wir wissen, dass wir ihm ähnlich sein werden, wenn er offenbar wird; denn wir werden ihn sehen, wie er ist.
P Im Radius unserer Hoffnung erschließt sich die Weite eines Glaubenslebens im vitalen Kontakt mit Gott, der sich als Vater aller Menschen offenbart hat.

Kyrie

L Die Heiligen leben an einem Ort, an dem für die vielen ein Platz bereitet ist.
P Herr, erbarme dich unser.
A Herr, erbarme dich unser.

L Das Leben in der Ewigkeit ist uns Ansporn für ein liebendes Leben in der Zeit.
P Christus, erbarme dich unser.
A Christus, erbarme dich unser.

P Der Sohn Gottes ist für uns der Weg, die Wahrheit und das Leben.
P Herr, erbarme dich unser.
A Herr, erbarme dich unser.

P Nachlass, Vergebung und Verzeihung unserer Sünden gewähre uns der allmächtige und barmherzige Gott.
A Amen.

Fürbitten

P Mit allen Heiligen, die für uns vor Gott Fürsprache halten, beten wir in der Einheit des Heiligen Geistes:
L Um die Freude an einem Leben aus dem Glauben für alle Menschen dieser Erde. – Jesus, Sohn Gottes und Bruder aller Menschen:
A Wir bitten dich, erhöre uns.   →

L Um die Freude an dem Weltfrieden zum Wohle aller für die Völker in der Welt. – Jesus, Sohn Gottes und Bruder aller Menschen:
A Wir bitten dich, erhöre uns.

L Um die Freude an der tätigen Nächstenliebe für alle, die sich begegnen und umeinander wissen. – Jesus, Sohn Gottes und Bruder aller Menschen:
A Wir bitten dich, erhöre uns.

L Um die Freude an der Gerechtigkeit für alle, die ihre guten Möglichkeiten erkennen und wahrnehmen. – Jesus, Sohn Gottes und Bruder aller Menschen:
A Wir bitten dich, erhöre uns.

L Um die Freude der Vergebung und der Versöhnung für alle, die in sich diese wunderschönen Kräfte entdecken. – Jesus, Sohn Gottes und Bruder aller Menschen:
A Wir bitten dich, erhöre uns.

P Ehre sei dem Vater und dem Sohn und dem Heiligen Geist.
A Wie im Anfang, so auch jetzt und allezeit und in Ewigkeit. Amen.